HYPNOSE LEBEN

HYPNOSE LEBEN

EIN LEHR- UND LESEBUCH

CHRIS MULZER

KIKIDAN

»Wenn Deine Seele leuchtet,
fällt alles,
was das Universum Dir geben will
an den richtigen Platz.«

Chris Mulzer

Trance - Practitioner Tag 3

INHALT

Vorwort
Herzlich Willkommen 20
Gebrauchsanweisung für dieses Buch 21

Kapitel 1
Trance und Hypnose

1.1.	Erste Fragen bei Trance und Hypnose	26
1.2.	Hypnose — ein umstrittenes Thema	27
1.3.	Definition von Hypnose	28
1.4.	Funktioniert Hypnose wirklich?	29
1.5.	Hypnotische Zustände im Alltag	30
1.6.	Wie ein Trancezustand entsteht	31
1.7.	Bin ich hypnotisierbar?	32
1.8.	Fähigkeiten, die Du für Hypnose brauchst	33
1.9.	Blitzhypnose ist da was dran?	34
1.10.	Wie geht Showhypnose?	36
1.11.	Lohnt sich eine Hypnosetherapie?	38
1.12.	Kann ich mit Hypnose manipulieren?	40

Kapitel 2
Geschichte der Hypnose

2.0	Eine kurze Geschichte der Hypnose	44
	- 1.600	45
	- 600	45
	- 300	45
	1749	46
	1775/1	46
	1775/2	47
	1810	48
	1814	48
	1820	49
	1840	49
	1842	49
	1859	49
	1870	50
	1880	50
	1882	50
	1890	50
	1851	51
	1920	51
	1950	51
	1957	51

Kapitel 3
Die Hypnosesitzung

3.1.	**Hypnose im Selbststudium?**	**56**
3.1.1.	Hypnose und Trance sind überall	56
3.1.2.	Überprüfe Deine Selbstdisziplin	58
3.1.3.	Lerne hypnotische Sprachmuster	59
3.1.4.	Lerne verschiedene Induktionen	60
3.1.5.	Übe eine Utilisationstechnik	61
3.1.6.	Sammle Erfahrung mit Praxis	62
3.2.	**Die 6 Teile der Hypnosesitzung**	**64**
3.3.	**Das Setting**	**65**
3.3.1.	Die äusseren Umstände	65
3.3.2.	Bestimme Deinen Erfolg vorher	66
3.3.3.	Vorbehalten kannst Du einfach begegnen	68
3.3.4.	Zusammenfassung: Setting	70
3.4.	**Die Tranceinduktion**	**71**
3.4.1.	Voraussetzungen für eine Tranceinduktion	71
3.4.2.	Dein Weg zu einer wirksamen Tranceinduktion	72
3.4.3.	Achte auf Deinen Ausdruck	73
3.4.4.	Die richtige Trancetiefe	74
3.4.5.	Induktion 1: Kontext	75
3.4.6.	Induktion 2: Offene oder geschlossene Augen	77
3.4.7.	Induktion 3: Suggestionen zur Entspannung	78
3.4.8.	Induktion 4: Das Fraktionieren	79
3.4.9.	Induktion 5: Die geistige Entspannung	80
3.4.10.	Induktion 6: Der Esdaile Zustand	80
3.4.11.	Induktion 7: Nonverbale Trance Induktion	81
3.4.12.	Induktion 8: Die Doppelinduktion	82

3.5.	**Die Utilisation - Allgemeines**	**83**
3.5.1.	Das wie: Analogs, Inflektion, Sprachmelodie	84
3.5.2.	Das was: Milton Modell	85
3.5.3.	Das was: Suggestionsmodelle	86
	A. Klassische Modelle aus der Psychotherapie	86
	B. Das Blackbox Modell	87
	C. Empfängergesteuerte Suggestionen	88
3.6.	**Suggestionen vor dem Aufwecken**	**90**
3.6.1.	Der Future Pace	90
3.6.2.	Amnesie	90
3.6.3.	Suggestionen zur verzögerten Auslösung	92
3.6.4.	Suggestionen für alle Fälle	93
3.6.5.	Generative Suggestionen	94
3.7.	**Das Aufwecken aus der Trance**	**95**
3.8.	**Die Nachbesprechung**	**98**

Kapitel 4
Das Milton Modell

4.1.	Einführung in das Milton-Modell	102
4.2.	Nominalisierungen	104
4.3.	Unspezifische Verben	106
4.4.	Vergleichende Tilgung	107
4.5.	Unspezifischer Referenzindex	108
4.6.	Vollständige Tilgung	108
4.7.	Semantische Fehlgeformtheiten	109
4.7.1.	Konjunktionen	109
4.7.2.	Temporale implizite Konjunktion	110
4.7.3.	Explizite Konjunktion	111
4.7.4.	Komplexe Äquivalenz	112
4.8.	Gedankenlesen	114
4.9.	Verlorener Sprecher	116
4.10.	Generalisierungen	117
4.10.1.	Universalquantifikatoren	117
4.10.2.	Modaloperatoren der Notwendigkeit	118
4.10.3.	Modaloperatoren der Möglichkeit	119
4.11.	Vorannahmen	120
4.11.1.	Zeitformen	120
4.11.2.	Bewußtseinsworte	121
4.11.3.	Kommentierende Adjektive oder Adverbien	122
4.11.4.	Nebensätze mit »es«	123
4.11.5.	Wiederholungsverben/Adjektive	124
4.11.6.	Verben der Zustandsveränderung	124

4.12.	Qualifikatoren	126
4.13.	Eingebettete Fragen	127
4.14.	Indirekte Aufträge	128
4.15.	Verneinende Aufträge	129
4.16.	Scheinalternativen mit »oder«	130
4.17.	Konversationspostulate	131
4.18.	Verlorene Zitate	132
4.19.	Satzfragmente	133
4.20.	Doppeldeutigkeit	134

Kapitel 5
Der Hypnose Workshop

5.1.	Das Konzept	136
5.1.1.	Hypnose für Deine Persönlichkeit	136
5.1.2.	Ist dieser Workshop etwas für mich?	137
5.1.3.	Wie der Workshop aufgebaut ist	138
5.1.4.	Tag 1: Grundtechniken der Hypnose	139
5.1.5.	Tag 2: Induktion und Utilisation	139
5.1.6.	Tag 3: Ressourcen in Trance	140
5.1.7.	Tag 4: Metaphern und Metaebenen	140
5.1.8.	Tag 5: Posthypnotische Strategien	141
5.1.9.	Tag 6: Tieftrance Phänomene	141
5.1.10.	Hypnotische Sprachmuster	141
5.2.	Die Übungen im Hypnose Workshop	143
	Tag 1: Hypnose — Grundtechniken	144
	Tag 2: Hypnose — Induktionstechniken	146
	Tag 3: Hypnose — Mehr Ressourcen	148
	Übungskonstellation ab Tag 4	150
	Tag 4: Metaphern und Nichtsuggestionen	152
	Tag 5: Geführte Selbsterfahrung	154
	Tag 6: Nonverbale Übertragung	156

Kapitel 6
Eine Beispieltrance

6.1.	Das Konzept für die Practitioner-Trancen	160
6.2	Die Trance des ersten Tages	161

Kapitel 7
Die Elman Induktion

7.1.	Einige Bemerkungen vorab	174
7.2.	Die fünf Elman-Signale der Trance	177
7.3.	Die Bestandteile der Elman Trance	178
7.3.1.	Preframe	179
7.3.2.	Augenschluss	179
7.3.3.	Testen auf Augenschluss	180
7.3.4.	Preframe für körperliche Entspannung	180
7.3.5.	Einleiten der körperlichen Entspannung	181
7.3.6.	Vertiefen der körperlichen Entspannung	181
7.3.7.	Testen der körperlichen Entspannung	182
7.3.8.	Preframe für geistige Entspannung	183
7.3.9.	Einleiten der geistigen Entspannung	184
7.3.10.	Echter Somnambulismus	184
7.3.11.	Preframe für die hypnotische Anästhesie	185
7.3.12.	Einleiten der hypnotischen Anästhesie	186
7.3.13.	Testen der hypnotischen Anästhesie	186
7.3.14.	Posthypnotische Suggestionen zur Heilung	187
7.3.15.	Aufwecken aus der Trance	188

Kapitel 8
Selbsthypnose

8.1.	Ein einfacher Weg zur Entspannung	190
8.1.1.	Von der Affirmation zur Suggestion	192
8.2.	Was Du mit Selbsthypnose erreichst	194
8.3.	Ablauf Deiner Selbsthypnose	196
8.4.	Selbsthypnose mit Autogenem Training	197
8.4.1.	Was ist autogenes Training?	197
8.4.2.	Die Struktur des autogenen Trainings	198
8.4.3.	Die optimale Körperhaltung	198
8.4.4.	Induktion der Bewusstseinsveränderung	199
8.4.5.	Die Ruhetönung	200
8.4.6.	Die sechs Übungen	201
8.5.	Übung: Den Flow Zustand erreichen	210
8.6.	Die FLOW Suggestionen	212
8.7.	Hilfreiche Tipps für Deine Selbsthypnose	218

Kapitel 9
Die Fast Phobia Cure

9.1.	**Ängste auflösen mit der FPC**	**224**
9.1.1.	Drei Erkenntnisse zur FPC	224
9.2.	**Vorbereitung der FPC**	**226**
9.3.	**Lege das Ergebnis fest**	**227**
9.4.	**Teste den Ausgangszustand**	**228**
9.5.	**Wende das Format an**	**229**
9.4.1.	Der selbstkalibrierende Ressourcenanker	229
9.4.2.	Die FPC in mehreren Durchläufen	231
9.4.3.	Future Pace und generative Komponente	234

Kapitel 10
Die Grundannahmen

10.1.	Was sind die Grundannahmen?	238
10.2.	Wie die Grundannahmen entstanden	239
10.3.	1. Die Bedeutung Deiner Kommunikation	241
10.3.1.	Ist die Botschaft richtig angekommen?	242
10.3.2.	Übung: Die Papageienschleife	244
10.4.	2. Der Prozess Deiner Wahrnehmung	246
10.4.1.	Der unbewusste Prozess	247
10.4.2.	Verändere Deine Reaktion	248
10.4.3.	Übung: Erforsche Deine Motivation	250
10.5.	3. Die Mittel für Deine Veränderung	254
10.5.1.	Ressourcen am Beispiel Selbstbewusstsein	255
10.5.2.	Ressourcen am richtigen Platz: Der Anker	256
10.5.3.	Übung: Ressourcentransport	256
10.6.	4. Landkarte, nicht Landschaft	258
10.6.1.	Landkarte und Landschaft	258
10.6.2.	Wahrnehmung, Verständigung und Verständnis	260
10.6.3.	Die seltsame Welt mancher Menschen	260
10.6.4.	Eine neue Realität	261
10.6.5.	Du machst Dir die Welt … wie sie Dir gefällt	262
10.6.6.	Übung: Erkenne Fehler in Deiner Landkarte	263
10.6.7.	Die einzig wahre Wahrheit?	265
10.7.	5. Dein positiver Wert als Mensch	267
10.7.1.	Hast Du alle Informationen?	267
10.7.2.	Der positive Wert jedes Menschen	268
10.7.3.	Nimm die guten Dinge wahr	269
10.7.4.	Entdecke Verhalten als eigene Sache	270
10.7.5.	Übung: Dein Wert, mein Wert!	271

10.8.	**6. Verhalten mit positiver Intention**	**273**
10.8.1.	Schuldzuweisung ist Der bequeme Weg	274
10.8.2.	Verstehen, Vergeben und Verzeihen	274
10.8.3.	Übung: Sieh das Beste im Anderen	276
10.9.	**7. Jedes Verhalten ist nützlich**	**277**
10.9.1.	Verhalten im Kontext	278
10.9.2.	Entdecke das Reframing	278
10.9.3.	Übung: Optionen für bessere Gefühle	279
10.10.	**8. Feedback versus Versagen**	**282**
10.11.	**9. Repräsentationssysteme**	**284**
10.11.1.	Die Organisation Deiner Sinneswahrnehmung	285
10.11.2.	Repräsentationssysteme für Dich nutzen	286
10.11.3.	Der visuelle Typ	287
10.11.4.	Der akustische Typ	287
10.11.5.	Der kinästhetische Typ	288
10.11.6.	Übung: Wahrnehmung ändern	289
10.12.	**10. Tue das, was funktioniert**	**290**
10.12.1.	Mehr von Demselben	290
10.12.2.	Variiere die Aktionen	292
10.12.3.	Übung: Finde Deinen WERT	292
10.13	**Nutze die Grundannahmen im Alltag**	**294**

Anhang

Glossar … 295
Notizen und Tagebuch … 341

VORWORT

Herzlich Willkommen

Guten Tag, ich bin Chris Mulzer, Lehrer für NLP und Hypnose und lebe in Berlin. In meinem gegenwärtigen Lebensabschnitt führe ich Workshops auf dem Gebiet der Hypnose und der Persönlichkeitsentwicklung mit NLP durch. Darüber hinaus bilde ich Nachwuchstrainer aus.

Mein Lehrstil ist offen, direkt, immer unterstützend, energisch anpackend und sehr stark ergebnisorientiert. Ich glaube, dass Du Ziele erreichen kannst, die Du Dir im Leben vorgenommen hast. Und ich zeige Dir, wie Du dies erreichst. Meine Workshops zielen auf die Entwicklung Deines selbstbestimmten Lebens. Dazu nutze ich fortschrittliche Didaktik, hypnotische Prozesse und die Grundtechniken und Formate aus dem Modell von NLP.

Vielen Dank für Dein Interesse. Das Buch, das Du gerade in Deinen Händen hältst, ist eine Verdichtung meiner Aufzeichnungen und Erkenntnisse auf dem Gebiet der Hypnose der letzten 30 Jahre. Erlaube mir, das »Du« für Deine Anrede zu benutzen. Wir beschäftigen uns ja oft mit sehr privaten Fragen und werden uns deshalb im Verlaufe der Zeit in diesem Buch sehr nahe kommen.

Ich habe mich auf die Anwendung von Hypnose für die Entwicklung Deiner Persönlichkeit spezialisiert. Ich meine, da haben Bezeichnungen wie »Patient« oder »Subjekt«, wie Du sie in der einschlägigen Fachliteratur findest, keinen Platz Ich nutze stattdessen den Begriff »DEIN GEGENÜBER«. Auch habe ich mir die Freiheit genommen, für einen einfachen Lesefluss in den meisten Fällen das Maskulinum statt einer politisch korrekten Genderform zu nutzen.

Gebrauchsanweisung für dieses Buch

Als ich im Jahre 1989 mein Unternehmen gründete, war ich bereits einige Jahre als Trainer in Deutschland tätig. Auch hatte ich mehrere Jahre in den USA gelebt. Durch meine Beschäftigung mit dem Modell von NLP kam ich mit den Sprachmustern von *Milton H. Erickson*[↗] in Berührung. Ich wählte mir *Richard Bandler*[↗] als Lehrer aus und lernte schnell, dass sich hinter den Sprachmustern von Erickson auch eine Menge wirklich wirksamer Techniken in der Hypnose verbergen. Sie erleichterten mir heute auf vielen Ebenen meine tägliche Arbeit.

Später fand ich heraus, dass sich durch die wiederholten Übungen, die gehörten Metaphern und vielfältigen positiven Suggestionen während meiner Ausbildung auch meine Persönlichkeit sehr zum Positiven verändert hatte. Solche Erfahrungen waren es, die mich im Verlaufe der weiteren Jahre zu der Entscheidung brachten, in meinen offenen Workshops zum Thema Hypnose und NLP ähnlich zu verfahren: Ich zeige jedem Teilnehmer auf spielerische Weise und mit modernsten didaktischen Methoden die unglaublichen Möglichkeiten, die mit dem Lernen hypnotischer Techniken verbunden sind.

Ich glaube fest daran, dass wir mit unserem Wissen und den Erklärungen über das Funktionieren von Hypnose noch ganz am Anfang stehen. Doch schon mit dem wenigen Wissen aus meinen Workshops kannst Du die wundervollen Mechanismen der Arbeit mit dem Unterbewussten durchdringen und es nutzen, um unglaubliche Dinge zu erreichen. Ich komme mir oft vor, wie ein kleines Kind, das hinter jeder Ecke einen neuen Kontinent des

Lernens entdeckt. Deshalb hat mein Lernen auch niemals aufgehört. In jedem weiteren Lebensjahr entdecke ich, wie wenig ich über Hypnose und Trance weiß. Ich habe es mir deshalb zum Prinzip gemacht, in jede Demonstration auf der Bühne, in jede Abendtrance und in jede Unterrichtseinheit etwas zu integrieren, das ich so noch nie gemacht habe. Damit erlebe ich die angenehmsten Überraschungen, lerne eine Menge und habe viele der Techniken herausgefunden, über die Du in diesem Buch lesen wirst.

Dieses Buch ist ein LESE- UND ÜBUNGSBUCH. Ich hatte zuerst geplant, die Informationen und Übungen für meine Workshops *Hypnose Intensive* und *Hypnose Advanced* in eine kommentierte Form zu bringen. Dann erschien es mir nützlich, über das eine und das nächste Thema ausführlicher zu schreiben und schließlich wurden es eine ganze Menge Seiten - es entstand dieses Buch. Der ursprüngliche Zweck dieses Buches ist jedoch geblieben: es soll Dich durch meine Workshops begleiten und Dir Wissen im Hintergrund vermitteln. Es wird Dir den Weg zu einem kompetenten Hypnotiseur weisen.

Dieses Buch ist ebenfalls hervorragend geeignet, Dich mit dem wundervollen Werkzeug der Hypnose vertraut zu machen. Wenn Du Dich über die vielfältigen Möglichkeiten erst informieren willst, bevor Du Dich für eine Ausbildung entscheidest, bist Du hier richtig. So sehr Dir dieses Buch Nutzen bringt, wenn Du es einfach nur liest, meine ich, dass Du Deine ersten Schritte in Hypnose in einem Workshop tun solltest. Dort ist der Ort, wo Dich erfahrene Teilnehmer begleiten und Du durch positive Vorbilder lernst. Ich weiß, das ist nicht immer einfach. Die Teilnahme an einem Workshops ist intensiv. Ich packe die maximale

Menge an Lehrstoff in einen Tag. So lernst Du ständig, Dinge zu tun, die Dir unbekannt sind. Und: Du wirst eine Menge Fehler machen! Dadurch erfährst Du, dass Deine Fehler dazu beitragen, viel schneller zu lernen.

Mit den Inhalten dieses Buches wirst Du Dich auseinandersetzen müssen. Du wirst mit Freuden und Gleichgesinnten darüber sprechen wollen. Ich habe mich deshalb bemüht, die vielen Aspekte von Trance und Hypnose leicht fasslich darzustellen und Dir viele Beispiele in wörtlicher Rede aus meiner Praxis zu geben. Jede Suggestion in diesem Buch habe ich mit einer fortlaufenden Zeilennummer versehen. Sie erlaubt Dir im Gespräch und in der Übung einen einfachen Bezug. Du kannst durch das Übernehmen von Formulierungen aus meinen Vorgaben für den Anfang sehr einfach eine akzeptable und wirksame Trance für viele Zwecke gestalten.

Die einzelnen Kapitel habe ich mit Überschriften gegliedert. Jedes neue Unterthema beginnt auf einer neuen Seite und ist mit einem Unterstrich markiert. Weitere Ausführungen haben eine dreistellige Nomenklatur und erklären die Oberbegriffe weiter oder führen Seitenthemen genauer aus. Mit etwas Übung in hypnotischen Techniken wirst Du vermutlich schnell unzufrieden werden. Du wirst merken, wie sehr es Dich befriedigt, Deine eigenen Suggestionen zu gestalten.

Am Ende, in Kapitel 11 findest Du ein Glossar. Dort erkläre ich Dir Fachworte und Begriffe ausführlicher, als es im Verlauf des Textes möglich ist. Wenn Du hinter einem Wort den *Glossarpfeil*⁊ findest, ist dieses Wort in Kapitel 11 erklärt.

Zum Abschluss dieser kleinen Einführung möchte ich Dir noch einen Rat mit auf den Weg geben:

Gehe die Lektüre dieses Buches entspannt an.

Das Buch ist in sequenzieller Abfolge geschrieben. Lese das Buch deshalb von vorne nach hinten. Ich habe es so gegliedert, wie Du später auch eine Hypnosesitzung gliedern würdest. Auch wenn Du gerne möglichst viel auf einmal lernen und aufnehmen möchtest: lasse Dir Zeit, die Inhalte zu verdauen. Auf jeder Seite dieses Buches steht mehr Inhalt, als Du beim ersten Darüberlesen vermutest. Lasse Dir Zeit für die INTEGRATION des Gelesenen und für Deine Entwicklung. Mache die angebotenen Übungen und genieße die Reise durch dieses Buch. Freue Dich über Deine damit verbundenen Erkenntnisse. Fühle Dich frei, auch einfach einmal nur im Buch zu blättern und Dich überraschen zu lassen. Schmökere hier und da – lasse Dich beeindrucken. Wenn Dich etwas nicht interessiert, überblättere es einfach. Du wirst beim späteren Lesen erneut darauf stoßen und die Informationen besser einordnen können.

Ich wünsche Dir

viel Lesevergnügen!

KAPITEL 1

Trance und Hypnose

1.1. Erste Fragen bei Trance und Hypnose

Wenn ich auf einer meiner vielen Reisen oder in Gesprächen nach meinem Beruf gefragt werde, sage ich oft: »Ich bin ein Lehrer für Hypnose.« Das halte ich zwar für eine etwas verkürzte Darstellung, sie führt mich aber oft in sehr interessante Situationen: »Oh mein Gott, da darf ich Dir ja gar nicht mehr in die Augen schauen, sonst machst Du mit mir, was Du willst!« Diesen Satz habe ich auf der ganzen Welt schon oft gehört.

Ich meine, es verhält sich mit der Akzeptanz von Hypnose und Trance wie mit vielen kontrovers diskutierten Themen. Entweder ist es die Unkenntnis über das Thema oder die Angst vor dem Unbekannten. Die meisten Menschen, die sich negativ über Hypnose äußern, sind mit ihr noch nie in Berührung gekommen. »Ich würde mich doch niemals jemandem in die Hände begeben, dem ich nicht vollständig vertrauen kann!« Diesen Satz habe ich von einer Dame gehört und ich meine, er erklärt schon Vieles. Frage Dich: Wie kannst Du herausfinden, wie viele Vorteile Du im Leben mit der Anwendung von hypnotischen Techniken zur Persönlichkeitsentwicklung haben kannst, wenn Du sie niemals ausprobierst und stattdessen zu Dir sagst: »Bevor mir etwas Schlimmes passiert, probiere ich es lieber erst gar nicht aus.« So reagieren die meisten Menschen - und lassen die vielen Abenteuer im Leben einfach links liegen. Sie beklagen sich über ein langweiliges Leben, das sie selbst verursachen. Dabei kann es so einfach sein. Lies dieses Buch, probiere die Übungen mit Freunden und finde heraus, wie viel Spaß die Beschäftigung mit Deinem »Freund auf der anderen Seite« machen kann.

1.2. Hypnose — ein umstrittenes Thema

Es gibt offensichtlich eine Menge an Vorurteilen über den Umgang mit veränderten Bewusstseinszuständen. Die sensationell aufgebauschte Berichterstattung in den Medien trägt ebenfalls dazu bei, das Phänomen der Hypnose mit Vorurteilen zu besetzen. Ich bin jedoch der festen Überzeugung, dass die Beschäftigung mit Trance und Hypnose positiv zur Entwicklung Deiner Persönlichkeit beitragen wird. Und ich bin ebenfalls überzeugt, dass wir uns, und dass Du Dich trotz allen wissenschaftlichen Fortschritts, mit dem Verständnis über die Funktionsweise hypnotischer Techniken und ihrer Nutzung, noch ganz am Anfang befinden. Wir sind erst ganz kleine Schritte gegangen.

Ich fühle mich bei jeder Hypnose, die ich beginne, wie ein kleines, neugieriges Kind. An jeder Ecke eröffnet sich eine neue Welt und es erschließen sich ständig neue Möglichkeiten, die mir gesteckten Ziele auf unterschiedliche und überraschende Weise zu erreichen. Das muss DICH nicht davon abhalten, gleich am Beginn Deiner Ausbildung gute Erfahrungen mit hypnotischen Techniken zu machen. Mit dem Lesen dieses Buches kannst Du einfach selbst herausfinden, wie Du von den vielen Techniken, die ein verändertes Bewusstsein bewirken, am Besten profitieren kannst.

Du kannst diesen unbekannten Kontinent auch anders erforschen: Erkläre Dich doch einfach zu einem »unwissenschaftlichen« Forscher in fremden Gefilden und finde heraus, auf welchen unentdeckten Inseln Deines Unterbewusstseins Du die Schätze entdecken kannst, die Dein Leben so reichhaltig machen können.

1.3. Definition von Hypnose

Das Wort Hypnose leitet sich vom altgriechischen Wort hýpnos für Schlaf ab. Der französische Arzt *Jean-Martin Charcot*↗ prägte es Anfang des 19. Jahrhunderts am *Hôpital de la Salpêtrière*↗ in Paris.

Hypnose:
Mit HYPNOSE wird der PROZESS bezeichnet, der zu einem Trancezustand führt.

Trance: TRANCE ist das Ergebnis einer hypnotischen INDUKTION. Sie ist ein tief entspannter Zustand mit beschränkter, fokussierter Aufmerksamkeit und weitgehender Aufhebung der KRITISCHEN INSTANZ des Bewusstseins.

Hypnose kannst Du unterschiedlich durchführen:

Hypnotherapie die Anwendung von Hypnose in der Medizin. Sie wird von niedergelassenen Ärzten und Psychologen zur Behandlung von Krankheiten eingesetzt.

Hypnose zur Persönlichkeitsentwicklung nutzt Dein Unterbewusstsein und hilft Dir beim Erreichen Deiner Ziele. Mit dieser Art von Hypnose arbeite ich in meinen Workshops.

Selbsthypnose ist ein Prozess, bei dem Du bei Dir selbst einen hypnotischen Zustand herbeiführt.

Geführte Hypnose verwendet aufgezeichnete Anweisungen und Musik, um einen hypnotischen Zustand herbeizuführen. Diese Form der Hypnose setze ich bei meinen Hypno-Audio Produktionen ein.

1.4. Funktioniert Hypnose wirklich?

Ob Trance und Hypnose funktionieren, kommt darauf an, was Du unter *funktionieren* verstehen willst. Von vielen Hypnotiseuren wird es bereits als Erfolg angesehen, wenn sie ihr Gegenüber in einen mehr oder weniger tiefen Trancezustand gebracht haben.

Viele Menschen, die erwägen, sich mit Hypnose zu beschäftigen, haben ein genaueres Ziel. Sie wissen, was geschehen soll, wenn sie sich auf eine Hypnosesitzung einlassen. Sie wollen vielleicht ein paar Pfunde abnehmen oder gleich die Struktur ihres Essverhaltens verändern. Sie wollen in ihre Vergangenheit abtauchen oder tief sitzende Traumata auflösen. Vielleicht wollen sie mit dem Rauchen aufhören oder sogar schlimmere Süchte bewältigen. Tausende und Abertausende erfolgreicher Hypnosesitzungen und wissenschaftliche Studien beweisen Dir, dass Hypnose, verantwortungsvoll angewendet, wirklich gut funktioniert. Ob sie für Dich funktioniert? Das musst Du schon selbst herausfinden!

Auf wieder einem anderen Blatt steht die Frage, ob DU SELBST hypnotische Techniken so erlernen kannst, dass sie für Dich und auch für Dein Gegenüber funktionieren. Die Beantwortung dieser Frage hängt von Deiner Flexibilität und von weiteren Faktoren ab. Die meisten Teilnehmer an meinen Workshops haben diese Frage mit **JA** beantwortet. Ein Besuch eines meiner Workshops ist deshalb eine sehr gute Möglichkeit, mit den vielen Vorteilen der hypnotischen Prozesse erstmals direkt in Berührung zu kommen. Du lernst in Lichtgeschwindigkeit und übst mit gleichgesinnten Menschen, die mehr im Leben erreichen wollen.

1.5. Hypnotische Zustände im Alltag

Bist Du schon einmal an der Ampel in Gedanken versunken stehen geblieben, obwohl das Licht längst auf Grün gewechselt hatte? Bist Du schon einmal in einen Fernseh- oder Kinofilm eingetaucht, so tief, dass Du vermeintlich Teil der Handlung wurdest? Hast Du gedankenverloren in einen Sonnenuntergang geblickt und Zeit und Raum dabei vollständig vergessen? Ist die Zeit vermeintlich viel langsamer gelaufen, als Du in einer langen Schlange standest und ist sie schneller vergangen, als Du mit einem lieben Menschen in ein angeregtes Gespräch vertieft warst? Bist Du gedankenverloren weg geträumt, als Du spät am Abend in ein flackerndes Lagerfeuer geblickt hast?

All diese Zustände kannst Du als einen hypnotischen Zustand ansehen. Wenn Du Dein Alltagsverhalten genauer betrachtest, scheint es mir, dass Du Dich Dein Leben lang von einem Trancezustand in den nächsten begeben hast. Wenn Du dieser Ansicht folgst, kannst Du Dein Leben als eine Folge unterschiedlicher, mehr oder weniger tiefen Trancezuständen wahrnehmen. Wenn Du konzentriert einen Text in den Computer hackst, wenn Du Auto fährst oder wenn Du eine Yogasitzung im Zustand von FLOW absolvierst, dann bist Du immer in einer Art von Trance.

Wenn Du bisher nicht darüber nachgedacht hat, ist es jetzt an der Zeit dafür. Solche Zustände helfen Dir, Kreativität in Dein Leben zu bringen und nutzbar zu machen. Du kannst die unbewussten Prozesse hervorragend nutzen, damit sie beitragen, Deine Ziele zu erreichen. Dein Leben wird damit reicher werden, und Du wirst sehr viel bewusster leben.

1.6. Wie ein Trancezustand entsteht

Ein induzierter (absichtlich geschaffener) Trance-Zustand entsteht als Folge einer Tranceinduktion. Ein Hypnotiseur spricht dabei an Deinen Zustand angepasste Sätze mit einer bestimmten Betonung und beobachtet Deine Reaktionen darauf. Durch die Veränderung seiner Sprachmelodie und die Anpassung seiner Inhalte lenkt er Dein Bewusstsein, verstärkt Deine Reaktionen und führt Dich in einen angenehm tiefen Zustand der fokussierten Entspannung.

Wenn der Hypnotiseur gut ausgebildet ist, kennt er Testverfahren, die ihm anzeigen, wann der Zustand für die Utilisierung erreicht ist. Die Utilisierung ist der Abschnitt innerhalb Deiner Hypnosesitzung, bei dem der Hypnotiseur geeignete Suggestionen (hypnotische Vorschläge) spricht. Damit kann er körperliche und psychische Krankheiten heilen, Schmerz eliminieren oder Dir beim Erreichen eines Zieles helfen.

Der Hypnotiseur wird am Ende der Trance weitere, hilfreiche Suggestionen sprechen und Dich dann aus Deinem Zustand wieder aufwecken. Er wird Dir Gelegenheit geben, über Dein Erleben zu sprechen und Vorschläge machen, wie Du die gemachten Erfahrungen in Dein Leben integrieren kannst.

Wenn Du Dich für einen Hypnotiseur entschieden hast und fühlst Dich unwohl, kannst Du jederzeit die Sitzung abbrechen und Dir jemand anderen suchen. Für mich ist das wichtigste Kriterium, dass Du Dich während der Hypnose wohl fühlst und gute Gefühle dabei hast. Das gilt besonders, wenn es sich um intensive oder negativ verlaufene Erlebnisse handelt.

1.7. Bin ich hypnotisierbar?

Ob Du es glaubst, oder nicht, das ist die Frage, die mir am meisten gestellt wird. Natürlich fällt die Antwort für die meisten Menschen unerwartet aus: »Ob Du hypnotisierbar bist, halte ich nicht für die richtige Frage! Mir stellt sich eher die Frage, wie ich Dich aus der Trance aufwecken kann, die Dich im Leben bisher am Erreichen Deiner Ziele gehindert hat!« Diese Aussage meine ich ernst.

JEDER MENSCH IST HYPNOTISIERBAR. Jene, die von sich glauben, es nicht zu sein, sind oft am anfälligsten für die entsprechenden Suggestionen. Das liegt meistens am ausufernden internen Dialog, mit dem diese Menschen beschäftigt sind. Sie wollen mit sich ins Reine kommen und Erklärungen finden, damit sie wegerklären können, was gerade mit ihnen passiert. Ich hatte Teilnehmer auf der Bühne, die, während sie ernsthaft von sich behaupteten, gerade NICHT in Trance zu sein, alle nebenher suggerierten Trancephänomene von *Armlevitation*↗ über *Amnesie*↗ bis hin zu irrationalen Verhaltensänderungen ausführten. Du glaubst mir nicht? Das kannst Du Dir im Internet bei *youtube*↗ in meinem Kanal ansehen.

Hypnose und Trance sollen Dir helfen, Deine großen und kleinen Ziele im Leben einfacher und besser zu erreichen. Und wenn Dir Worte wie *Trance* und *Hypnose* NOCH Angst machen, lass es einfach sein! Niemand zwingt Dich, diese wundervollen Phänomene in Dein Leben zu lassen. Ich kann Dir versichern, dass ich und jeder gut ausgebildete und menschlich arbeitende Hypnotiseur dafür sorgen werden, dass Deine Hypnosesitzung von jeder Menge an guten Gefühlen begleitet sein werden.

1.8. Fähigkeiten, die Du für Hypnose brauchst

Damit Du eine hypnotische Sitzung genießen kannst, brauchst Du keine besonderen Fähigkeiten. Du kannst es dem Hypnotiseur und seiner Professionalität überlassen, mit Deinen Vorbehalten und Glaubenssätzen auf effektive Weise umzugehen. Tut er das nicht, verabschiede Dich und gehe einfach woanders hin. Anders verhält es sich, wenn Du das Hypnotisieren ERLERNEN willst.

Dann brauchst Du zumindest eine gehörige Portion an Flexibilität und den Willen, Neues zu lernen. Neues sollte Dich anziehen, nicht abstoßen. Du solltest Interesse am Umgang mit anderen Menschen haben und mit Deiner Aufmerksamkeit »nach draußen« orientiert sein. Künstler, die im Elfenbeinturm leben, sind schlechte Hypnotiseure. Hypnose ist eine Form intensiver zwischenmenschlicher Kommunikation. Sie bedingt eine aufmerksame Auseinandersetzung mit Deinen Mitmenschen.

Wenn Du mit Glaubenssätzen ausgestattet bist, die Dein Leben leichter machen, wenn Du Dir und Anderen gerne gute Gefühle machst und wenn das Leben an sich ein grosses Abenteuer für Dich darstellt, dann solltest Du Hypnose lernen. Dann bist Du in einem Workshop für Hypnose bei mir sehr gut aufgehoben.

Viele Menschen glauben, in manchen Bereichen ihres Lebens Defizite zu haben. Das ist einer der Gründe, warum sie eine Hypnoseausbildung absolvieren wollen. Das finde ich eine gute Strategie. Im Workshop arbeitest Du an Deiner Persönlichkeit, an Deinen Vorbehalten und an Deinen Zielen. Das halte ich für einen wirklich guten Weg, mit Deinem Leben besser zurecht zu kommen.

1.9. Blitzhypnose ist da was dran?

Viele denken beim Begriff *Blitzhypnose*⁷ an die spektakulären Induktionen, die sie im Internet gesehen haben. Dort zeigen Jungs, wie sie Menschen (meist Frauen) auf der Straße hypnotisieren. Ich gebe gerne zu, dass es durchaus möglich ist, mit der Taktik der *Musterunterbrechung*⁷ und mit etwas Überrumpelung für momentane Verwirrung zu sorgen. Damit lässt sich auch eine Demonstration entsprechender hypnotischer Phänomene ausführen. Die aus diesen Techniken resultierenden, oberflächlichen Erfolge werden in den Filmen, die Du im Internet siehst, jedoch nur angedeutet. Es soll dann an Dir liegen, was Du daraus machst - so lautet meist das Angebot. In den meisten Fällen ist das cleveres Marketing, das Dich zum Besuch eines entsprechenden (und oft teuren) Workshops veranlassen soll.

Meist sind es junge und unsichere Männer mit entsprechenden Fantasien, die solch eine bequeme Technik gerne nutzen würden. Wenn sie mir mit sprechen, schlage ich ihnen vor, lieber an einem meiner Workshops teilzunehmen. Dort können sie lernen, mit ihrer Unsicherheit umzugehen. Das nennt man umgangssprachlich ERWACHSEN WERDEN. Ich habe aus berufenem Munde vernommen, dass viele Frauen die jungen Männer wirklich sehr anziehend finden, wenn sie mit ihrer Unsicherheit ehrlich umgehen.

Zurück zur Blitzhypnose. Es gibt nützliche Verfahren, Dein Gegenüber schnell in Trance zu versetzen. Ich unterrichte diese Verfahren selbstverständlich auch in meinen Workshops. Stelle Dir nur einmal die Notaufnahme eines

Krankenhauses vor. Ein Unfallopfer wird mit einem offenen Beinbruch eingeliefert. Der behandelnde Notarzt hat keine Ahnung, wie dieser Patient auf eine Gabe von Schmerz- oder Betäubungsmitteln reagieren würde. Eine Schnellhypnose kann den Patienten ruhigstellen, von Schmerzen befreien und die Blutung mindern. Dieses wirksame Verfahren wird seit vielen Jahrzehnten tausendfach weltweit erfolgreich angewendet.

Willst Du ein weiteres Beispiel? Wurzelbehandlungen beim Zahnarzt sind schmerzhaft. Was sind die Optionen für einen Patienten, der allergisch auf eine Betäubungsspritze reagiert? Den Schmerz aushalten? Der Amerikaner *Dave Elman*[↗] hat ein Verfahren entwickelt, diesen Menschen zu helfen. Der Prozess ist unter dem Begriff *Elman Induktion*[↗] in der Zahnheilkunde weit verbreitet und hat, seit er in den 1930er Jahren entwickelt wurde, buchstäblich tausenden von Zahnschmerz-Patienten ihr Los erleichtert. Für solche Themen wurde die Schnellinduktion entwickelt und dort wird sie auch erfolgreich angewendet!

1.10. Wie geht Showhypnose?

Für einen unbeteiligten Zuschauer sind die Effekte, die Showhypnotiseure auf der Bühne erzielen, schlichtweg spektakulär. Jedoch verhält es sich bei den wahrgenommenen Effekten wie bei einer guten Zaubershow. Das was Du als Teilnehmer zu sehen glaubst, ist das Ergebnis guten Timings und hervorragender Technik. Ein guter Showhypnotiseur leitet Deine Aufmerksamkeit dahin, wo er sie gerade braucht. Das ist meist nicht der Ort, an dem die wahre Aktion stattfindet. Eine gute Hypnoseshow ist unterhaltsam und belässt die Demonstrationsobjekte menschlich.

Auch wenn die Showhypnose nicht mein Thema ist, kenne ich eine Menge der Tricks, die einen guten Showhypnotiseur ausmachen. Wenn Du Dich näher damit befassen willst, rate ich Dir, ein Mensch zu sein, der sowohl mit Hypnose als auch auf der Bühne bereits Erfahrungen gesammelt hat. Kannst Du Menschen zum Lachen bringen? Kannst Du Spannung im Publikum erzeugen und es aussehen lassen, als wäre es die einfachste Sache der Welt? Ja? Dann wird es Dir auch nicht schwer fallen, Elemente der Hypnose einfliessen zu lassen. Damit kannst Du Deinen Zuschauern etwas Nützliches anbieten, und es hat den Nebeneffekt, lustig und spannend zu sein. Wenn Du willst, gebe ich Dir an dieser Stelle ein paar der Tricks preis, die zu den spektakulären Effekten führen, die Du in einer solchen Show siehst.

Bei Fernsehshows gibt es den sogenannten ANHEIZER. Er macht im Vorfeld der Show Stimmung im Publikum und vermeintlich NEBENHER sucht er nach Menschen, die leicht in Trance gehen. Er DEMONSTRIERT das, was später passieren wird und ankert dabei den Prozess der Tranceinduktion und die erreichten Trancezustände mit einer Kombination aus visuellem und akustischem Anker↗.

Später, in der eigentlichen Show, löst der Hypnotiseur vor der Kamera nur den Anker aus und das Demoobjekt geht spektakulär - wie von selbst - in Trance. Musterunterbrechungen, wie der *Handshake Interrupt*↗, sind ebenfalls ein effektiver Weg, vermeintlich unbeteiligte Zuschauer für die Demonstration entsprechender Effekte in eine leichte Trance zu bringen. Ich meine, dass mit einer entsprechenden Begabung zur Bühnenpräsenz und etwas Erfahrung in hypnotischen Techniken, aus Dir ein erfolgreicher Bühnenhypnotiseur werden kann.

Wenn Du Dich für die unterschiedlichen Verfahren der Showhypnose interessierst, ist es eine gute Idee, zuerst klassische Hypnose zu lernen. Dazu empfehle ich den Besuch meines Hypnoseworkshops, der sich zum Lernen ganz ausgezeichnet eignet. Dort kannst Du an interessierten Teilnehmern gleich ausprobieren, ob das, was Du Dir vorstellst, auch im größeren Kreis funktionieren wird. So haben beide Gruppen großen Spaß am Lernen. Und wer weiß, vielleicht

1.11. Lohnt sich eine Hypnosetherapie?

Es gibt vielerlei Linderungs- und Heilungsansätze für psychosomatische Krankheiten. Einer davon kann in der Nutzung einer Hypnosetherapie bestehen. *Milton H. Erickson*[↗] verzeichnete lang anhaltende Erfolge mit seinen Therapiesitzungen. Seine indirekten *Suggestionen*[↗] dringen tief in das Unbewusste der Patienten und wirken für eine lange Zeit. Das beherrscht nicht jeder Hypnotiseur gleich gut. Das Modell von NLP jedoch stellt Dir für viele Probleme wirksame Standardformate zur Verfügung.

Jede Art von Phobie beispielsweise kannst Du mit einer geführten und hypnotisch verstärkten *Fast Phobia Cure*[↗] auflösen. Garantiert. Ich stelle sie Dir in Kapitel 9 genauer vor. Auch bei tief sitzenden *Traumata*[↗] kannst Du ausgezeichnete Resultate mit NLP Techniken und begleitenden hypnotischen Suggestionen erzielen. Das Besondere an einer erfolgreichen Hypnosetherapie liegt in der Fähigkeit des Hypnotiseurs, die traumatischen Erlebnisse quasi auszulöschen. Diese Technik nennt sich *Amnesie*[↗] und sie ist sehr wirksam.

In meinem YouTube Kanal zeige ich Dir beispielhaft, wie einfach es ist, einen Teilnehmer seinen eigenen Namen vergessen zu lassen. Wenn das funktioniert, kannst Du sicherlich diese Technik für alles einsetzen, was Dein Gegenüber vergessen will. Vergessen passiert Dir unfreiwillig ja oft: »Wo habe ich denn meine Schlüssel hingelegt, vorhin waren sie noch genau da!« Das ist ein Satz den Du von Dir bestimmt schon oft gehört hast. Solche *negativen Halluzinationen*[↗] gehören zum Alltag wie das Brot zum Bäcker. Lerne, sie zu nutzen oder gehe zu jemanden, der Dir hilft, sie zu nutzen. Auch bei *Depressionen*⁷ halte ich eine Therapie mit begleitenden NLP Techniken und hypnotischer Unterstützung für effektiv. Im Internet findest Du schnell einen guten Therapeuten, der mit diesem Ansatz arbeitet. Ich gebe aus Gründen des Datenschutzes keine Auskunft über geeignete Kandidaten und biete auch keine psychotherapeutischen Therapien und Prozesse an.

1.12. Kann ich mit Hypnose manipulieren?

Die Antwort auf diese Frage ist nicht einfach. Auch wenn Du es nicht wahrhaben willst, Manipulation gehört zum Leben. Viele Menschen meinen es ja gut mit Dir. Sie geben Dir Ratschläge, die auf ihrer eigenen, limitierten Erkenntnis der Sachlage beruhen. Auch die meisten Hypnotiseure meinen es gut mit Dir. Auch sie - und ich - arbeiteten auf der jeweiligen Basis ihres Wissensstandes und ihrer Fähigkeiten. Die Glaubenssysteme Deiner Mitmenschen schwingen eben in jeder Form von Kommunikation mit. Das Wort Manipulation kommt aus der lateinischen Sprache und leitet sich vom Wort *Manus* ab. Es bedeutet »*die Hand*«. Ein Manipulator war im römischen Reich ein Mensch, der sein *Hand*werk besonders gut verstand. Erst im 18. Jahrhundert bekam das Wort die negative Bedeutung, die wir ihm heute beimessen.

In diesem Sinne versteht sich Manipulation in unserer Zeit meist als etwas, das sich gegen Deine Glaubenssysteme und Überzeugungen richtet. Menschen mit Angst vor Hypnose meinen, ungewollt manipuliert zu werden. Oft ist es jedoch einfach die vorübergehende Unfähigkeit, sich zu entspannen, die den am Anfang so erfolgreich begonnenen Tranceprozess unterbrochen hat. »Ich will nicht manipuliert werden und kann nicht hypnotisiert werden!« Das ist die daraus folgende Aussage. Stimmt nicht! Jeder gute Hypnotiseur kennt Mittel und Wege, solche Verspannungen aufzulösen.

Was aber, wenn Dir jemand bewusst Suggestionen geben will, die Schaden bei Dir anrichten sollen? In meiner Intensivausbildung zum Master-Hypnotiseur in San

Francisco versuchten wir genau dies. Wir wollten Schaden anrichten um zu erforschen, was dann passiert. Es gelang uns nicht. Dein Unbewusstes schützt Dich vor Schaden. Das kann es besser, als es Dein Bewusstsein vermag. Dafür findest Du eine Menge an Beweisen in Deinem Leben. Trotzdem gibt es immer wieder Teilnehmer in meinen Workshops, die aus purem Übermut versuchen, irgendeinen Blödsinn mit Hypnose anzustellen. Meistens, um im Mittelpunkt zu stehen oder als der große *Zampano*↗ bei den Frauen zu gelten.

Ich baue deshalb gleich zum Beginn meiner Workshops indirekte *Schutzsuggestionen*↗ ein. Sie relativieren auf der subbewussten Ebene einen möglicherweise angestellten Blödsinn. So kann niemand - bewusst oder unbewusst - bei Dir Schaden anrichten. Ich halte diesen geschützten Raum für ein intensives Lernen sehr wichtig. Wenn Du zu einem meiner Workshop kommst und Hypnosetechniken lernst, könnte ja aus gutem Willen oder schrägen Suggestionen durchaus einmal Schaden entstehen. Es ist ja das Prinzip des Lernens, Fehler zu machen - und daraus zu lernen. Für solche Fälle gibt es die Schutzsuggestionen. Traue Dich also in meinen Workshops ruhig, wild zu experimentieren. Positives kannst Du übernehmen, Negatives wird sich entkoppeln und nicht funktionieren. So soll das Lernen doch funktionieren. Ich wünsche Dir deshalb viel Heiterkeit im Leben und auch, dass Du viele Fehler begehst. Wenn Du lachend aus ihnen lernst, bist Du auf einem guten Weg. Dann kannst Du im nächsten Schritt lernen, Deine Ziele anzupassen, kannst etwas anders tun und Deine Fehler als NÖTIGEN BESTANDTEIL Deines Erfolgs akzeptieren.

KAPITEL 2

Geschichte der Hypnose

2.0 Eine kurze Geschichte der Hypnose

Wenn Du Dich über den Tag hinweg beobachtest, findest Du viele Anhaltspunkte für Deine ständig sich verändernde Bewusstseinslage. Du kannst Dich fragen: Wie oft bin ich eigentlich *wirklich* wach? Ich meine, das ist eine berechtigte Frage. Im *Modelling*[7], einer NLP Technik werden alltägliche Handlungen in einzelnen Schritte zerlegt. Man hat dadurch herausgefunden, dass die meisten Tätigkeiten auf unbewusst ausgeführten Prozessen beruhen. Stell Dir vor, wie Du Dein Hemd oder Deine Bluse zuknöpfst und nebenher mit Deinem Partner plauderst. Wie Du eine Treppe hinunterläufst und gedanklich bereits bei Deiner nächsten Handlung weilst. Deinen Bewusstseinszustand zu verändern, bewusst oder unbewusst, mit oder ohne fremde Hilfe, diese Fähigkeit ist so alt ist, wie die Menschheitsgeschichte. Kein Wunder also, dass Hypnose eine der ältesten Therapieformen der Menschheit ist. Nachfolgend liste ich Dir auf einem Zeitstrahl wichtige Ereignisse aus der Geschichte der Hypnose auf.

-8.000

Aus ausgegrabenen Texten des Sanskrit und auf Keilschrifttafeln der Sumerer lassen sich Beschreibungen der Erkenntnisse über eine willkürliche und fremdgesteuerte Veränderung des Bewusstseinszustandes bis etwa 8.000 Jahre vor unserer Zeitrechnung zurück verfolgen. Sie liegen in Form von Beschwörungen und Beschreibungen von stattgefundenen Behandlungen vor.

- 1.600

Aus Ägypten ist der **Papyrus Ebers** erhalten. Das ist eine Schriftrolle, die Anweisungen mit »Beschwörungen« enthält, die den in der Gegenwart verwendeten Suggestionen in einer Hypnosesitzung sehr ähnlich sind.

- 600

In der Hochzeit der griechischen Kultur diente der **Asklepios-Kult** mit seiner Tradition der *Schlaftempel* zur Behandlung von Krankheit. Ein Kranker besuchte das Heiligtum eines Gottes oder eines Heros und nahm an einem RITUAL teil. Dies bestand aus dem eigentlichen Tempelschlaf und einer aufwendigen Vorbereitung. Dazu zählten Bäder, Fastenanweisungen, spezielle Diäten, Opfer und Gebete.

Der Kranke hoffte, im Traumschlaf einen Hinweis auf eine wirksame Therapie seiner Krankheit zu erhalten. Der Inhalt des Traums war ihm nicht unmittelbar verständlich, er bedurfte der Deutung durch einen Priester des jeweiligen Heiligtums. Während des Schlafes nutzten die Mönche positive Suggestionen. Der Glaube an die Wirksamkeit eines Tempelschlafes war weit verbreitet und hat zu seiner Wirksamkeit beigetragen.

- 300

Der Kult des Tempelschlafes wird von den **Römern** übernommen. Mit dem Aufkommen der christlichen Lehre und einer zentralistischen Verwaltung der herrschenden Glaubensdoktrin wurden viele der Praktiken um den Tempelschlaf als heidnisch markiert und verboten. Wer im weitesten Sinne antichristliche Riten praktizierte, war der Gefahr der Inquisition und Hexenverfolgung ausgesetzt.

Kein Wunder also, dass über weite Teile des Mittelalters und der Renaissance im europäischen Raum nur wenige Dokumente existieren, die eine Beschäftigung mit Themen der therapeutischen Bewusstseinsveränderung vermuten lassen.

1749

veröffentlichte der Philosoph **Étienne Bonnot de Condillac** sein Buch mit dem Titel: *Traité des systèmes* (Traktat über die Systeme). Einige Jahre vorher (1746) war sein Essay über den Ursprung der menschlichen Wahrnehmung erschienen. In verschiedenen Gedankenexperimenten beschäftigte er sich mit der Frage, was passieren würde, wenn Menschen nur über einen einzigen Sinneskanal verfügen würden. Er fand heraus, dass Du in einem komplexen Prozess die Welt, wie Du sie wahrnimmst als Erinnerungen abspeicherst und mit Deinen ganz speziellen Worten beschreibst. Diese Worte, also Deine Sprache spiegelt die Präferenzen Deiner Sinneskanäle wieder. De Condillac gilt damit als der Entdecker der linguistischen Verbindung von Sinneskanälen und Sprache

1775/1

Die Geschichte der modernen Hypnose beginnt erst im Jahre 1775. In diesem Jahr geht das Zeitalter der Hexenverfolgung zu Ende. Am 11. April dieses Jahres sollte nämlich das letzte Hexenurteil gegen **Maria Anna Schwegelin** vollstreckt werden. Sie wurde schuldig gesprochen, einen Pakt mit dem Teufel eingegangen zu sein. Dieses Urteil ist der letzte Akt mittelalterlicher Hexenverfolgung. Es markiert somit eine Veränderung im gesellschaftlichen Denken.

1775/2

Im gleichen Jahr wurde **Franz Anton Mesmer** um sein fachliches Urteil gebeten. Im Auftrag der Bayerischen Akademie der Wissenschaften in München bestätigte Mesmer, dass der in Ellwangen unter großem Zulauf heilende Pfarrer **Johann Joseph Gaßner** nicht wirklich den Teufel austreibe, sondern mit der Kraft des *animalischen Magnetismus* seine Wunder vollbringe.

Kulturgeschichtlich befinden wir uns in der Zeit des *Sturm und Drang*. Goethe veröffentlichte 1774 sein Werk *Die Leiden des jungen Werther*. Geistesgeschichtlich ist es die *Zeit der Aufklärung*. Man interessierte sich verstärkt für logisch rationale Erklärungen der unterschiedlichen Naturphänomene. Es war die Zeit der Geburt unserer modernen Wissenschaften. In diesem Geiste der Aufklärung veröffentlichte Mesmer seine Theorie des animalischen Magnetismus. Er prägte und popularisierte damit das Bild der Hypnose im 19. Jahrhundert nachhaltig.

Der Gebrauch des Wortes *animalischer Magnetismus* ist aus dem Zeitkontext heraus zu verstehen. Es wird vielfach missbräuchlich interpretiert. Mesmer gebrauchte den Begriff des Magnetismus im Sinne eines das ganze Universum ausfüllenden Äthers. Er entstammt einem von den Himmelskörpern stammenden Partikel- oder Kräftestrom und reichert sich als *spiritus mundi* im Körper bestimmter Menschen an. Dieser Magnetismus, so vermutete er, kann durch das Streichen mit den Händen wieder an bedürftige Personen abgestrahlt werden. Mesmer glaubte, mit dieser magnetischen Strahlung, Stockungen in den Nerven- und Körpersäften der Kranken auflösen zu können. Er dachte sie sich ähnlich der unsichtbaren Kraft eines mineralischen Magneten. Zur Unterscheidung wählte er den Namen *animalischer* (in diesem Sinne: Lebens-) Magnetismus.

Mesmer experimentierte mit der Übertragung dieses *magnetischen Fluidums* auf seine Patienten, indem er sie körperlich abstrich. Durch seine guten Kontakte zum französischen Adel und seine Präsenz in der Pariser Gesellschaft popularisierte er hypnotische Phänomene als gesellschaftliches Ereignis. Seine spektakulären Demonstrationen in den Pariser Salons waren bestens besucht und wurden unter anderem von E.T.A. Hoffmann in einem Essay beschrieben.

1787

erscheint das *Magnetische Magazin für Niederdeutschland* in der ersten Ausgabe von **Johann Henrich Cramer**.

1810

Der portugiesische **Abbé Faria** (1756 – 1819) war der Erste, der eine Verbindung zwischen Hypnose und verwendeter Sprache feststellte. Er sprach davon, dass der Hypnotisierte eigentlich der sei, auf den die Hypnose zurückzuführen sei und nicht umgekehrt. Er war der Erste, der mit posthypnotischen Suggestionen arbeitete. Er beschreibt, wie ein Hypnotisierter nach dem Aufwachen aus der Trance Dinge verrichtet, die man ihm vorher in Hypnose suggeriert hatte.

1814

Der Begriff „hypnotisch" erscheint erstmals 1814 im *Wörterbuch der französischen Akademie*.

1820

Die Begriffe HYPNOTISMUS und HYPNOSE wurden im *Wörterbuch der französischen Akademie* von **Étienne Félix d'Henin de Cuvillers** auf der Grundlage der Vorsilbe „hypn" vorgeschlagen.

1840

Der schottische Chirurg **James Braid** stellt den Übergang zwischen animalischem Magnetismus und Hypnose her. Er ging der Hypnose wissenschaftlich auf den Grund, setzte den Prozess der Hypnose für positive Veränderungsprozesse ein und wurde damit zum ersten Hypntotherapeuten.

1842

beschließt die Akademie der Wissenschaften, die Erforschung des magnetischen Phänomens einzustellen. Für Braid war Hypnose ein Zustand geistiger Konzentration, in dem die geistigen Fähigkeiten des Patienten so vollständig von einer Idee vereinnahmt werden, dass sie gegenüber allen anderen Überlegungen oder Einflüssen gleichgültig werden. Braid verwendet hypnotische Phänomene auch als Anästhetikum bei Operationen.

1851

erscheint **James Esdailes** Buch *Mesmerism in India*. Dort stellt er seine Methode für tiefe Trancezustände vor und beschreibt den nach ihm benannten *Esdaile Zustand*⁷.

1859

präsentierte der Chirurg **Alfred Velpeau** der Akademie der Wissenschaften einen Eingriff, der unter hypnotischer

Anästhesie nach der Methode von Braid durchgeführt worden war.

1870
stellt der Philosoph **Hippolyte Taine** in seiner Zeitschrift Intelligence eine Einführung in die Theorien von Braid vor.

1880
übernimmt der Breslauer Neurologe **Rudolf Heidenhain,** beeindruckt von den Erfolgen des öffentlichen Hypnotiseurs Carl Hansen, dessen Methode und veröffentlicht ein Buch über den TIERISCHEN MAGNETISMUS. In Österreich experimentiert der Neurologe **Moritz Benedikt** mit Hypnose, gefolgt von dem Arzt **Josef Breuer.**

1882
trägt die Salpêtriére-Schule zur Blütezeit der Hypnose in Frankreich bei. Der Leiter dieser Schule ist der Neurologe **Jean Martin Charcot**. Nach seinem Tod im Jahr 1893 ging die Praxis der Hypnose in Frankreich zurück.

1890
stellt **Emile Coué** (1857 – 1926) seine Theorie der Autosuggestion vor. Als Apotheker fand er heraus, dass ein positiver Kommentar, wenn die Kunden ihre Medizin abholten, die Wirkung der Medizin verstärkte. Nach weiteren Studien begann er seine Ansichten zur Suggestion praktisch einzusetzen. Er prägte wirksame und auch heute noch oft verwendete Suggestionen. Beispiel: »Mir geht es von Tag zu Tag in jeder Hinsicht immer besser und besser.«

1851
James Esdaile (1808–1859) publiziert sein Buch *Mesmerism in India*. Er ist als schottischer Chirurg in Indien tätig und entdeckte aus Mangel an Narkosemitteln die tiefen Zustände der Trance und die damit verbundenen Phänomene der hypnotisch induzierten Schmerzunempfindlichkeit. Der Esdaile Zustand ist nach ihm benannt.

1920
I.H. Schultz entwickelte in den 1920er Jahren das autogene Training. Es ist ein einfaches und standardisiertes Verfahren der Selbsthypnose.

1929
Erscheint **Edwin Titjens** Buch: *Desuggestion; ihre Bedeutung und Auswertung* in Berlin. Er war Psychologe und Hypnotherapeut und nutzte seine Erfahrungen um hypnotische Muster auf das Leben anzuwenden. Er ist damit der Begründer der Persönlichkeitsoptimierung mit hypnotischen Mitteln.

1950
entwickelt **Dave Elman** (1900 – 1967) in den USA eine schnelle und effiziente hypnotische Tranceinduktion. Die Elman-Induktion gehört heute zum Standard-Repertoire vieler Hypnotiseure und Ärzte. Er gliederte die Hypnosesitzung in verschiedene Teile und liefert funktionale Testverfahren für die unterschiedliche Trancetiefen.

1957
gründet Erickson die *Amerikanische Gesellschaft für Klinische Hypnose*, deren Vorsitz er übernimmt.

1958

gründet er das *American Journal of Clinical Hypnosis*, und ist bis 1968 sein Herausgeber.

1972

Bandler und Grinder treffen sich regelmäßig mit Milton H. Erickson und modellieren seinen Ansatz und seine Arbeit. In den Jahren-

1975

veröffentlichen sie den ersten Band *Patterns of the Hypnotic Techniques of Milton H. Erickson*, gefolgt 1977 von Band 2,. Zusammen bilden sie die Grundlage des Milton Modells.

1977

erscheint Dave Elmans Buch Hypnotherapy in der er seine Induktion beschreibt. Im Laufe seines Lebens bildete Elman mehr als 10.000 Ärzte, Psychotherapeuten und Zahnärzte aus. Elman gilt als einer der Begründer der moderneren Hypnosethechniken.

1978

Richard Bandler gründet die *Society of NLP* gegründet. Sie veranstaltet die ersten Trainings und legt die Ausbildungsstandards für NLP fest.

1989

erscheint Hans-Christian Kossaks Buch: *Hypnose. Lehrbuch für Psychotherapeuten und Ärzte.*

KAPITEL 3

Die Hypnosesitzung

3.1. Hypnose im Selbststudium?

In diesem Kapitel beschreibe ich, wie ich mir den optimalen Ablauf einer Hypnosesitzung vorstelle. Einerlei, ob es sich um ein privates Gespräch unter Freunden, oder um eine Therapiesitzung handelt. Ich gehe davon aus, dass Du Dich mit Hypnose beschäftigen willst. Ich werde ja oft gefragt: »Chris, wie lerne ich am einfachsten Hypnose?« Darauf habe ich in der Vergangenheit meist geantwortet: »Besuche meine Hypnose Ausbildung!«

In meinen Glaubenssystemen WAR fest verankert, dass für eine erfolgreiche, praktische Anwendung von hypnotischen Mustern, Suggestionen und Techniken ein guter Lehrer und die Anwesenheit anderer Menschen erforderlich sind. Ich hätte aber dieses Buch nicht geschrieben, wenn ich im Verlaufe der Zeit nicht erfahren hätte, dass Du auch im Selbststudium Erfolg haben kannst. Hypnotische Prozesse und der Zustand der Trance sind Dir ja aus vielen Situationen viel vertrauter als Du glaubst. Wenn Du anfängst, zu suchen findest Du sie überall.

3.1.1. HYPNOSE UND TRANCE SIND ÜBERALL

Natürlich liegt mir daran, möglichst vielen Interessierten in meinen Workshops die Anwendungen hypnotischer Techniken erfolgreich zu vermitteln. Nicht zuletzt bestreite ich davon auch meinen Lebensunterhalt. Ich meine, dass dies allerdings nicht die einzige Möglichkeit ist, mit der Du Hypnose lernen kannst. Mein Überzeugung manifestierte sich durch viele Erlebnisse. Eines davon war der Besuch eines massenhypnotischen Ereignisses, dem Sak Yant Festival im Wat Bang Phra in Thailand. Wat heißt auf

Thailändisch TEMPEL und in diesem Tempel lassen sich jedes Jahr an einem bestimmten Tag zehntausende von Pilgern eine heilige Tätowierung stechen. Ich sage es mal etwas schnoddrig: »Was da an hypnotischer Ekstase passiert, das geht auf keine Kuhhaut!« Ohne jemals etwas über Trance und Hypnose gelernt zu haben, fallen abertausende Menschen in kollektive hypnotische Zustände. Sie lassen sich im Zustand dieser Ekstase schmerzhafte Tattoos stechen, ohne diesen Schmerz zu empfinden.

Auch meine Erlebnisse mit Beduinen in der Wüste Sahara gaben mir Anhaltspunkte, dass ganz normale und mitten im Leben stehende Menschen ohne den Besuch eines Workshops den Nutzen tiefer Trancezustände erfahren können. Als ich erst einmal damit begonnen hatte, in meinen Erinnerungen zu kramen, fielen mir viele Ereignisse aus meinem Leben und aus der ganzen Welt ein: Vanuatu, Peru, Nepal, China… meine Erzählungen darüber könnten Bücher füllen und bereichern viele meiner Workshops. Wir scheinen eine natürliche Veranlagung für Trance und Hypnosephänomene zu haben. Warum sich also nicht damit beschäftigen, ein lesbares Lehrprogramm für ein Selbststudium zu entwickeln. Die Möglichkeiten, Informationen über die speziellen Fähigkeiten anderer Menschen zu erlangen, sind ja mit dem Fortschritt des Internets sehr einfach geworden.

Wie also könntest Du, das ist mein Ansatz in diesem Kapitel, als williger Novize, mit der Absicht, hypnotische Techniken IM SELBSTSTUDIUM zu lernen die Erkenntnisse aus diesem Buch am besten nutzen? Wie sollst Du beginnen? Was sollst Du zuerst tun, und was danach? Wie kannst Du ein talentierter Hypnotiseur werden? Welche

Schritte macht ein Lernen sinnvoll? Milton H. Erickson hat mit hypnotischen Techniken den Menschen viel Gutes erwiesen. Richard Bandler und John Grinder nahmen ihn zum Vorbild, und haben einen wichtigen Teil des Modells von NLP aus seiner Arbeit entwickelt – das Milton Modell. Vielleicht siehst Du Dir bei Youtube zuerst einen der historischen Filme an, die seine Arbeit dokumentieren. Faszinierend, nicht wahr? Lass uns nun damit beginnen, Dich schrittweise so effektiv zu machen, wie ihn.

Kannst Du Hypnose lernen, und damit Dir und anderen Menschen auf effektive Art und Weise helfen? Ja, das kannst Du - und das kann jeder Mensch! Willst Du die nötige Zeit und Energie dafür aufbringen? Diese Frage musst Du Dir stellen und ebenfalls mit JA beantwortet haben. Dann hast Du zwei wichtige Elemente Deiner Strategie bereits am Platze: die richtigen Glaubenssysteme und eine gehörige Portion Motivation. Überprüfe Dich, ob Du Dich selbst limitierst. Weißt Du, wie es um Dein Selbstvertrauen bestellt ist? Das wirst Du brauchen, um Hypnose zu lernen.

3.1.2. ÜBERPRÜFE DEINE SELBSTDISZIPLIN

Du würdest dieses Buch nicht lesen, wenn die Motivation nicht irgendwo in Dir vorhanden wäre. Hast Du Dich aber schon einmal gefragt, WARUM Du Hypnose lernen möchtest? Willst Du andere Menschen manipulieren? Gerade postpubertäre junge Männer, im Überschwang der Hormone und mit wackeligem Selbstbewusstsein, haben oftmals Gedanken in dieser Richtung. Dazu sage ich: »Vergiss es, das wird nicht gutgehen!« Solche Angebote schaffen nur oberflächliche Befriedigung. Wahrscheinlich wirst Du mit solchen Gedanken irgendwann bei jemandem landen, der Dir mit Versprechungen Dein Geld aus der Tasche zieht. Wie wäre es, zur Abwechslung einmal, Deine Neugierde und Experimentierfreudigkeit als zentrales Motiv zu wählen. Vielleicht denkst Du Dir: »Mal sehen, wohin meine Experimente mich führen und wie viel Positives ich mit der Beschäftigung mit diesem Thema für mich und Andere erreichen kann.« DAS halte ich für einen guten Ansatz.

3.1.3. LERNE HYPNOTISCHE SPRACHMUSTER

Am einfachsten ist es, die in diesem Buch erlernten Techniken der Hypnose erst einmal bei Dir selbst anzuwenden. Dazu verweise ich Dich besonders auf das Kapitel 8 zum Thema der Selbsthypnose. Wenn Du dieses Buch liest und die vorgeschlagenen Übungen machst, kannst Du bereits viele der segensreichen Wirkungen von Autosuggestion und positiver Affirmationen erfahren. Ein kleiner Hinweis zum einfachen Lernen: Im NLP Practitioner erzähle ich die Geschichte von *Dr. Chris*. Wenn ich Abends entspannt im Bett liege, stelle ich mir vor, dass eben dieser *Dr. Chris* an mein Bett tritt. Er spricht in hypnotischen Suggestionen und Affirmationen zu mir. So übe ich an der Grenze zwischen Wachen und Schlafen viele Sprachmuster, Induktionen und Affirmationen.

Eine wichtige Faustregel gebe ich Dir gleich zu Beginn mit auf den Weg: Formuliere Deine Sprache – auch Deine interne Sprache – ALS ANGEBOT. Wenn Du weiter in diesem Buch liest, findest Du jede Menge praktischer Hinweise und Beispiele dazu. Auch der NLP Online-Practitioner eignet sich gut zum Lernen. Ein typischer Anfängerfehler, besteht im Formulieren von Sätzen mit *Imperativ*[7]:

001 »Du BIST jetzt ganz entspannt!«

Imperativ und harte Modaloperatoren⁷ der Notwendigkeit haben in Deiner hypnotischen Sprache nichts zu suchen. Mehr dazu in Kapitel 4.16. Wie hört sich beispielsweise dieser Satz an:

002 »...und während Du
003 ganz entspannt
004 diesen Text lesen kannst,
005 kannst Du spüren,
006 wie sich Dein Körper
007 allmählich
008 und mit jedem Atemzug
009 mehr und mehr
010 zu entspannen beginnt.«

Wenn Du zusätzlich die Tonalität⁷ Deines internen Dialogs⁷ auf WEICH stellst, wirst Du damit sehr gute Erfolge erzielen. Und ja, an dieser Stelle bekommst Du von mir die explizite Erlaubnis, auch ZU DIR SELBST in einem angenehmen und sanften Tonfall zu sprechen.

3.1.4. LERNE VERSCHIEDENE INDUKTIONEN

Es ist einfach, anderen Menschen zu helfen, den Zustand ihres Bewusstseins zu verändern. Eine einfache Induktionstechnik kannst Du lernen, wenn Du Dir die Aufzeichnung des NLP Online-Practitioner von Tag 2 ansiehst. Auf meiner Webseite und bei youtube findest Du ebenfalls Demonstrationen einfacher Tranceinduktionen. Du wirst durch die vielen Beispiele ein Gefühl für die Anpassung

Deiner Tonalität und die Art der Formulierung finden. In Kapitel 7 findest Du eine kommentierte Zusammenfassung der Elman Induktion. Diese schnelle Tranceinduktion ist anspruchsvoller und Du kannst viel lernen, wenn Du Dich damit beschäftigst.

3.1.5. ÜBE EINE UTILISATIONSTECHNIK

Wenn Du gelernt hast, Deine Sprache an die gewünschten Prozesse anzupassen, wenn Du eine Induktionstechnik beherrscht, DANN kannst Du beginnen, Dich mit der Frage zu beschäftigen, wie Du diese neu erworbenen Fähigkeiten einsetzen willst. Viele Anfänger stellen sich ja einen Hypnotiseur als eine Art von Magier vor. Er soll Macht über Dich ausüben und sie nutzen, Dich dazu zu bringen, Dinge zu tun, die Du glaubst, NICHT tun zu wollen.

Dieser Denkprozess ist ein Worst Case Szenario auf der Basis Deiner unerfüllten Sehnsüchte. Diesen Satz kannst Du Dir auf der Zunge zergehen lassen und bei Gelegenheit darüber nachdenken, was Deine unerfüllten Sehnsüchte sein könnten. Nicht zuletzt deshalb ist das Buch *Fifty Shades of Grey* zum internationalen Bestseller geworden.

Zurück zum richtigen Weg, Hypnose zu lernen. Nachdem Du gelernt hast, Dein Gegenüber in Trande zu versetzen, kannst Du Dich fragen, was Du dann damit machen willst. Nehmen wir als Beispiel die Fast Phobia Cure in Trance. Ich habe diese wirksame NLP Technik in Kapitel 9 beschrieben. Du kannst sie einfach lernen und das solltest Du auch tun. Damit steht Dir ein sinnvolles Werkzeug für viele Anwendungsfälle zur Verfügung. Ich habe mit der FPC über viele Jahre hinweg experimentiert und viele Arten von Problemen mit ihr gelöst.

3.1.6. SAMMLE ERFAHRUNG MIT PRAXIS

Wenn Du auf diese Weise mit hypnotischen Entdeckungen, Experimenten und Übungen beschäftigt hast, solltest Du in weniger als einem halben Jahr des Selbststudiums bereits eine Menge Erfahrung gesammelt haben. Wenn Du Dich nur zwei Stunden pro Woche mit dem Thema HYPNOSE beschäftigst, kommst Du gut vorwärts. Schnell wirst Du das Bedürfnis haben, Deine Mitmenschen an Deinen Erfahrungen teilhaben zu lassen. Vielleicht ist es dann eine gute Idee, eine Übungsgruppe zu besuchen oder sogar eine Gruppe selbst zu GRÜNDEN. Dazu brauchst Du nicht viel Erfahrung, sondern Teilnehmer, die bereits Erfahrungen haben. Es ist eine gute Idee, eine Übungsgruppe zu gründen, DAMIT Deine Erfahrung mehr wird. Wie findest Du Teilnehmer?

Wenn Du kein Geld dafür verlangst, kannst Du an schwarzen Brettern Deine Dienste anbieten. Vielleicht beschreibst Du, dass Du Menschen mit echten Problemen suchst, um damit mehr Erfahrung zu sammeln. Ich denke mir, dass jeder Freund, Kollege oder Bekannte auch ohne Deine große Erfahrung, davon profitieren wird. Jede wohlmeinende Person mit falschen Glaubenssätzen gäbe weit weniger gute Ratschläge, als Du. Schließlich hast Du Dich ausführlich mit der Materie beschäftigt. Ich halte es auch für eine ausgezeichnete Idee, *proaktiv*[↗] mit Menschen zu reden, die sich in Schwierigkeiten befinden. Da kannst Du viel lernen.

Achte in Deinen Gesprächen auf die *Glaubenssätze*[↗] Deines Gegenübers. Achte darauf, was nach *Deiner* Erkenntnis dazu führt, dass dieser Mensch in seiner misslichen Lage verharrt. Fordere doch einfach seine Glaubenssätze heraus.

Nimm wahr, wie Dein Gegenüber nach Deiner Herausforderung damit beginnt, seinen Glauben zu verteidigen. Das tut er, obwohl seine Glaubenssätze ihn in seine missliche Lage geführt haben. Überlege Dir Möglichkeiten und Argumente, ihm Deine Hilfe anzubieten UND seine hinderlichen Glaubenssätze zu verändern. Ich meine damit, ihm Hilfe *anzubieten*, nicht ihn zu doktrinieren, zu missionieren oder Heilungsversprechen abzugeben.

Versetze Dich in die Lage Deines Gegenübers. Dann wirst Du feststellen, dass menschliche Kommunikation und emphatische Aufmerksamkeit dazu führen werden, dass Du weniger Hypnose im SELBSTstudium lernst, sondern Gleichgesinnte finden wirst, mit denen es Spaß macht, Deine Wissensbasis zu erweitern. Und wenn die Entscheidung in Dir reift, einen meiner Workshops zu besuchen, dann hätte Deine Beschäftigung mit Hypnose zu einem guten und sinnvollen Ergebnis geführt. Vielleicht hast Du ja bereits an einem meiner Workshops teilgenommen und dabei erfahren, wie viele Möglichkeiten Dir eine Anwendung hypnotischer Techniken im Alltag bietet. Auf jeden Fall hast Du auf die eine oder andere Weise hypnotische Erfahrungen gesammelt und experimentiert. Dieses erste Hypnosewissen soll nun Struktur bekommen. Es wäre doch schade, wenn Du Dein erworbenes Wissen und Deine Fähigkeiten im Sande verlaufen ließest. Bedenke, dass alles, was Du in diesem Buch über die vielen unterschiedlichen Techniken liest, erst einmal Wissen ist ÜBER etwas ist. Es wird sich mit Leben füllen, wenn Du übst und die nötigen Fähigkeiten in Dein Leben integrierst. Du wirst feststellen müssen, dass Dein gesamtes Leben hypnotischer werden wird. Also auf zum nächsten Schritt.

3.2. Die 6 Teile der Hypnosesitzung

Jetzt hast Du Dich einige Zeit mit der Frage auseinander gesetzt, wie Du am Besten Hypnose lernen kannst. In diesem Abschnitt vermittle ich Dir, wie Du eine ganze Hypnose-Sitzung gestalten kannst. Ich beschreibe eine klassische Sitzung, in der Du der Hypnotiseur bist, der von einem Menschen besucht wird, der ein Problem hat. Ich nenne ihn DEIN GEGENÜBER. Du kannst diese Beschreibung sehr einfach auf Deine Verhältnisse anpassen.

Am Besten zeichnest Du Dir im Kopf dazu eine Art von Landkarte. Sie wird Dir während der eigentlichen Hypnosesitzung helfen, genau zu bestimmen, wo im Prozess Du Dich gerade befindest. Ich habe die Hypnosesitzung in sechs Teile gegliedert. Diese Teile kannst Du einzeln und auf geeignete Art und Weise lernen und üben. Die sechs Teile der Hypnosesitzung sind:

- → **Setting**
- → **Tranceinduktion**
- → **Tranceutilisation**
- → **Posthypnotische Suggestionen**
- → **Aufwecken**
- → **Nachbesprechung**

In den nachfolgenden Absätzen dieses Kapitels lege ich Dir dar, was Du in jedem dieser Teile beachten kannst. Wo nötig gebe ich Dir geeignete Übungen. Damit kannst Du Dein Wissen einfach zur Anwendung bringen und gleichzeitig eine Menge Neues lernen. Pack doch beim Lesen die Gelegenheit gleich beim Schopfe und übe nach dem Lesen.

3.3. Das Setting

Das Setting passiert VOR einer Hypnose-Sitzung. Dazu zählt alles, was Du unternimmst, um die Voraussetzungen für die Hypnose zu schaffen. Im Setting ist ALLES wichtig. Es zählt, was Du tust und was Du sagst, bis für *Dein Gegenüber* die eigentliche Hypnosesitzung beginnt. Für *Dich* beginnt die Sitzung, wenn Du Deinem Gegenüber zum ersten Mal in die Augen blickst und ihm zur Begrüßung die Hand reichst.

3.3.1. DIE ÄUSSEREN UMSTÄNDE

Für Deine Sitzung wählst Du am besten ein ruhiges Zimmer oder einen anderen ruhigen Ort. Das Licht kann, muss aber nicht, etwas gedämpft sein. Wichtig ist, dass beide das Mobiltelefon abgeschaltet haben und Du Sorge getragen hast, auch anderweitig nicht gestört zu werden. Achte besonders auf diesen Punkt. Zufällige Störgeräusche können einen *Anker*↗ darstellen. Es wäre doch seltsam, wenn jedes Mal, beim Ertönen der Sirene eines Notarztwagens bei Deinem Gegenüber unvorhersehbare Reaktionen ablaufen würden. Ein bequemer Sessel oder gar eine Couch sind von Vorteil. Mit der Couch hast Du einen berühmten Vorgänger in *Dr. Sigmund Freud*↗ gefunden. Du kannst auch einen Stuhl nutzen und damit die SITZUNG stattfinden lassen. Eben wie es das Wort nahelegt. Manche Induktionstechniken verwenden die Technik der visuellen Fokussierung. Vielleicht ist es deshalb eine gute Idee, ein modernes Gemäldes oder einen Druck davon an die Wand zu hängen. Poster von Victor Vasarely, Josef Albers oder einem Künstler der Op-Art Bewegung eignen sich gut dafür.

3.3.2. BESTIMME DEINEN ERFOLG VORHER

Ich wiederhole es nochmals: alles, buchstäblich alles, was Du vom ersten Moment Deiner Begegnung an sagst, ist in Deiner Hypnosesitzung wichtig. Überlege, wenn Dein Gegenüber sich entschlossen hat, Hypnose als Mittel der Wahl für die Lösung seiner Probleme zu wählen, stellt er sich im Verständnis unserer mitteleuropäischen Gesellschaftsordnung GEGEN einen Trend. Es ist für viele Menschen nicht normal, sich hypnotisch behandeln zu lassen. Zusätzlich zu den unterschiedlichen Ansichten über Hypnose gibt es eine Menge möglicher Vorbehalte. Es können verborgene Ängsten, stillschweigende Voraussetzungen oder andere, dem positiven Verlauf behindernde Ansichten und Glaubenssätzen sein.

Damit Du mit Deiner gut gemeinten Aktion auch Erfolg hast, kannst Du deshalb gleich am Beginn solche Hindernisse und Vorbehalte AKTIV adressieren und ausräumen. Wenn Du sie nicht ausräumen kannst, thematisiere sie zumindest. Deine richtige Haltung besteht in Deinem Verständnis für alle Ängste und Vorbehalte Deines Gegenübers. Das Setting soll Dein Gegenüber als informelles Begrüßungsgespräch wahrnehmen. So wirst Du es auch führen.

Du kannst ihn beispielsweise fragen, von wem er den Rat bekommen hat, Deine Hypnosesitzung zu besuchen. Du kannst das Wetter, den Weg zu Deiner Adresse und jede andere Möglichkeit nutzen, ein entspanntes Gespräch zu beginnen, das allgemeine Themen berührt. Dein Gegenüber soll sich ENTSPANNEN und WOHLFÜHLEN. Nach einer Weile kannst Du das Gespräch auf sein Anliegen lenken. Frage ihn einfach direkt:»Was führt Dich zu mir?« Achte im besten Sinne des NLP darauf, wie Dein Gegenüber Dir mit seiner Sprache auch seine Weltsicht beschreibt. Dazu gehören seine Glaubenssätze, seine Werte, seine Ansichten und Vorbehalte.

Es ist ALLES wichtig, nichts ist falsch. Denn auch wenn Du mit vielen der Ansichten Deines Gegenübers nicht übereinstimmen magst: Du hast kein Recht, sie zu äußern oder gar negativ zu kommentieren. Seine Ansichten sind Informationen für Dich. Sie dienen Dir dazu, Material für Deine spätere Hypnose zu sammeln. Im Fortgang dieses Gesprächs wird sich allmählich eine Vorstellung für Deine spätere Vorgehensweise manifestieren. Ich hoffe, dass Du nicht einer der Hypnotiseure bist, die eine standardisierte und auswendig gelernte Formel für alles und jedes nutzt. Wenn ja, kannst Du mit diesem Buch eine Menge lernen.

Vielleicht willst Du während des Vorgesprächs Dein Gegenüber auch über die Art aufklären, wie DU Hypnose verstehst. Du kannst ihm beispielsweise die Auskunft geben, dass Hypnose eine sehr gute Möglichkeit darstellt, langfristig mit dem Unbewussten zu arbeiten. Du kannst ihm sagen, dass was Du tust, nicht in allen Fällen zu einem SCHNELLEN Erfolg führen wird. Unbewusste Strategien brauchen manchmal durchaus einige Zeit, ihre Wirkung zu entfalten. Solche Prozesse können Jahre dauern. Die Arbeit Milton Ericksons ist dafür ein sehr gutes Beispiel.

Wenn Du eine Vorstellung hast, wie Du in Deiner späteren Hypnose verfahren willst, ist die Gelegenheit gekommen, Deinem Gegenüber vorzustellen, was Du tun wirst. Bedenke, das Gehirn Deines Gegenübers MUSS alle Informationen verarbeiten, die Du ihm gibst. So ist Deine Beschreibung des Ablaufs seiner Trance auch gleichzeitig ein Test für seine Trancebereitschaft. Eigentlich ist es ja schon die erste Hypnosesitzung. Nutze deshalb die gleichen Suggestionen und posthypnotischen Befehle, die Du auch in der eigentlichen Hypnosesitzung nutzen willst. Achte auf mögliche Einwände Deines Gegenübers und auf eine Veränderung seines Ausdrucks. Die genaue Beobachtung seiner Reaktionen gibt Dir Rückschlüsse darüber, wie Du die spätere, WIRKLICHE Tranceinduktion für ihn anpassen kannst.

Nochmals: Auch wenn es Dein Gegenüber nicht so wahrnimmt, findet in diesem Stadium der erste Hypnoseprozess statt. Jedes Wort und jeder Satz, den Du sagst, muss von Deinem Gegenüber verstanden und prozessiert werden. Versuche einmal, gerade jetzt nicht an einen großen, alten, grauen Elefanten zu denken. Deine Unfähigkeit, dies zu tun, zeigt Dir, was ich meine. Dieses MUSS DES PROZESSIERENS kannst Du zu Deinem Vorteil nutzen. Damit kann Dein Gegenüber seine spätere Hypnosesitzung viel entspannter genießen. In diesem Stadium solltest Du auch die NLP Technik des Ankerns nutzen, um *nebenher* einen Entspannungsanker zu installieren.

3.3.3. VORBEHALTEN KANNST DU EINFACH BEGEGNEN

Mit etwas Erfahrung in der Hypnose wirst Du bestimmten Vorbehalten immer wieder begegnen. Es lohnt sich, nicht zu warten, bis diese Vorbehalte von Deinem Gegenüber ausgesprochen werden, sondern sie gleich selbst zu benennen - und zu entkräften. Das ist eine sehr wirksame Technik, im Englischen bezeichnet man sie als *prehypnotic Suggestions*. Ich gebe Dir ein Beispiel: Du kannst bei einer ersten Berührung mit Hypnose davon ausgehen, dass sich Dein Gegenüber fragt, ob er überhaupt hypnotisierbar ist.

Diesem Vorbehalt kannst Du begegnen, indem Du ihm erzählst, dass viele Menschen glauben, nicht hypnotisierbar zu sein. Dann kannst Du einige Beispiele für Alltagshypnosen aufzählen, die Dein Gegenüber kennt: Einen Film betrachten, an der Ampel gedankenverloren bei grün nicht losfahren, Lagerfeuerromantik, das Abendrot betrachten. Milton Erickson war ein Meister dieser Formulierungen, Du wirst ihm in Kapitel 4 wieder begegnen.

Mit dieser Strategie wirst Du die meisten Vorbehalte Deines Gegenübers elegant ausräumen. Wenn Du es richtig machst, gibst Du ihm mit Deinen Erklärungen auch einen wirksamen Satz besser funktionierender Glaubenssätze. Auch mit diesen Glaubenssätzen begründest Du den Erfolg Deiner Hypnosesitzung. Hier habe ich Dir einige Glaubenssätze formuliert, die es lohnt, vorab zu verankern:

- ▶ Hypnose wird mir langfristig helfen.
- ▶ Hypnose ist einfach.
- ▶ Ich kann mich einfach entspannen.
- ▶ Ich bestimme zu jeder Zeit, was passiert.

Diese Liste positiver Grundvoraussetzungen kannst Du mit denen ergänzen, die Du selbst gefunden hast. Schreibe sie auf, lerne sie auswendig und erweitere sie bei jeder sich bietenden Gelegenheit. Im Kapitel 7 findest Du die Grundannahmen im Modell von NLP beschrieben. Auch sie kannst Du mit in diese Liste einfließen lassen. So kannst Du Deine eigenen Grundannahmen formulieren.

3.3.4. ZUSAMMENFASSUNG: SETTING

Um es in einem Satz zu sagen: Wie Du das Setting gestaltest, bestimmt, wie Dein Gegenüber Dich und Deine Arbeit wahrnimmt. Hier einmal in Listenform, was Du bereits beachtet hast, damit eine gute Stimmung entsteht:

- → Du hast Dein Gegenüber freundlich begrüßt.
- → Du hast bei der Raumgestaltung auf Zweckmäßigkeit und Bequemlichkeit geachtet.
- → Du hast es Deinem Gegenüber komfortabel gemacht.
- → Du hast im beginnenden Gespräch für eine angenehm entspannte Atmosphäre gesorgt.
- → Du hast Deinem Gegenüber Raum und Gelegenheit gegeben, seine Probleme darzulegen.
- → Du hast sie nicht bewertet oder kommentiert.
- → Du hast ihm mit Deiner Sprache und Ausstrahlung vermittelt, dass er bei Dir in guten Händen ist.
- → Du hast ihm einen Überblick gegeben, wie die Hypnosesesitzung ablaufen wird und dabei gleich zum ersten Mal getestet, wie er auf Deine Suggestionen reagiert.
- → Du hast ihm vermittelt, dass ihm die Hypnose helfen wird.

Das ist doch eine ganze Menge, was Du beim Vorgespräch beachten kannst. Im nächsten Absatz wirst Du lernen, wie Du die eigentliche Trance einleitest. Der Fachmann sagt dazu: EINE TRANCE INDUZIEREN

3.4. Die Tranceinduktion

Wenn Du Dich im Internet umsiehst, magst Du denken, das erfolgreiche Erzielen eines Trancezustandes wäre das Non plus Ultra der Hypnose. Dem ist nicht so. Die Tranceinduktion ist DER WEG, Deinem Gegenüber die Türen in die Welt des Unbewussten zu öffnen. Nicht mehr – und auch nicht weniger. Trotzdem ist es mit der Tranceinduktion wie im richtigen Leben: viele Wege führen nach Rom.

3.4.1. VORAUSSETZUNGEN FÜR EINE TRANCEINDUKTION

Einen Trancezustand kannst Du relativ einfach erreichen. Damit hat Dein Gegenüber das Tor zum Unbewussten geöffnet. Je nachdem, was Du in diesem Trancezustand erreichen willst, wirst Du ihn leicht oder tief wählen. Davon sind Art und Dauer Deiner Tranceinduktion abhängig. Ein weiteres Thema zuvor: Die sogenannte BLITZHYPNOSE halte ich für nicht geeignet, eine *gute* Trance zu induzieren. Wenn Du im Internet danach suchst, wirst Du Demonstrationen finden, in denen sich ein selbst ernannter Hypnosemagier mit seinen manipulativen Kräften in den Vordergrund stellt: »Du kannst jeden Menschen dazu bringen, alles zu tun, was DU willst!« Mit solchen Aussagen werden Programme für viel Geld an unsichere Menschen verkauft. Meist gibt es viele Versprechen und weniges, was Du lernen kannst. Lerne eine wirksame Tranceinduktion und integriere lieber die positiven Grundannahmen klassischer Hypnose in Dein Leben. Davon profitierst Du mehr.

3.4.2. DEIN WEG ZU EINER WIRKSAMEN TRANCEINDUKTION

Als Tranceinduktion bezeichne ich den von Dir gesteuerten Prozess, Deinem Gegenüber zu helfen, seine *kritische Instanz*↗ abzuschalten und ihn mit möglichst angenehmen Gefühlen in den Zustand einer mehr oder weniger tiefen Trance zu begleiten. Deine Rolle ist also die des verständnisvollen Begleiters, der seine Dienste anbietet. Die kritische Instanz ist jener Teil des Denkvorganges, der die Glaubenssätze etabliert, sich Meinungen bildet und Urteile fällt. Sie unterscheidet für Dich zwischen gut und böse, wahr und unwahr, hell und dunkel. Sie gestaltet den Prozess, wie Du Deine reale Welt wahrnimmst.

Wenn es Dir gelingt, die kritische Instanz zu umgehen, wird Dein Gegenüber alle Suggestionen, die Du in positiver Absicht gibst, nach besten Kräften ausführen. Das klingt bestimmt etwas unwahrscheinlich für Dich. Das weite Gebiet der unbewussten Handlungen und die damit verbundenen Techniken der Hypnose stecken ja immer noch in den Kinderschuhen. Ich und Du, wir sind Forscher. Wir beginnen gerade, unerforschte Kontinente zu betreten und die wunderbaren Möglichkeiten zu entdecken und zu nutzen, die eine Arbeit mit dem Unbewussten für uns bereit hält. Ich komme mir bei jeder Hypnosesitzung vor wie ein Forscher, der mit seinem Gegenüber auf einer einsamen Insel gelandet ist. Vielleicht bist ja gerade DU derjenige, der auf dieser einsamen Insel einen lange verborgenen Schatz findet! So erlebe ich immer wieder die wunderbarsten Überraschungen bei meinen Hypnosen. Ich finde heraus, wie das gerade betretene Land beschaffen ist, und wie wir beide unseren Aufenthalt am besten nutzen können, um eine gute Zeit zu haben.

3.4.3. ACHTE AUF DEINEN AUSDRUCK

Es ist wichtig, gleich während des anfänglichen Gesprächs Dein Gegenüber in angenehme Zustände zu führen. Dafür ist die Befehlsform (der Imperativ) nicht geeignet. Ich weiß, damit stelle ich mich gegen eine bequeme und in weiten Kreisen vorherrschende Tradition. Überlege:

011 »Du **bist jetzt** entspannt!«
012 und **gehst jetzt** tiefer in Trance!«

Solche Suggestionen zeigen Deinem Gegenüber unbewusst, dass Du Dich ÜBER ihn stellst. Er hat Deine Befehle entgegenzunehmen und auszuführen. Ist das die Haltung, die Du vermitteln willst? Ich meine, solche Wendungen nutzen Manipulatoren. Wie fühlt sich stattdessen der folgende Satz für Dich an:

013 »Nun kannst Du zulassen,
014 dass Du Dich allmählich
015 mehr und mehr entspannst
016 und auf wunderbare Weise
017 mit Körper UND Geist
018 tiefer und immer tiefer gleitest.«

Ich meine, Du kannst sehr gut ohne den Imperativ auskommen. Stattdessen kannst Du durchdrungen sein, von den vielen positiven Grundvoraussetzungen zur Hypnose. Das gilt nicht nur für Deine Hypnosesitzung, das gilt für DEIN GESAMTES LEBEN. Ich meine: *durchdrungen*. Nicht nur ein bisschen Macht über den Anderen auszuüben. Um es grammatikalisch fachlich auszudrücken: Halte die

*Modaloperatoren der Notwendigkeit*⁷ in Deinen Suggestionen schwach. Ausführlich liest Du darüber in Kapitel 4.

3.4.4. DIE RICHTIGE TRANCETIEFE

Am liebsten wäre es mir, wenn ich Dir als Antwort auf die Frage nach der richtigen Tiefe der erzielten Trance einen genauen Prozess und Testkriterien für die erreichte Tiefe an die Hand geben könnte. Dann würde ich eine Trance in Tiefenstufen einteilen. Trancetiefe von 1 bis 10 wobei 10 der tiefste Zustand, der *Esdaile Zustand*⁷, wäre. Über *Charles Esdaile*⁷, nach dem dieser Zustand benannt ist, hast Du im Kapitel 2, *Geschichte der Hypnose* bereits gelesen.

Eine Skala der Trancetiefe existiert nicht. Sie würde sich auch von Person zu Person ändern. Wir können uns jedoch auf ein paar Grundlagen einigen. Zum Beispiel, dass eine Tranceinduktion ALS PROZESS darstellbar und in einzelne Schritte aufteilbar ist. Dein Gegenüber kommt in einem bestimmten Zustand zu Dir und Du führst unterschiedliche Prozessschritte durch. Am Ende befindet sich Dein Gegenüber in einer Trance bestimmter Tiefe. Das nennt man eine TRANCEINDUKTION. Dave Elman, ein amerikanischer Hypnotiseur hat eine standardisierte Tranceinduktion für sein Anwendungsgebiet – die hypnotische Schmerzunterbindung – entwickelt. Du findest sie im Kapitel 7.

Wenn Dich Demonstrationen interessieren, findest Du Hunderte davon – mehr oder weniger gut – im Internet. Ich lehre die Elman Induktion *neben anderen* Induktionstechniken auch in meinen Workshops. Nachfolgend beschreibe ich Dir, was Du bei der Tranceinduktion beachten kannst.

3.4.5. INDUKTION 1: KONTEXT

Während Du mit Deinen *Suggestionen*⁷ beginnst, eine Trance bei deinem Gegenüber einzuleiten, halte ich es für sinnvoll, Deinem Gegenüber zu vermitteln, in welche Richtung die späteren Suggestionen führen werden. Du gibst ihm einen Kontext zum Themenbereich der anstehenden Veränderung. Ich gebe Dir ein Beispiel für eine Kontextualisierung. Ich habe den Beginn der abendlichen Integrationstrance von Tag 8 aus dem NLP Practitioner ausgewählt. Zuerst gebe ich eine indirekte Suggestion zum Augenschluss und dann formuliere ich den Kontext:

019	»Mhhh, *gerade jetzt kannst Du,*
020	*wenn Du Deine Augen schließt,*
021	*Dich wieder einmal*
022	*ganz einfach* **fallen** *lassen.*
023	*Kannst spüren,*
024	*dass Trost und Komfort,*
025	*der aus Dir kommt,*
026	*für Dich immer ganz nah ist.*
027	(hier beginnt der Kontext)
028	*Denn so viele Menschen meinen,*
029	*ihnen würde das Leben*
030	**übel** *mitspielen,*
031	*während sie doch selbst*
032	*die Methoden ersinnen,*
033	*die genau dies geschehn lassen.*
034	*Manches Mal suchen sie sich*
035	*aus einer* **wunderschönen Realität,**
036	*genau jene Dinge heraus,*
037	*die es eher wert gewesen wären,*

038 *daraus zu **lernen**,*
039 *und sie dann*
040 *ganz **einfach zu vergessen**,*
041 *sie dem schnellen*
042 *und **gründlichen** Vergessen*
043 *anheim fallen zu lassen…«*

Zwei Anmerkungen: Damit ich bei der Trance im Workshop Fehler vermeide, habe ich sie vorher schriftlich niedergelegt. Schließlich spreche ich sie für über 500 Menschen. Ich habe wie im Beispiel oben die *analogen Markierungen*⁷ fett markiert. Dann weiß ich, dass ich diese Ausdrücke anders betone. Darüber hinaus editiere ich die Suggestionen im *Atemrhythmus*. Nach jedem Umbruch der Zeile hole ich entweder Atem oder mache eine kleine Pause. Dieser Art der Notation wirst Du in diesem Buch häufig begegnen. Probiere es doch einfach selbst aus. Lies den obigen Text LAUT vor. Du wirst herausfinden, dass Du relativ langsam sprechen mußt, um eine einzelne Zeile auf den Atemrhythmus eines vorgestellten Gegenübers anzupassen. Das lässt Dir viel Raum für eine *hohe semantische Dichte*⁷. Darunter verstehe ich, dass Du jedem Wort die ihm innewohnende, eigene Betonung gibst. Nimm die Zeile »…ganz einfach fallen lassen.« Du würdest sie so sprechen:

»…gaaaaaanz einfach
(wie drückst Du *einfach* in der Betonung aus?)
fallen… lassen
(*fallen…* mit der Betonung am Ende nach unten)

3.4.6. INDUKTION 2: OFFENE ODER GESCHLOSSENE AUGEN

Letztendlich ist es egal, ob Dein Gegenüber seine Augen schließt, oder nicht. Auf die mögliche Tiefe seiner Trance hat dies keinen Einfluss. Manchmal nutze ich explizit eine Suggestion zum Öffnen der Augen als Mittel zur Trancevertiefung. Ich habe allerdings die Erfahrung gemacht, dass es vielen Menschen leichter fällt, in eine Trance zu gelangen, wenn sie ihre Augen geschlossen haben. Der Augenschluss fördert ja auch den FOKUS NACH INNEN.

Ich unterscheide zwei Arten von Suggestionen zum Augenschluss: die direkte und die indirekte Suggestion.

044 *»Schließe jetzt Deine Augen...!«*

Das ist eine direkte Suggestion, es ist der Imperativ und ich habe weiter oben geschrieben, dass ich davon nicht viel halte. Dave Elman schlägt in seiner Induktion vor, die Ausführung des Augenschlusses zu testen und mit einer direkten Suggestion zu verknüpfen. Hier sein Bespiel:

045 *»...und wenn Du ganz sicher bist,*
046 *dass Deine Augenmuskeln*
047 *aufgehört haben zu arbeiten,*
048 *dass Deine Lider geschlossen bleiben,*
049 *kannst Du nun*
050 *ganz einfach herausfinden,*
051 *wie sehr Deine Augenmuskeln entspannt sind,*
052 *wenn Du versuchst,*
053 *Deine Augenlider zu öffnen.*
054 *Denn je mehr Du versuchen wirst,*
055 *sie zu öffnen,*

056 desto mehr wirst Du feststellen,
057 dass sie geschlossen bleiben.
058 Genau...,
059 versuche es...,
060 probiere es.
061 so entspannt sind Deine Augenlider,
062 daß sie nun
063 einfach geschlossen bleiben.«

3.4.7. INDUKTION 3: SUGGESTIONEN ZUR ENTSPANNUNG

Nachdem Du den Kontext beschrieben hast und den Augenschluss herbeigeführt hast, legst Du den Fokus Deines Gegenübers auf die weitere Entspannung seines Körpers. Dafür gibt es unendlich viele Methoden und Anleitungen. Nimm als gutes Beispiel die Suggestionen des *autogenen Trainings*[7]. Das ist eine bewährte Methode zur Autosuggestion. Sie erzeugt einen vollständig entspannten Zustandes Deines Körpers. Du kannst sie für Deine Zwecke bei der Hypnose anpassen.

In der Abendtrance des ersten Tages beim NLP Practitioner liegt der Fokus ebenfalls ganz auf dem Zustand der Entspannung. Du kannst davon ausgehen, dass ein Teilnehmer, der zum ersten Mal mit Trance und Hypnose in Berührung kommt, einige Zeit brauchen wird, bis er sich an die von außen geleitete Form der Bewusstseinsveränderung gewöhnt hat. Ich gebe Dir den Text der Trance im Kapitel 6. Du kannst Dich von der Trance inspirieren lassen und damit arbeiten, bis Du eigene Suggestionen entwickelt hast.

3.4.8. INDUKTION 4: DAS FRAKTIONIEREN

Wenn Dein Gegenüber seine erste Erfahrung mit Hypnose macht, ist er oft etwas befangen. Das kann sich darin äußern, dass er während Deiner Suggestionen zur Vertiefung der Trance plötzlich seine Augen öffnet und etwa sagt: *»Das, was Du da gerade machst, das funktioniert für mich nicht...!«* oder er lacht oder macht etwas, das ihn aus seiner Trance herausbringt. Dieses Verhalten kannst Du als einen unbewussten Widerstand gegen eine zunehmende Entspannung interpretieren. Du kannst ihm mit der Technik des Fraktionierens helfen, diese Vorbehalte zu überwinden.

Schritt 1: Du führst Dein Gegenüber so weit in einen Trancezustand, wie er in der Lage ist, sich zu entspannen.

Schritt 2: Du ankerst diesen Zustand.

Schritt 3: Du nutzt Suggestionen, um ihn aus seiner Trance heraus zu führen.

Schritt 4: Du begleitest ihn erneut in den Trancezustand, dieses Mal etwas tiefer.

Schritt 5: Diesen Schritt ankerst Du erneut.

Diesen Prozess kannst Du beliebig oft wiederholen und Deinen Gegenüber damit jedes Mal etwas tiefer in eine Trance begleiten. So kannst Du sehr schnell sehr tiefe Trancezustände erreichen. Ob Dein Gegenüber vollständig körperlich entspannt ist, kannst Du mit der Elman

Methode sehr gut testen. Ich verzichte, die dabei verwendeten Suggestionen an dieser Stelle wiederzugeben. Du findest das gesamte Transkript der standardisierten Elman Induktion in Kapitel 7.

3.4.9. INDUKTION 5: DIE GEISTIGE ENTSPANNUNG

In den meisten Anwendungsfällen bist Du mit dem Erreichen eines gut geankerten, körperlich tief entspanntem Trancezustandes hervorragend bedient. Damit kannst Du bereits die meisten Trancephänomene darstellen: posthypnotische Suggestionen, Amnesie, Suggestionen zur Prozessoptimierung, Auflösen von Traumata und vieles mehr. Wenn Deine Erfahrung zunimmt, möchtest Du Dich vielleicht auch an fortgeschrittene Techniken wagen. Dazu gehören die hypnotische Anästhesie, bis hin zu Operationen am offenen Herzen (selbst gesehen), das Hervorrufen positiver und negativer Halluzination sowie Phänomene subjektiver Zeitverschiebung. Dazu kannst Du die bewährte Technik der Elman Induktion aus Kapitel 7 nutzen.

3.4.10. INDUKTION 6: DER ESDAILE ZUSTAND

Der Esdaile-Zustand ist nach *James Esdaile*[7] benannt. Er war ein schottischer Chirurg und arbeitete im 19. Jahrhundert in einem Krankenhaus in Indien. Da er keine Narkosemittel zur Verfügung hatte, nutzte er eine spezielle Form der tiefen Hypnose, um seine Patienten schmerzfrei zu operieren. Er führte im Verlaufe seiner Tätigkeit über 300 umfangreiche Operationen und 19 Amputationen mit hypnotischer Anästhesie durch. Der tiefe Esdaile-Zustand wird von den Personen, die ihn erlebt haben, als sehr positiv wahrgenommen. »Ich habe die Engel singen hören und in weissem Licht gebadet!« sagte mir eine ältere Dame, die strahlend und lächelnd nach langen Minuten aus diesem Zustand erwachte.

So schön dieser Zustand für Dein Gegenüber sein mag, für eine Hypnose-Therapie ist er nach meiner Erfahrung weniger gut geeignet. Dieser Trancezustand ist so tief, dass die Suggestionen bei Deinem Gegenüber nur langsam ankommen. Mit seinem Fokus verharrt er in einem Zustand der Euphorie und des inneren Friedens - dabei will er nicht gestört werden. Am ehesten kannst Du diesen Zustand mit dem des erleuchteten Samadhi vergleichen.

3.4.11. INDUKTION 7: NONVERBALE TRANCE INDUKTION

Wenn Du einen Trancezustand induzieren möchtest, ohne gesprochene Suggestionen zu verwenden, kannst Du mit nonverbalen Techniken arbeiten. Diese Technik nutze ich oft in meinen Workshops. Ich zeige meinen Teilnehmern damit, wie einfach es sein kann, in eine leichte Form von Trance zu gelangen. Das Üben fällt damit leichter und die erzielten Ergebnisse sind besser. Eine wichtige und einfache nonverbale Technik ist bereits das Atempacing. Während die Augen Deines Gegenübers geöffnet sind, hältst Du Deine Hand in Brusthöhe etwa 10 bis 20 cm entfernt. Die Hand soll in der *peripheren Vision*[7] Deines Gegenübers gerade noch wahrnehmbar sein. Dann bewegst Du Deine Hand so, dass sie dem Heben und Senken des Brustkorbs beim Ein- und Ausatmen folgt. Du achtest auf harmonische und gleitende Bewegungen. Nach einigen Augenblicken wirst Du eine deutliche Entspannung bei Deinem Gegenüber bemerken. Du erkennst dies am Flattern der

Augenlider, an einer Vertiefung seines Atemrhythmus und an der Glättung der Gesichtszüge. Dann kannst Du mit Deinen gesprochenen Suggestionen beginnen und eine tiefere Trance induzieren.

3.4.12. INDUKTION 8: DIE DOPPELINDUKTION

Bei einer Doppelinduktion sind zur Induktion der Trance und den nachfolgenden Suggestionen zwei Hypnotiseure anwesend. Der eine sitzt auf der linken Seite des Gegenübers und spricht in das linke Ohr, der andere sitzt rechts und spricht in das rechte Ohr. Es gibt mehrere Möglichkeiten, wie Du diese Art der Tranceinduktion nutzen kannst. Beide Hypnotiseure können den selben Text gleichzeitig, oder im Atemrhythmus versetzt sprechen. Oftmals verwendet auch der eine Hypnotiseur beliebige, frei gewählte, zusammengesetzte Hauptwörter, während der andere die Suggestionen spricht. Das Gehirn Deines Gegenübers bemüht sich, mit seinem bewussten Denken einen Sinn aus beiden Inputs zu generieren. Dabei ist es schnell überlastet und folgt den am ehesten folgbaren Suggestionen. Deshalb kannst Du mit dieser Technik schnell einen tiefen Trancezustand erreichen.

3.5. Die Utilisation - Allgemeines

Wenn Du mit Hypnose das Tor zum Unbewussten öffnest, solltest Du eine Vorstellung davon haben, was Du in der Landschaft, die Du betrittst, zum Nutzen Deines Gegenübers anstellen kannst. Die Samen, die Du in die Erde steckst, sollen reiche Früchte tragen. Wenn Du also bei Deinem Gegenüber die richtige Trancetiefe erreicht hast, kannst Du Dich daran machen, das vorher festgelegte Ziel anzusteuern. Du weißt ja bereits, was Du in der Hypnosesitzung erreichen willst. Dein Ziel bestimmt den Inhalt Deiner Suggestionen.

Mit dem Milton Modell Mustern kannst Du diesen Suggestionen Tiefe und Wirksamkeit geben. Verlasse Dich bei Deinen Suggestionen auf Deine Intuition. Behalte Dein Ziel im Fokus und achte darauf, öfters Worte wie *einfach, tief entspannt, immer tiefer, so leicht* und ähnliche Wortkombinationen in Deine Sprache einzuflechten. Das Wort »NICHT« lässt Du besser in Deinen Suggestionen weg.

Du wirst schnell und mit etwas Übung gelernt haben, ganze Sätze im Kopf VORAB zu formulieren und wirst erstaunt feststellen, wie viel Zeit Du beim langsamen Sprechen hast, die Gedanken über den Inhalt Deiner Suggestionen ganz von selbst entstehen zu lassen. Wenn Du keinen Plan hast, wie Du bei Deinen Suggestionen verfahren sollst, hast Du trotzdem einige Möglichkeiten, Veränderung zu erreichen. Du kannst beispielsweise indirekt arbeiten, indem Du über vorher installierte, unbewusste Fingersignale dem Unbewussten die Art überlässt, wie es das jeweilige Problem lösen will. In Abschnitt 3.5.3.B erkläre ich Dir diese Blackbox Methode.

Ich halte es für eine gute Idee, darauf zu vertrauen, dass der »Freund auf der anderen Seite« Dir UND Deinem Partner helfen wird, das zu erreichen, was ihr euch vorgenommen habt. Vorausgesetzt, Du gibst die richtigen Suggestionen und machst DIR die Sache nicht schwerer als sie sich in Wirklichkeit darstellt.

Mein Ratschlag: Nimm Deine Suggestionen und Deiner Hypnosesitzung spielerisch. Stelle Dir vor, wie viel Spaß es Dir macht, lernen zu können, wie Du Deinem Gegenüber auf der Ebene des Unbewussten weiterhilfst. Das ist doch eine ganze Menge!

Du wirst schnell begreifen, wie einfach es ist, und wie viel gute Gefühle es macht, auf diese Weise anderen Menschen im Leben weiterzuhelfen. Denn letztendlich geht es um Deine Glaubenssätze UND die Deines Gegenübers. Wenn DU glaubst, dass Du ihm helfen wirst und wenn Du IHM GLAUBHAFT machen kannst, dass Du ihm hilfst, werden Deine Anstrengungen auch helfen. Selbstverständlich solltest Du auch Deine hypnotischen Fähigkeiten nutzen, um dies zu bewerkstelligen.

3.5.1. DAS WIE: ANALOGS, INFLEKTION, SPRACHMELODIE

Meine grundsätzliche Einstellung bei meinen Suggestionen ist es, meinem Gegenüber nicht zu befehlen. Diesen Grundsatz habe ich bereits öfters in diesem Buch adressiert. Du möchtest IM INHALT möglichst unverbindlich sein. Verbindlichkeit kannst Du mit Deiner TONALITÄT herstellen. Du kannst Deine Suggestion beispielsweise so formulieren:

```
064    »... und wenn Du willst,
065    kannst Du jetzt
066    zulassen,
067    daß sich die Muskeln
068    in Deinem Nacken
069    ganz langsam und
070    in ihrer eigenen Geschwindigkeit
071    mehr und mehr
072    zu entspannen
073    beginnen...!«
```

Das klingt doch wie ein gutes Angebot, nicht wahr? Die Suggestion ist unverbindlich formuliert. Wenn Du nun beim Sprechen das SATZENDE NACH UNTEN BETONST, wird der Satz subbewusst als ein Befehl wahrgenommen. Das nennen Fachleute die *Downwards Inflection*[↗]. Cool nicht wahr?

3.5.2. DAS WAS: MILTON MODELL

Richard Bandler[↗] und John Grinder[↗], die Entwickler des Modells von NLP besuchten den Hypnosetherapeuten Milton H. Erickson[↗] über mehrere Jahre. Sie analysierten seine Hypnosesitzungen und dokumentierten seine Sprachmuster. Sie schufen mit dem *Milton Modell*[↗] einen praktikablen Ansatz für DIE GESTALTUNG von Suggestionen. Eigentlich würde der Abschnitt über die ausführliche Beschreibung des Milton Modells an diese Stelle gehören. Ich halte die Informationen jedoch für so wichtig, und sie sind so umfangreich, dass ich dem Milton Modell ein eigenes Kapitel gewidmet habe. Es ist das nächste Kapitel 4.

3.5.3. DAS WAS: SUGGESTIONSMODELLE

Wenn Dein Gegenüber zu Dir kommt und Dir schildert, was er glaubt, dass sein Problem darstellt, kann die Lösung sehr einfach und auch sehr komplex sein. Wenn er sagt: »Ich möchte mit dem Rauchen aufhören!«, ist die Lösung relativ einfach. Problem und Lösungsstrategie sind klar definiert.

Anders verhält es sich mit komplexen Strategien, die sich so verhalten können, oder auch nicht. Nimm als Beispiel die Aussage: »Ich möchte 20 kg abnehmen!« Da denkst Du Dir vielleicht, die Lösung wäre klar: weniger essen hilft! Doch Dein Gegenüber führt im Setting als Grund für sein nicht zielführendes Verhalten die mangelnde Liebe in seiner Kindheit an. Was sollst Du nun tun? Die Formulierung seines Problems hat er mit Gründen versehen, von denen ER glaubt, dass sie wahr sind. Es sind SEINE GLAUBENSSÄTZE. Ob es sich so verhält und ob sie der wahre Grund für seine Probleme sind, das steht in den Sternen. Er jedenfalls glaubt es. Wenn sich am Ende Deiner Hypnosesitzung, trotz großer Bemühungen kein Erfolg einstellen will, weißt Du, dass seine oder Deine Annahmen falsch waren. Jetzt kannst hast Du drei mögliche Strategien zur Auswahl. Wähle A, B oder C.

A. KLASSISCHE MODELLE AUS DER PSYCHOTHERAPIE

Die klassische Möglichkeit wäre, Psychotherapie studiert zu haben und eines der vielen psychotherapeutischen Modelle zu Rate zu ziehen. Dann handelst Du nach Deinem Wissensstand und Du kannst den Einsichten des Dr. Sigmund Freud, Alfred Adler, Wilhelm Reich folgen. Oder Du nutzt ein aktuelleres psychotherapeutisches Modell, das

Du kennst und bevorzugst. Dabei kann ich Dir nicht helfen. Du hast Deine Gründe und das Wissen, Deinen Erfolg sicherzustellen. Ich setze voraus, dass Du über Dein Thema Bescheid weißt und eine Vorstellung davon hast, wie Du Dein gewähltes Modell in Deine hypnotische Anwendung einbindest.

Wenn Du nicht Psychotherapie studiert hast, gibt es trotzdem gute Möglichkeiten, Deinem Gegenüber bei komplexen Themenstellungen zu helfen. Ich nenne sie die indirekten Methoden. Sie eignen sich besonders zur Förderung der Persönlichkeit. Du kannst sie auch anwenden, wenn Du kein Konzept hast, wie genau Du mit den Problemen Deines Gegenübers umgehen sollst. Dann überlässt Du dem UNBEWUSSTEN Deines Gegenübers die Art, wie es die Herausforderung löst.

B. DAS BLACKBOX MODELL

Diese Methode wende ich oft an, weil sie sich gut für Menschen eignet, die nicht direkt über ihr Problem sprechen wollen - oder können. Über ein traumatisches Erleben auf der Bühne vor mehreren hundert Menschen zu sprechen, ist nicht immer einfach. Ich nutze dafür die Technik der UNBEWUSSTEN FINGERSIGNALE. Ab einer bestimmten Trancetiefe kannst Du das Bewusstsein Deines Gegenübers mit angenehmen Gedanken beschäftigen, zum Beispiel an einen Urlaub. Während er auf diese Weise beschäftigt ist, kommunizierst Du mit seinem *Freund auf der anderen Seite*, seinem unbewussten Teil. Du gibst Deinem Gegenüber die Suggestion, dass jedes JA auf eine gestellte Frage eine Bewegung des rechten Zeigefingers hervorrufen soll und jedes NEIN eine Bewegung des linken Zeigefingers. Vorher solltest Du gelernt haben, ECHTE unbewusste Fingerbewegungen von BEWUSST AUSGEFÜHRTEN Bewegungen zu unterscheiden. Im nächsten Schritt fragst Du Dein Gegenüber, ob sein Unbewusstes über eine Strategie verfügt, sein adressiertes Problem zu lösen. In den allermeisten Fällen kommt dann ein JA. Du hast ja VORHER die kritische Instanz umgangen. Dein Gegenüber wird deshalb unbewusst alles tun, eine Lösung zu schaffen. Es fallen Dir bestimmt Ja - Nein basierte Fragen ein, mit denen Du einer Lösung näher kommst. So kannst Du im Vertrauen auf die Fähigkeiten des Unbewussten schnelle und oft überraschende Lösungen erzielen. Leider wirst Du niemals erfahren, was genau das Unterbewusstsein Deines Gegenübers angestellt hat, um das Problem zu lösen. Mir ist das egal, ich will die Lösung so einfach wie möglich gestalten.

C. EMPFÄNGERGESTEUERTE SUGGESTIONEN

Vielleicht wird es für Dich an dieser Stelle etwas esoterisch. Das ist in diesem Buch je eher unüblich. Ruppert Sheldrake[7] hat in seinem Buch *Das schöpferische Universum* den Begriff des morphogenetischen Feldes eingeführt. Das ist nach seiner Ansicht ein Feld, in dem alle Informationen dieser Welt gespeichert sind. Das »Feld« speichert nach seinen Erkenntnissen alle Erlebnisse aller Lebewesen in der Vergangenheit und vielleicht ist auch die Zukunft nicht so offen, wie wir oft glauben wollen. Andere Autoren kommen zu dem Schluss, dass Dein Gehirn eigentlich eine Antenne sein könnte. Sie verbindet sich und Dich mit diesem morphogenetischen Feld. Darüber hinaus hast Du bestimmt von Deinem Energiefeld gehört. Es soll Dich umgeben und man nennt es »Deine Aura«. Alle alten Mythen und

Religionen beziehen sich in ihrer Ansicht auf diese Aura. Daher kommen auch die Erkenntnisse, die mit Deinen Energiezentren, genannt »Chakren« zusammenhängen. Ich stelle in diesem Zusammenhang die Überzeugungen vieler Anhänger dieser Ansichten nur sehr oberflächlich dar. Sie sollen genügen, damit Du genug Wissen bekommst, damit Du wundervolle Experimente veranstalten kannst.

Ich möchte Dich nun nicht davon überzeugen, dass all die Behauptungen des letzten Absatzes wahr sind. Du kannst vielmehr eine Technik aus dem NLP anwenden und Dich fragen: »WAS WÄRE, WENN diese Behauptungen wahr wären?« Im NLP nennt man diese Tehnik die »was wäre, wenn...Technik ». Und die Anwendung dieser Frage führt Dich im nächsten Schritt zur Technik der empfängergesteuerten Suggestionen.

Du begibst Dich dafür, genau wie Dein Gegenüber, in eine geeignete, tiefe Trance. Du hast gelernt und achtest darauf, arbeitsfähig zu bleiben. Mit einem vorher installierten Anker für den entspechenden Prozess fährst Du DEINE Antennen für Nachrichten aus DEM UNIVERSUM aus. Das gleiche erreichst Du mit entsprechenden Suggestionen für das Unbewusste DEINES GEGENÜBERS. Damit machst Du Dich zu einem ausführenden Instrument des Universums und nutzt Dein unbewusstes Wissen und Deine Intuition für die Gestaltung Deiner Suggestionen.

Ich weiß, diese »Technik« klingt für Dich vielleicht sehr unwahrscheinlich und unwissenschaftlich, sie ist jedoch genau dic Technik, die ich in meinem Workshop HYPNOSE ADVANCED mit großem Erfolg vielen Menschen beigebracht habe. Überlege: was wäre, wenn...?

3.6. Suggestionen vor dem Aufwecken

So, nun bist Du schon ziemlich weit gekommen. Du hast

- Einen guten Rahmen für Deine Trance geschaffen
- Suggestionen für ein entspanntes Arbeiten gegeben
- Dein Gegenüber in Trance versetzt
- Suggestionen zur Lösung seines Problems genutzt

Wenn Du mit den *Prozesssuggestionen*⁷ am Ende angelangt bist, hast Du längst nicht das Ende der Trance erreicht. Ich finde, Du solltest Dich daran gewöhnen, in jeder Hypnosesitzung einige Suggestionen zu nutzen, die am Ende ALLER TRANCEN hilfreich sein können.

3.6.1. DER FUTURE PACE

Eine wirklich gute Idee ist es, vor dem Aufwecken ein paar Sätze einzuflechten, die das Problem Deines Gegenübers bereits als gelöst darstellen. Im NLP kennt man diese Technik unter dem Namen FUTURE PACE. Sätze die mit

074 »*...und wenn Du in Zukunft*
075 *wieder einmal...*«

beginnen, helfen Dir, Dein Gegenüber in den richtigen Zeithorizont zu versetzen.

3.6.2. AMNESIE

Wenn das Thema Deiner Trance eine traumatische Auflösung war, kannst Du eine *posthypnotische Amnesie*⁷ (*Erinnerungslöschung*) installieren. Die entsprechenden

Suggestionen kannst Du Dir vorher aufgeschrieben und sie auswendig gelernt haben. Hier eine kleine Formulierungshilfe

076	»...*denn für die Wirksamkeit*
077	*der hilfreichen Prozesse*
078	*die wir in den letzten Minuten*
079	*gemeinsam begonnen haben,*
080	*spielt es keine Rolle,*
081	*ob Du sie erinnerst*
082	*oder oder ob Du sie*
083	**jetzt** *aus Deiner Erinnerung löschst.*
084	*wenn es Dein Freund*
085	*auf der anderen Seite*
086	*für richtig hält,*
087	*kann er,*
088	*höchst effektiv und*
089	*ganz im Verborgenen,*
090	*alle Veränderungen*
091	*für Dich erledigen,*
092	**ohne** *dass Du* **jemals bewusst**
093	*erinnern wirst,*
094	*wie genau dies geschieht.«*

Posthypnotische Suggestionen[7] sind Suggestionen, die Du nach Deinen Suggestionen zur Ausführung bestimmter Dinge (Utilisationen) sagst. Sie sind zur Ausführung nach dem Aufwecken bestimmt. Mit guten und wirksamen posthypnotischen Suggestionen legst Du das Fundament für eine lange nachwirkende Arbeit. Milton H. Erickson war ein Meister der versteckten posthypnotischen Suggestionen.

3.6.3. SUGGESTIONEN ZUR VERZÖGERTEN AUSLÖSUNG

Vielleicht willst Du Dich einmal an die folgende Suggestion wagen und sie in Deine Trance einbauen:

```
095    »...und es kann sein,
096    daß Du erstaunt bemerkst,
097    wie Dich
098    genau 12 Minuten und 23 Sekunden
099    nachdem Du diese Suggestion
100    vollständig gelesen hast,
101    eine Welle an Wohlbefinden überschwemmt,
102    eine Welle,
103    deren Qualität und Intensität
104    alles an guten Gefühlen übertrifft,
105    was Du bisher erlebt hast....«
```

Das nennt man eine Strategie DER VERZÖGERTEN AUSLÖSUNG. Sie gehört zur Klasse der posthypnotischen Suggestionen und enthält einige stillschweigende Voraussetzungen. Sie setzt voraus, dass Du Dich als Leser gerade jetzt in einem für Suggestionen empfänglichen Zustand befindest. Wer weiß schon, wie sich Dein Bewusstsein durch das Lesen dieses Buches verändert.

Diese Art von Suggestion kannst Du anwenden, wenn Du beispielsweise eine *hypnotische Weiche*[7] einbauen willst. Das sind Suggestionen, mit denen Du Deinem Gegenüber die Option gibst, in Zukunft in einer gegebenen Situation anders als bisher zu reagieren. Unkontrollierte Wutausbrüche, die Unfähigkeit, NEIN zu sagen, ausufernde negative Gefühle... all das sind mögliche Anwendungsgebiete für eine hypnotische Weiche.

3.6.4. SUGGESTIONEN FÜR ALLE FÄLLE

Ich habe es mir zur Angewohnheit gemacht, am Ende jeder Trance eine allgemein positive posthypnotische Suggestion zu geben. Ich habe sie auswendig gelernt und wandle sie nach Bedarf ab:

106 »...*und wenn Du*
107 *gleich zurückkehren wirst,*
108 *werden Deine Sinne*
109 *so viel besser funktionieren.*
110 *Du wirst*
111 *besser hören,*
112 *schärfer sehen*
113 *und erstaunt feststellen,*
114 *wie wunderbar*
115 *Dein Körper von selbst*
116 *funktioniert,*
117 *wahrnehmen,*
118 *wie er ganz von selbst*
119 *zu seiner besten Gesundheit*
120 *finden wird.*
121 *Du kannst Deinem Unbewussten*
122 *in Zukunft viel mehr vertrauen*
123 *und wahrnehmen,*
124 *dass es Dir Zeichen gibt,*
125 *richtige Entscheidungen*
126 *einfacher und schneller zu fällen.*
127 *Als Ergebnis wirst Du glücklicher*
128 *und zufriedener sein,*
129 *als jemals zuvor ...*«

Ob diese Suggestionen funktionieren? Ich glaube JA! Wenn nicht, sind sie eine sinnvolle Vorannahme. Dann war Dein Versuch von guten Gefühlen begleitet und stellt den richtigen Ansatz für Deine Arbeit dar. Ich finde, Du solltest Dir diese Suggestionen nicht nur für Deine Hypnosesitzungen zurecht legen, sondern sie Dir an jedem Abend vor dem Einschlafen SELBST geben. Deine Aufgabe als zukünftiger Hypnosemeister ist es schließlich, an das Gute im Menschen zu glauben und Deinem Gegenüber (UND DIR) dabei zu helfen, sich in Zukunft weniger im Weg zu stehen.

3.6.5. GENERATIVE SUGGESTIONEN

Du hast Dir die Arbeit gemacht und Deinen Gegenüber in Trance versetzt. Dann hast Du mit hilfreichen Suggestionen sein Problem adressiert, wenn nicht sogar gelöst. Und nun? Schade um die Arbeit, die Du Dir gemacht hast. Gleich ist Dein Gegenüber wieder wach, da lohnt es sich doch, noch ein paar Suggestionen einzuschieben, die ganz allgemein hilfreich das »mehr von« thematisieren. Beispiel: Du hast eine Phobie mit der FPC aufgelöst. Generativ arbeitest Du mit folgender Suggestion:

130	und **weil** Du in den vergangenen Minuten
131	mit der Hilfe Deines Freundes
132	auf der anderen Seite,
133	in der Lage warst, **diese Angst**
134	für immer aufzulösen,
135	kannst Du, wenn Du träumst und schläfst
136	**ALLE ÄNGSTE** auflösen,
137	die Dich bewusst oder unbewusst
138	im Leben behindern.

3.7. Das Aufwecken aus der Trance

Ob und wie Du Deinen Gegenüber aus seiner Trance aufweckst hängt von einigen Faktoren ab. Eine Möglichkeit besteht darin, Deinen Gegenüber mit Suggestionen aufzuwecken an die Du bedingte Befehle gekoppelt hast. Ich meine damit zum Beispiel folgende Suggestionen:

139	»…und wenn Du auf der
140	bewussten und unbewussten Ebene
141	realisiert hast,
142	wie wichtig die Veränderungen sind,
143	die Du gerade vorgenommen hast,
144	wenn Du akzeptiert hast,
145	dass sie Dich in
146	ein neues Leben führen werden
147	und wenn Dein Freund
148	auf der anderen Seite
149	alles an seinen Platz gerückt hat,
150	**dann, erst dann,**
151	kannst Du Deine Augen wieder öffnen
152	und erfrischt,
153	wie nach stundenlangem Schlaf
154	mit wunderbar guten Gefühlen
155	und strahlender Energie
156	in Deine neue Realität
157	zurückkehren.«

Die Suggestion »…erst dann…« ist gehört zur Klasse der bedingten Befehle aus dem Milton Modell. Es kann durchaus einige Zeit dauern, bis Dein Gegenüber seine Augen öffnet.

Es gibt eine weitere Möglichkeit: Erinnere Dich, wo Du gerade stehst. Du bist am Ende Deiner Sitzung angelangt. Dein Gegenüber ist in Trance und bewusst oder unbewusst mit seinen Aufgaben beschäftigt. Vielleicht hast Du ihm Suggestionen gegeben, die einige Zeit zur Integration brauchen. Vielleicht hast Du mit subbewussten Fingersignalen gearbeitet. Dann kannst Du Dein Gegenüber selbst bestimmen lassen, wann es Zeit ist, aufzuwachen:

158 »...kannst Du mir nochmals
159 ein Zeichen
160 mit dem Zeigefinger
161 Deiner rechten Hand geben,
162 wenn Du gleich alle Strategien
163 so geändert haben wirst,
164 dass die Wegweiser
165 für Dein Leben
166 in Zukunft
167 auf unbedingten Erfolg
168 gerichtet sind.«

Es kann auch hier wieder einige Zeit dauern, bis das suggerierte Zeichen kommt. Habe Geduld und warte. Manchmal dauert dies einige Minuten. Du kannst die Zeit nutzen und Dir gleich die nächsten möglichen Schritte überlegen.

In der Praxis meiner Workshops habe ich festgestellt, dass Du auch wählen kannst, überhaupt keine Suggestionen zum Aufwachen zu geben. Dein Gegenüber wird von selbst irgendwann aus seiner Trance herausfinden. Das halte ich in meinen Workshops manchmal so. Ich sage den Teilnehmern, sie sollen noch einige Zeit Pause machen, einen Tee oder Kaffee trinken und ...»*allmählich wieder ins Leben zurückfinden...*«. Es ist überhaupt eine gute Idee, nach Deiner Hypnosesitzung ein Getränk zu servieren und Deinem Gegenüber Zeit zu lassen, das eben Erlebte zu reflektieren und sich Erklärungen für die Phänomene zurecht zu legen, die seinen Glaubenssätzen entsprechen. Schließlich sind ja mit ihm Dinge passiert, die er für seine Weltsicht erst passend machen muss. Noch eine weitere Möglichkeit zum Aufwecken besteht darin, die Suggestionen der Tranceinduktion einfach umzukehren. Wo Du vorher gesagt hast:

169	»...kannst Du langsam
170	und in Deiner eigenen Geschwindigkeit
171	tiefer und
172	immer tiefer sinken....«

kannst Du jetzt formulieren: «

173	»...kannst Du langsam
174	und in Deiner eigenen Geschwindigkeit
175	höher und höher schweben,
176	zurück in die Realität Deines Lebens...«

Ich schlage Dir vor, jeder Trance allgemein positiver Suggestionen einzuflechten. Das kostet Dich einige Augenblicke und bringt so viele gute Gefühle. Und wenn Dein Gegenüber durch Deine gute Arbeit in den EsdaileZustand gelangt ist? Seinen Zustand erlebt er als so wunderbar, dass Du ihn ruhig sich für eine Zeit lang sich selbst überlassen kannst. Er wird irgendwann glücklich seine Augen öffnen.

3.8. Die Nachbesprechung

Wenn Dein Gegenüber aus seiner Trance aufgewacht ist und Du ein Lächeln auf seinem Gesicht siehst, weißt Du, dass Du vieles richtig gemacht hast. Frage ihn, nach einem Augenblick der Orientierung, ob er seine Erfahrungen beschreiben will. Habe Geduld mit Ihm. Er war weit weg, vielleicht braucht er ein paar Augenblicke, bis er wieder in der Gegenwart angekommen ist. Lasse ihm diesen Raum, gib ihm Zeit und überfalle ihn nicht aufgeregt mit tausend Fragen - auch wenn Du neugierig bist.

Wenn es ein Freund oder ein nahestehender Mensch ist, kannst Du ihm das Angebot machen, Dich jederzeit zu kontaktieren, wenn er Fragen hat. Und selbstverständlich solltest Du nach einiger Zeit auch bei ihm nachfragen. Finde im nachfolgenden Gespräch heraus, ob sein vorgestelltes Problem noch existiert, oder ob sich seine Hindernisse aufgelöst haben. Wenn er Dich verständnislos ansieht und Dich fragt: »Wovon sprichst Du, was meinst Du überhaupt?« weißt Du, dass Du gut gearbeitet hast. Alles läuft in richtigen Bahnen. Wenn sich die Probleme in Luft aufgelöst haben, vergessen viele Menschen nonchalant, dass sie jemals ein Probleme gehabt haben. Dann weißt zumindest Du, wie erfolgreich Du gewesen bist.

Wenn Du Suggestionen zu einer posthypnotischen Amnesie angewendet hast, ist das Vergessen ja vorprogrammiert. Es ist Zeichen Deines Erfolgs, dass sich Dein Gegenüber nicht erinnert. Nicht immer brauchst Du den direkten Lohn eines ausgesprochenen Lobes. Die entsprechenden Ergebnisse kannst Du ja bei guter Arbeit jeden Tag sehen. Ein glücklicher Mensch sollte Dir Lohn genug sein.

Jetzt bleibt mir am Ende dieses Kapitels noch, Dich an eine Zeit zu erinnern, als Du mit Leichtigkeit die wildesten Experimente in Deinem Leben gemacht hast. Als Du alles, was aus Deinen Fehlern resultierte als wertvolle Lernerfahrung abgespeichert hast. Mit dieser Einstellung wirst Du beim Lernen, in Deinen Hypnosesitzungen und im Alltagsleben gute Erfahrungen machen.

Achte auf Deinen internen Dialog, wenn Dich das nächste Mal ein Freund um Deine Hilfe bittet. Vielleicht willst Du in Dir einen automatisch auslösenden Anker installieren. Es wäre doch schön, wenn auf die Frage: »Du, ich habe da ein Problem, kannst Du mir mit Hypnose helfen...?«

Deine Antwort sollte automatisch und ganz ohne großes Nachdenken lauten:

» JA klar,
selbstverständlich kann ich das!
Was ist es denn...? «

KAPITEL 4

Das Milton Modell

4.1. Einführung in das Milton-Modell

Richard Bandler und John Grinder entwickelten das Milton-Modell in Anlehnung an die Hypnosetechniken von Milton H. Erickson. Das Milton-Modell bildet einen der Grundpfeiler des NLP. Bandler und Grinder trafen sich regelmäßig mit Erickson und modellierten seinen Ansatz und seine Arbeit. Damit wir uns richtig verstehen: Du kannst das Milton Modell, das ich Dir hier vorstelle, vollständig kennen und trotzdem keine Ahnung von einer guten Hypnosesitzung haben. Richard Bandler und John Grinder haben aufgezeichnet, welche SPRACHMUSTER Milton Erickson verwendete um zu seinen spektakulären Ergebnissen zu kommen.

Milton Erickson hat einmal zu jemandem gesagt: »Erlauben Sie Ihrem Unterbewusstsein, Ihnen das zu geben, was Sie jetzt am meisten brauchen, denn Ihr Unterbewusstsein hat alle Ressourcen, die Sie jemals brauchen werden«.In diesem Satz geht eine Menge vor sich. Und JA, der Satz selbst ist ein Beispiel für ein »erweiterten Zitat«. Wer spricht hier? Auf der einen Ebene ist Milton es, von dem ich erzähle, dass er es DIR erzählt. Aber ich berichte auch von jemandem, der mir diese Information gegeben hat. Das sind doch ziemlich viele Schichten für einen so einfach anmutenden Absatz. Du als Leser kannst da leicht den Überblick verliert, wer gerade spricht.

Solche Sprachmuster, kannst Du gut einsetzen, wenn Du eine Ahnung hast, WIE Du zu Deinem Ziel gelangst. Ich empfehle Dir deshalb, Dich zuerst damit zu beschäftigen, WIE Du zu Deinem Ziel gelangen willst. Das Milton-Modell listet Teile der Sprache und Muster auf, die nützlich sind, den Gedankengang Deines Gegenübers zu lenken. Sie sind KUNSTVOLL VAGE. Erickson vertrat die Ansicht, es sei nicht möglich, das Unterbewusstsein bewusst zu instruieren. Er vertrat die Ansicht, dass autoritäre Suggestionen (der Imperativ - die Befehlsform) auf Widerstand stoßen. Das Unterbewusstsein reagiert kooperativer auf Vorschläge, Öffnungen, Möglichkeiten, Metaphern und Widersprüche.

Eine wirksame hypnotische Suggestion soll daher ein kunstvoll vages Angebot von Deiner Seite darstellen und Deinem Gegenüber Raum lassen, eventuelle Lücken mit eigenem Verständnis zu füllen. Du kannst solche Bedeutungslücken mit dem Milton-Modell konstruieren. In diesem Kapitel stelle ich Dir die einzelnen Muster des Milton Modells ausführlich vor und verdeutliche Dir mit Suggestionsbeispielen, wie Du sie am Besten in einer Hypnosesitzung anwendest. Wenn Du ein guter Hypnotiseur werden willst, ist es meine Empfehlung, Dir die einzelnen Milton Sprachmuster so anzueignen, dass Du sie jederzeit zur Verfügung hast. Mir ist das Milton Modell so wichtig, dass ich jedes Muster separat für eine Woche im Alltag angewendet habe. Meine Sprache hat sich dadurch verändert. Ich gehe nun sehr viel bewusster mit den Inhalten meiner Kommunikation um.

4.2. Nominalisierungen

Nominalisierungen sind Hauptworte, die sprachlich verwendet werden wie Gegenstände. Eigentlich bilden sie aber Prozesse ab. Den fehlenden Prozess muss Dein Gegenüber neu schaffen. Um sie zu mit Inhalt zu füllen, muss Dein Gegenüber also selbst eine passende Erinnerung bereitstellen. Mit Nominalisierungen kannst Du starke emotionale Zustände induzieren. Du erkennst sie, indem Du fragst, ob Du das, was das Wort bedeutet, anfassen kannst. Einen Papierkorb kannst Du anfassen, Freude, Glück und Liebe kannst Du nicht anfassen. Die meisten Nominalisierungen verweisen auf Werte und Glaubenssätze. Sie sind stark emotional besetzt. Nominalisierungen sind Ausdrücke wie Liebe, Frieden, Freude, Glück, Harmonie, Freiheit etc.

001 *»**Freude, Glück und Liebe** -*
002 *sind Gefühle,*
003 *auf die jeder Mensch*
004 *ein Recht hat.*
005 *Jeder von uns erlebt*
006 *die Liebe*
007 *auf seine einmalige Art und Weise*
008 *und niemand*
009 *kann einen Menschen s*
010 *so lieben,*
011 *wie Du ihn liebst.«*

012	»Ich weiß,	
013	daß es in Deinem Leben	
014	bestimmte **Schwierigkeiten** gibt,	
015	für die Du gerne	
016	eine gute **Lösung** finden	
017	willst	
018	und ich bin mir	
019	nicht sicher,	
020	welche persönlichen **Fähigkeiten**	
021	Dir am besten helfen,	
022	eine **Lösung** zu finden,	
023	und ich weiß,	
024	dass Du schon oft	
025	in Deinem Leben	
026	in der Lage warst,	
027	schnell Dinge zu lernen,	
028	ohne Dir bewusst darüber zu sein«	

NOMINALISIERUNGEN

4.3. Unspezifische Verben

Unspezifische Verben fassen die einzelnen Schritte einer Tätigkeit (eines Prozesses) zusammen. Dein Gegenüber muss die nötigen Einzelheiten hinzufügen, um der Botschaft Inhalt und Sinn zu geben. Die Verben umfassen meist neutrale Worte, wie lernen, denken, erlauben, erfahren, wahrnehmen, lösen, entdecken, finden, wissen, integrieren, verbinden, verändern etc.

029   »*Du kannst Dir jederzeit* **erlauben**
030   *etwas Neues zu* **lernen**,
031   *und dabei Wichtiges*
032   *für Dich* **entdecken**
033   *und ganz nebenher,*
034   *mit der Hilfe Deines Freundes*
035   *auf der anderen Seite...*
036   *kann sich dabei Vieles*
037   *in Deinem Leben* **verändern**,
038   *damit Du wie von selbst*
039   *dem näher kommst,*
040   *was Du* **erreichen** *willst.*«

4.4. Vergleichende Tilgung

Mit Vergleichstilgungen kannst Du die Intensität der erwünschten Reaktionen beeinflussen. Du verwendest Worte wie gut, besser, mehr, leichter, stärker, intensiver, weniger, öfters...

041 »Du kannst Dich,
042 jetzt in diesem Moment
043 so **viel leichter** entspannen,
044 als gerade vorhin
045 und vielleicht fällt Dir dabei auf,
046 wie **viel einfacher**
047 es sein kann,
048 **noch stärker**
049 bei Dir selbst zu sein,
050 damit Du in Zukunft
051 so **viel schneller**
052 die Dinge **leichter**
053 verändern kannst.«

4.5. Unspezifischer Referenzindex

Der konkrete Bezug, auf den sich Deine Aussage bezieht, bleibt unklar. Dies führt bei Deinem Gegenüber zu der Neigung, die Inhalte der Suggestion auf sich zu beziehen.

054 »**Viele** Menschen
055 *erinnern sich gerne*
056 *an etwas Schönes.*«

057 »Den **meisten** Menschen
058 *fällt es leicht,*
059 *etwas Neues zu lernen.*«

060 »*Zu allen Zeiten*
061 **hat die Menschheit**
062 *gute Methoden ersonnen,*
063 *Entspannung und Wohlbefinden, ..*«

4.6. Vollständige Tilgung

Dies sind Suggestionen, in denen das Objekt, auf das sich die Aussage bezieht, vollständig fehlt. Dein Gegenüber wird diese Leerstelle mit etwas für ihn Relevanten füllen wollen.

064 »*Vielleicht hast Du*
065 *jetzt verstanden* **(was genau...?)**
066 *und kannst*
067 *gleich oder in einer Weile....*«

4.7. Semantische Fehlgeformtheiten

Von semantischer Fehlgeformtheit spricht man, wenn es sich um Sätze handelt, die sprachlich den grammatikalischen Regeln entsprechen, aber ein Wirklichkeitsverständnis abbilden, das in sich unlogisch ist. Wir verarbeiten unsere Erfahrungen meist in Form der Beziehung von URSACHE UND WIRKUNG. Wir neigen dazu, Informationen mit dem Wort WEIL zu verbinden. Dieses Denkprinzip kannst Du sprachlich durch implizite und explizite Kopplungen nutzen. Damit stellst Du inhaltliche Verbindungen her, von denen Dein Gegenüber glaubt, sie hätten sich aus dem Inhalt ergeben. Am besten beschreibst Du zuerst etwas Vorhandenes und verbindest es dann mit etwas, das Du bei Deinem Gegenüber herbeiführen willst.

4.7.1. KONJUNKTIONEN

Sind Verbindungsworte, die aus abgeschlossenen Sätzen ein endloses hypnotisches Band gestalten: : und, und nicht, oder, sowie

068	»…und **während**
069	meine Worte
070	an Dein Ohr dringen,
071	kannst Du etwas Wundervolles
072	für Dich entdecken
073	**und** gleichzeitig daran denken,
074	dass Du Dich nicht nur weiter entspannen,
075	sondern glücklich und zufrieden
076	in eine leuchtende Zukunft blicken kannst…«

077 »…**und** die vielen Geräusche
078 um Dich herum, die von
079 von Leben und Energie zeugen
080 können jetzt
081 ein angenehmes Gefühl
082 von Geborgenheit
083 und Entspannung
084 in Dir hervorrufen
085 **und**…«

086 »…**und während** Du noch
087 über das Gesagte nachdenkst,
088 kann in Dir der Eindruck
089 von der Freiheit
090 einer wirklich guten Erfahrung entstehen
091 **und** dann kannst Du…«

4.7.2. TEMPORALE IMPLIZITE KONJUNKTION

Das sind Worte wie: während, bevor, und, gleich, bald, nachdem, in einer Weile. Du kannst sie als Verbindungselemente nutzen. So kannst Du endlose Satzkonstruktionen aus verbundenen Suggestionen entstehen lassen.

092 »…und **während** Du Dich
093 ganz auf Deinen Atem konzentrierst,
094 ein…
095 und aus…
096 kannst Du Dich
097 in Deiner ganz
098 und in Deiner eigenen Geschwindigkeit
099 entspannen,

100	und immer tiefer…«
101	»…**bevor** Du gleich
102	eine wirklich wichtige Erfahrung
103	für Dein Leben
104	machen wirst,
105	kannst Du es Dir
106	erst einmal bequem machen
107	und allmählich….«
108	»…**und** wenn Du gleich
109	irgendwo in Deinem Körper
110	ein wirklich intensives Gefühl wahrnimmst,
111	kannst Du mit der Neugierde
112	eines kleinen Kindes
113	gespannt sein,
114	gleich etwas wirklich Wichtiges
115	für Dich zu erfahren…«

4.7.3. EXPLIZITE KONJUNKTION

weil, bewirkt, folgt daraus, hat zur Folge, verursacht, erzwingt, nötigt

116	»denn **weil** Du diesen Satz liest,
117	wird der Grad Deiner Bildung
118	mehr und mehr werden…«
119	»**weil** Du den Rhythmus
120	Deines Atems
121	mit grossem Fokus
122	wahrnehmen kannst,

123	weisst Du auch,
124	wie sehr diese Konzentration
125	auf allen Gebieten Deines Lebens
126	nützlich für Dich sein kann.«

127	»Jedes Wort,
128	das Du hier liest,
129	**kann dazu beitragen,**
130	zu einer neuen,
131	hilfreichen Sichtweise
132	Deiner zukünftigen Welt
133	zu gelangen.«

4.7.4. KOMPLEXE ÄQUIVALENZ

Du benutzt Ausdrücke wie: das bedeutet, dass heißt, signalisiert Dir, kündigt an. Damit verbindest Du eine erkennbare Wahrnehmung mit einem Prozess. Die Wahrnehmung ist real, der Prozess ist von Dir suggeriert.

134	»…dass Du jetzt
135	nach wenigen Augenblicken
136	so entspannt Ausatmen kannst,
137	**bedeutet,**
138	dass Du einer jener Menschen bist,
139	die wirklich einfach
140	in Trance gehen können
141	und dabei
142	wichtige und neue Dinge
143	lernen…«

144	»…aus der Art,
145	wie Du angefangen hast,
146	es Dir bequem zu machen,
147	**kannst Du schliessen,**
148	dass der Prozess des Lernens
149	in Dir erheblich verstärkt abläuft…«
150	»…denn **weil**
151	es Dir so gut gelungen ist,
152	Dich zu entspannen, kann auch
153	Deine Konzentration mehr werden.«

4.8. Gedankenlesen

Du tust so, als ob Du über das innere Erleben Deines Gegenübers Bescheid wüsstest. Wenn Du die Formulierungen allgemein hältst, und sie keinen Widerspruch zum Erlebten erzeugen, steigern sie »magisch« Deine Glaubwürdigkeit.

154 »… in Deinem Leben
155 mag es große Enttäuschungen
156 gegeben haben…
157 und oft hast Du deshalb
158 wichtige Ziele
159 nicht erreicht,
160 solche, die Dir wirklich
161 am Herzen gelegen haben…«

162 »…manche Erlebnisse,
163 die Dich
164 und Dein Leben
165 geprägt haben,
166 kannst Du nur schwer vergessen
167 und vielleicht
168 bist Du jetzt neugierig,
169 wohin Dich
170 Dein Lebensweg
171 in Zukunft führen wird…«

172 »…Dein Leben
173 hat Dir auch immer wieder
174 seine schönen Seiten gezeigt
175 und es gab Erfolge,

176 die Dich
177 in ihrer Einfachheit überraschten,
178 Deshalb magst Du Dich
179 vielleicht jetzt gerade fragen,
180 wie einfach
181 es in Zukunft
182 für Dich möglich sein wird,
183 mehr davon zu haben...«

184 »...Manches von dem,
185 was Du in Deinem Leben erreicht hast,
186 mag mühsam gewesen sein
187 und oftmals
188 führen Dich Deine Gedanken
189 in Mußestunden
190 zu Ideen, wie es geschehen kann,
191 dass Du Dir Dein Leben
192 beständig leichter und einfacher
193 machst...«

4.9. Verlorener Sprecher

Dies sind Suggestionen mit bewertenden Aussagen, wobei unklar bleibt, WER bewertet. Dadurch machst Du Dich weniger angreifbar. Wenn Du Widerspruch erzeugst, dann gegen die Aussage. Du kannst Dich distanzieren.

194	»**...es ist doch gut**
195	*und hilfreich*
196	*zu wissen,*
197	*wie leicht nun*
198	*so tiefgehende Veränderungen*
199	*möglich geworden sind...«*
200	»**...es ist nicht wichtig,**
201	*ob Du Dich jetzt*
202	*noch mehr entspannst...«*
203	»*...Menschen lernen*
204	*im allgemeinen*
205	**besser, mehr und schneller,**
206	*wenn sie entspannt sind*
207	*weil sie so*
208	*mehr Informationen*
209	*aufnehmen können...«*

4.10. Generalisierungen

Generalisierende Sprachmuster spielen im Milton Modell eine wichtige Rolle. Erickson benutzte sie, um durch Vorgaben die möglichen Reaktionen eines Gegenübers einzuengen.

4.10.1. UNIVERSALQUANTIFIKATOREN

signalisieren in der Regel eine Verallgemeinerung. Du nutzt Worte wie: alle, jeder, immer, nie, niemand, keiner, usw.

210	»… und **jeder** Gedanke,
211	der Dir zu diesem Ereignis einfällt,
212	wird dazu beitragen,
213	Deine wahren Gründe
214	**allesamt** besser zu verstehen.«
215	»…**alle** Reaktionen
216	auf Deine Erkenntnisse,
217	die Du Dir
218	im Laufe der Zeit
219	bewusst machst,
220	sie werden Dir
221	neue Wege weisen,
222	Dein Ziel zu finden
223	und es auch zu erreichen…«

224 »...**jedes** *Geräusch*
225 *in Deiner Umgebung,*
226 *das Du gerade hörst,*
227 *wird Deine Fähigkeit vertiefen,*
228 *Dich zu konzentrieren.«*

4.10.2. MODALOPERATOREN DER NOTWENDIGKEIT

Mit den Modaloperatoren machst Du eine Aussage darüber, ob eine vorgestellte Tätigkeit als Pflicht erlebt wird oder Dein Gegenüber sich die Erlaubnis dazu geben kann. Du kannst die Modaloperatoren der Möglichkeit äußerst wirkungsvoll beim Formulieren von Anweisungen nutzen. Sie sind die WEICHMACHER, die Deinem Gegenüber scheinbar die Entscheidung überlassen, ob er ihnen folgt. Bei den *Modaloperatoren der Notwendigkeit* nutzt Worte wie: müssen, sollen, dürfen, können,

229 *»Du **kannst** Dich nun*
230 *weiter entspannen*
231 *und vielleicht **willst** Du*
232 *jene Veränderungen vornehmen,*
233 *die es Dir leichter machen,*
234 *dass Du in Zukunft*
235 *noch viel mehr...«*

236 *» jeder Mensch **muss** im Leben*
237 *wichtige Dinge lernen,*
238 *damit er sich*
239 *zum Besten der Menschheit*
240 *entwickeln **kann**....«*

4.10.3. MODALOPERATOREN DER MÖGLICHKEIT

Bei den *Modaloperatoren der Möglichkeit* nutzt Du Worte wie: erlauben, dürfen, können, wollen, würde, vielleicht,

241 »Vielleicht hast Du gerade
242 Lust bekommen,
243 jetzt gleich
244 eine wirklich schöne Erfahrung
245 zu machen.
246 Dann **kannst** Du Dir auch
247 jetzt erlauben,
248 Dich einfach
249 an ein schönes Erlebnis
250 aus Deinem Leben
251 zu erinnern...«

252 »Vielleicht **würdest** Du gerne
253 sehr viel erfolgreicher im Leben sein,
254 denn dann **könntest** Du
255 Deine Kreativität einsetzen,
256 und Dir damit **erlauben,**
257 so viele neue Ideen zu generieren
258 und daraus wirksame Pläne
259 für Deine Zukunft
260 zu entwickeln...«

261 »...vielleicht **wäre** es interessant für Dich,
262 Dir zu **erlauben**,
263 die Erfahrung zu machen,
264 dass sich Deine Hand
265 jetzt taub anfühlen kann...«

4.11. Vorannahmen

Erickson hat viele Vorannahmen in seine Suggestionen eingebaut. Vorannahmen sind eine äußerst wirkungsvolle Form, wie Du etwas postulieren kannst, was Du nicht in Frage gestellt haben willst.

266 *»Der Hund kommt immer*
267 *durch die Hintertür ins Haus.«*

268 *»Nein, der Hund kommt nicht immer*
269 *durch die Hintertür ins Haus«*

Die Aussage funktioniert also auch bei der Negation des Satzes. In beiden Sätzen werden folgende Vorannahmen als wahr betrachtet:

– Es gibt einen Hund
– Er kommt ins Haus
– Es gibt ein Haus
– Das Haus hat eine Hintertür

Unterschiedliche Formen von Vorannahmen:

4.11.1. ZEITFORMEN
bevor, nachdem, während, seit, später

270 *»Darf ich Dir,*
271 **bevor** *Du Dich*
272 *dazu entschließt,*

273	Dich zu entspannen,
274	erzählen,
275	wie viele Möglichkeiten ein
276	tiefer Trancezustand
277	Dir bietet?«

278	»Möchtest Du
279	eine wirksame Hypnosesitzung absolvieren,
280	**bevor** Du die vorgeschlagenen Veränderungen
281	für Dein Leben vornimmst?«

282	»...und **während**
283	meine Stimme Dich begleitet,
284	kannst Du Dir erlauben,
285	an die vielen schönen
286	und wertvollen Aspekte
287	Deiner Erinnerungen zu denken.«

4.11.2. BEWUSSTSEINSWORTE
bemerken, erfahren, erleben, erkennen, wissen

288	»...hast Du eigentlich **bemerkt**,
289	wie viel Du bereits
290	über die positiven Wirkungen
291	der Hypnose gelernt hast,
292	ohne es
293	bewusst wahrzunehmen?«

294	»...und schon
295	während des Lesens
296	kannst Du,

297 bewusst oder unbewusst,
298 die vielen Möglichkeiten **erkennen**,
299 die Dir eine Kenntnis
300 dieser Sprachmuster
301 eröffnen werden...«

302 »...das, was Du
303 in den letzten Minuten
304 erlebt und erfahren hast,
305 wird es Dir in Zukunft
306 viel einfacher **möglich** machen,
307 neue Wege zu nehmen...«

4.11.3. KOMMENTIERENDE ADJEKTIVE ODER ADVERBIEN

voll, glücklicherweise, ganz, leicht, einfach, schnell, endlich

308 »...**glücklicherweise**
309 brauchst Du
310 nicht alle Inhalte
311 auf der bewussten Ebene verstehen,
312 um im Leben
313 richtig danach handeln zu können.«

314 »...**endlich** kannst Du
315 mit all den neuen Werkzeugen ausgestattet,
316 leichter lernen,
317 mehr Glück
318 und Wohlbefinden
319 in Dein Leben zu lassen....«

d) Adjektive der Zeit
alt, neu, früher, jetzt, vorher, nachher, gestriger,

320 »...es war Dein **alter** Glaube,
321 der Dich abgehalten hat,
322 diese Veränderungen vorzunehmen
323 und jetzt,
324 mit all Deinen **neuen** Fähigkeiten,
325 kannst Du in Zukunft
326 ganz neue Wege gehen...«

327 »...an die **neue** Art,
328 mit Deinen Gefühlen umzugehen,
329 wirst Du Dich schnell gewöhnen
330 und sie wird Dir in Zukunft
331 so viel mehr Genuss
332 und Tiefe in Dein Leben bringen...«

4.11.4. NEBENSÄTZE MIT »ES«

333 »**Es** war Dein Gehirn
334 und Dein Verständnis der Situation,
335 die Dir diese neuen Möglichkeiten
336 eröffnet haben...«

337 »...es ist dieses gewisse Etwas
338 in Dir,
339 das es Dir so einfach
340 möglich macht,
341 Dich auf diese Weise
342 zu verändern...«

4.11.5. WIEDERHOLUNGSVERBEN/ADJEKTIVE

wiederholen, wiederkommen, reaktivieren, erneuern,

343 »…und während Du
344 für einen langen Augenblick
345 die völlige Entspannung genießt,
346 kannst Du
347 all die guten Gefühle
348 der Erfahrungen
349 in den letzten Minuten
350 für Dich kurz **rekapitulieren**…«

351 »…und wenn die Gefühle,
352 die mit diesem Erleben
353 verbunden sind,
354 erneut **wiederkommen**,
355 kannst Du wahrnehmen,
356 dass sich etwas
357 in diesem Erleben
358 für immer verändert hat…«

4.11.6. VERBEN DER ZUSTANDSVERÄNDERUNG

Verändern, verwandeln, transformieren, integrieren, werden

359 »…und weil sich
360 so Vieles aus Deiner Vergangenheit
361 bereits im Nebel
362 des Vergessens
363 **aufgelöst hat**,
364 kannst Du nun

| 365 | *ganz zufrieden* **werden** |
| 366 | und zu Dir sagen …« |

367	»…und weil Du Dein Erleben
368	durch alle die Prozesse
369	der vergangenen Minuten
370	bereits in einer Art und Weise
371	**transformiert** hast,
372	die Dir erlaubt,
373	mehr Glück
374	und Erfolg in Deinem Leben
375	zu haben…«

4.12. Qualifikatoren

Sind Suggestionen, die mit den Worten nur, sogar, außer, genau verbunden werden.

376	»**Nur** Du
377	und Dein Freund
378	auf der anderen Seite,
379	ihr beide wisst,
380	wie einfach diese Aufgabe
381	zu lösen ist...»
382	»...**sogar**
383	mit den lauten Geräuschen
384	Deiner Umgebung
385	kannst Du Dich nun
386	beginnen,
387	Dich mühelos
388	zu entspannen...«

4.13. Eingebettete Fragen

Erickson hat seine Anweisungen und Ratschläge auch im Setting, also außerhalb der »offiziellen Trancearbeit« versteckt genutzt und sie häufig in indirekte Sprachmuster eingebettet. Mit eingebetteten Fragen kannst Du Dein Gegenüber indirekt zu einem bestimmten Verhalten auffordern. Und Du kannst auch sein Reaktionspotential damit testen.

389 »Deshalb frage ich mich,
390 ob es sein kann,
391 dass Du Dich schon entschieden hast,
392 ob Du zuerst lernen willst
393 wie Du Dich noch mehr
394 entspannen kannst,
395 oder weiter über das schöne Erlebnis
396 nachdenken willst…?«

397 »…gestern Abend
398 vor dem Einschlafen
399 habe ich über
400 die heutige Sitzung nachgedacht
401 und mich gefragt,
402 ob Du vielleicht heute bereit bist,
403 weiter an Deiner Veränderung zu arbeiten…?«

4.14. Indirekte Aufträge

Indirekte Verhaltensaufträge sind eine Form des Gedankenlesens, die Du mit nonverbalen Markern wesentlich effektvoller machen kannst.

404 *»...vielleicht wirst Du irgendwann,*
405 *wenn Du die richtige Entscheidung*
406 *getroffen hast,*
407 *zu Dir sagen:*
408 **Bernd, ab jetzt löst Du Deine Probleme selbst.«**

409 *»Viele Menschen*
410 *brauchen oft lange,*
411 *bis sie endlich die Essenz*
412 *der Aussage begreifen:*
413 **Lass es Dir gut gehen!«**

4.15. Verneinende Aufträge

In den primären Erfahrung des Sehens, Hörens und Fühlens gibt es keine Verneinung. Sie existiert nur in der sekundären *Verarbeitung* dieser Erfahrung. Denke jetzt NICHT an einen grauen Elefanten, an gelbe Punkte oder an Deinen Lieblingssex. Verneinende Aufträge kannst Du so formulieren, dass Du dem, was Du herbeiführen willst, einfach ein NICHT voraussetzt. Bei der Formulierung helfen Dir Vergleicher wie noch, während usw.

414	»…und Du kannst Dich wahrscheinlich
415	*in diesem Augenblick*
416	*noch nicht so*
417	**wohl fühlen und entspannen,**
418	*wie die meisten Menschen*
419	*auf der Welt*
420	*und in einer kleinen Weile*
421	*wirst Du sehr erstaunt sein…«*
422	»…bestimmt hast Du jetzt
423	noch keine **Lösung für Dein Problem**
424	*gefunden*
425	*und während Du noch*
426	*darüber nachdenkst,*
427	*kann sich…«*
428	»es kann sein, dass Du
429	jetzt noch keinen **Gefallen daran finden** wirst,
430	*verneinenden Aufträge zukünftig*
431	*in Deinen Suggestionen zu formulieren.«*

4.16. Scheinalternativen mit »oder«

In diesem effektiven Sprachmuster lässt Du Deinem Gegenüber scheinbar die Wahl.

432 »Willst Du zuerst abwaschen
433 **oder** mir beim Bügeln helfen.«

434 »…stimmen Sie lieber
435 einer Gehaltsminderung zu
436 **oder** wollen Sie
437 Ihren Arbeitsplatz wechseln.«

438 »…und Du kannst jetzt
439 frei wählen,
440 ob Du Dich
441 zuerst entspannen
442 **oder** Dich wirklich gut fühlen willst…«

4.17. Konversationspostulate

Konversationspostulate bestehen aus Ja – Nein – Fragen, die anstatt einer Antwort eine Verhaltensreaktion bewirken, ohne daß Du sie von Deinem Gegenüber direkt gefordert hast.

443 »Könnte **jemand**
444 dafür sorgen, dass sich
445 Herr Müller
446 gleich richtig wohl fühlt?«

447 »Weisst Du eigentlich,
448 wie gut es sich anfühlt,
449 im Leben so
450 unbeschwert glücklich zu sein?«

451 »...kannst Du den letzten Satz
452 noch einmal
453 in Deinem Kopf
454 rekapitulieren.«

4.18. Verlorene Zitate

In diesem Muster nutzt Du die wörtliche Wiedergabe eines Gesprächs, um eine Verhaltensanweisung zu geben. Eingebettet als ein Zitat kannst Du sie als direkten Auftrag formulieren und zugleich an eine Autoritätsperson als wirkungsvollen Sender koppeln.

455	»Der Nobelpreisträger Maturana
456	hat einmal zu einem Kollegen gesagt:
457	Deine Fähigkeit zu lernen
458	sie ist es,
459	was Du jetzt entwickeln mußt,
460	um anderen helfen zu können«
461	»Ich habe genau gehört,
462	wie Bernd gestern
463	zu seiner Frau gesagt hat:
464	»Mach es Dir bequem
465	und entspann Dich.«
466	Willy Brandt
467	ist bekannt für seinen Ausspruch:
468	»Lerne, sei gerecht
469	und trage die Verantwortung
470	für Dein Tun.«

4.19. Satzfragmente

Sind Sätze, die für sich selbst keinen Sinn geben. Damit sie einen Sinn ergeben, muss Dein Gegenüber selbst bedeutungsgebend kooperieren.

471 »Es ist eine Freude…«

472 »Und ein tieferes Verständnis entsteht…«

473 »Man kann
474 ein wirkliches Staunen
475 darüber haben…«

4.20. Doppeldeutigkeit

Das sind Sätze, denen mehrere Bedeutungsmöglichkeiten zugeordnet werden können. Erickson war ein Meister in solchen Wortspielen, besonders im Benutzen phonologischer Ambiguitäten (dem Gleichklang von Worten, wie sehen/säen).

476 »Ein Meer/mehr
477 an Möglichkeiten,
478 das sich vor Deinem gestigen Auge
479 eröffnen kann.«

480 »Es gibt viele Freuden/Freunde,
481 die im neuen Leben
482 auf Dich warten....«

KAPITEL 5

Der Hypnose Workshop

5.1. Das Konzept

Diesen Workshop halte ich einmal pro Jahr in Berlin. In ihm lehre ich Techniken einer ergebnisorientierten Veränderung Deines Bewusstseinszustandes. Im allgemeinen Sprachgebrauch sind diese Techniken unter dem Begriff *Hypnose* zusammengefasst. Es gibt viele Methoden und Techniken, einen für Deine Zwecke nützlichen Bewusstseinszustand zu erreichen, Hypnose und hypnotische Techniken halte ich für eine der besten und wirksamsten. Diese Ansicht teilen in jedem Jahr Menschen aller Altersklassen, die meinen Workshop, besuchen. Sie sind geistig und körperlich gesund und nutzen hypnotische Techniken zur Bildung ihrer Persönlichkeit. Ich meine, auch Du solltest lernen, diese Prozesse zu nutzen, wenn Du mehr Persönlichkeit, mehr Erfolg und mehr Glück in Deinem Leben haben willst.

5.1.1. HYPNOSE FÜR DEINE PERSÖNLICHKEIT

Für den Einen soll es eine fundierte Ausbildung sein, den Anderen interessiert mehr der direkte Nutzen, den er daraus ziehen kann. Weder für das Eine, noch für das Andere musst Du mehrere Wochen theoretischer Paukerei investieren. Das kannst Du bei mir im Workshop in kurzer Zeit lernen.

Über Jahrzehnte hinweg habe ich meine didaktischen Methoden und meine Präsentation so sehr verfeinert, dass ich behaupten kann, Deutschlands kompakteste, wirksamste und intensivste Ausbildung in Hypnose anzubieten. Ich habe alles weggelassen, was theoretischen Ballast darstellt. Ich konzentriere mich ganz auf den praktischen Nutzen für Dich. In jeder der vielen Nachmittagsübungen kannst Du selbst entscheiden, wie aktiv Du tätig werden möchtest. Vielleicht willst Du ja »nur« den Nutzen von Hypnose für Dich selbst erfahren. Du kannst Du aber nach dem Workshop auch anderen Menschen mit großem Nutzen die Vorteile von Hypnose nahebringen.

Dafür gebe ich Dir einen gut strukturierten Überblick über die einzelnen Phasen des hypnotischen Prozesses. Jeden Schritt begleite ich mit praktischen Demonstrationen. Damit weißt Du jederzeit, wo Du stehst und wohin Du gerade unterwegs bist. Dann liegt es an Dir, Deine Fähigkeiten mit etwas Übung nach dem Workshop weiter zu entwickeln. Die Vorteile für Deine Persönlichkeit werden bleiben, ob Du nun Hypnose zu einem Teil Deines Berufsfeldes machen willst, oder nicht.

Vor Deiner Entscheidung, an einem Workshop teilzunehmen, solltest Du Dir überlegen, wie oft Du, ohne groß nachzudenken, Geld für etwas Nutzloses ausgibst. Mit Deiner Teilnahme kannst Du für einen kleinen Betrag etwas Großes für Dich und Deine Zukunft bewirken. Du wirst Dir die Macht Deines unbewussten Denkens zugänglich machen und hilfst damit Dir und Anderen, viele Steine, die Dir im Leben so oft im Weg liegen, mit einer wirksamen und bewährten Technik auszuräumen. Das sollte Dir Deine Zukunft doch wert sein!

5.1.2. IST DIESER WORKSHOP ETWAS FÜR MICH?

Auch wenn Du gerade erst durch das Lesen dieses Buches damit begonnen hast, Dich mit Hypnose zu beschäftigen: Du kannst beruhigt zu diesem Workshop kommen. Die Hypnose-Ausbildung verlangt keine Vorkenntnisse von Dir. Sie ist für alle Menschen offen und deshalb auch für

Dich geeignet. Während des Workshops wirst Du lernen,

- wie Du auf einfache Weise in eine für Dich nutzbringende Trance gehen kannst.

- andere Teilnehmer in einen Trancezustand zu versetzen.

- wie Du unterschiedliche Trancetechniken anwenden kannst, um Dein Leben - und das Anderer - nachhaltig positiv zu verändern.

Überlege Dir, welche Möglichkeiten Dir zur Verfügung stehen, wenn Du die Türen zum Unterbewusstsein weit geöffnet hast. Zu mir kommen in jedem Jahr auch viele ERFAHRENE Teilnehmer. Sie wollen noch mehr lernen. Du wirst also ganz einfach einen erfahrenen Übungspartner finden, der Dir zeigen kann, was wichtig ist. Er wird Dir offene Fragen beantworten und Dir helfen, die theoretisch vermittelten Techniken leicht anzuwenden.

5.1.3. WIE DER WORKSHOP AUFGEBAUT IST

Die ersten 3 Tage des Workshops sind der Grundausbildung in Hypnose gewidmet. Ich nenne ihn den HYPNOSE INTENSIVE WORKSHOP. Glaube mir, der Name ist Programm, er ist sehr intensiv. Du wirst die Grundlagen erlernen, selbst in Trance zu gehen und andere Menschen durch Deine hypnotischen Suggestionen in Trance zu versetzen. Wenn Du einen wirksamen und einfachen Einstieg in die Welt der Hypnose suchst, bist Du hier gut aufgehoben. Die darauf folgenden 3 Tage nenne ich ADVANCED HYPNOSE

WORKSHOP. Wir behandeln komplexe hypnotische Phänomene wie indirekte metaphorische Suggestionen und Tieftrancephänomene. Ob Du es nun glaubst oder nicht, mit der richtigen Anleitung und Praxis kannst auch Du ohne große Vorerfahrungen schnell in diese Ebenen vordringen. Sollte ich Dein Interesse geweckt haben, beschreibe ich Dir nachfolgend die Inhalte der einzelnen Tage etwas genauer.

5.1.4. TAG 1: GRUNDTECHNIKEN DER HYPNOSE

Nach einer Einführung in die Geschichte der Hypnose erfährst Du, wie Du positive Grundannahmen wirkungsvoll für die Entwicklung Deiner Persönlichkeit einsetzt. Damit kannst Du auch lernen, andere Menschen in Trance zu versetzen. Wir arbeiten an den Grundlagen der hypnotischen Induktion und an einer Vertiefung der daraus entstehenden Trance. Du lernst Techniken der nonverbalen Tranceinduktion kennen und erarbeitest Dir die schnelle Induktion nach Dave Elman in der Gruppe.

Zur Vertiefung Deiner Trancezustände erprobst Du das Fraktionieren als Induktionstechnik, lernst die hypnotische Doppelinduktion und die Re-Induktion von Trancen mit Tieftranceankern. Alle Übungen am Nachmittag führst Du aktiv und passiv aus. Das heißt mit Dir wird gemacht, Du machst und Du beobachtest. So erfährst und erlebst Du alle Aspekte einer Hypnosesitzung.

5.1.5. TAG 2: INDUKTION UND UTILISATION

Am zweiten Tag geht es hauptsächlich um den Prozess der Utilisierung in der Hypnose. Das ist der Bereich, in dem Du dem Unterbewusstsein Aufgaben stellen kannst. Du lernst, spezifische Trancen für unterschiedliche Ziele einzusetzen. Du wendest sinnvolle hypnotische Sprachmuster an und setzt sie zu hypnotischen Prozessen zusammen. Du lernst, wie Du unbewusste Fingersignale als Weg zur Kommunikation mit dem Unterbewusstsein Deines Gegenübers einsetzt.

Die Technik der Tieftrance-Identifikation hilft Dir, Hypnose zur Entwicklung Deines kreativen Potenzials als Werkzeug einzusetzen. Während der Übungen erweiterst Du Deine sprachliche Kompetenz und lernst mehr über natürliche Trancezustände.

5.1.6. TAG 3: RESSOURCEN IN TRANCE

Am dritten Tag der Ausbildung lernst Du, wie Du posthypnotische Strategien gestaltest und sinnvoll in den hypnotischen Prozess einbettest. Außerdem erfährst Du, wie Du mit einer geeigneten Nachbesprechung die Wirksamkeit Deiner Hypnosesitzung steigern kannst. Über den Einsatz generativer Modelle kannst Du automatische Prozesse in Gang setzen, die über eine lange Zeit wirksam bleiben.

Am Nachmittag übst Du den Einsatz hypnotischer Ressourcenoptimierung über einen starken visuellen Anker. Außerdem entwirfst und installierst Du automatisch ablaufende Prozesse als subbewusste Helfer für Deinen Alltag.

5.1.7. TAG 4: METAPHERN UND METAEBENEN

Wir analysieren eine Modelltrance nach linguistischen Kriterien und begutachten, gestalten und installieren mit hypnotischen Metaphern. Du wirst fortgeschrittene Prozessinstruktionen in der Utilisationsphase des Hypnoseprozesses entwerfen und anwenden. Du arbeitest mit assoziativen Metaphern und Metaebenen der Tranceutilisation. Du lernst, effektiv zu arbeiten, während Du in Trance bist.

5.1.8. TAG 5: POSTHYPNOTISCHE STRATEGIEN

An diesem Tag beschäftigen wir uns mit, stillschweigenden Voraussetzungen in den posthypnotischen Suggestionen. Du lernst sie zu entwerfen und anzuwenden. Im Weiteren erforschst Du verbale Übertragungsphänomene in unterschiedlichen Trancezuständen und findest heraus, wie Du sie zur Utilisation hypnotischer Prozesse einsetzen kannst.

5.1.9. TAG 6: TIEFTRANCE PHÄNOMENE

Am letzten Workshoptag wirst Du Dich selbst überraschen. Es geht um fortgeschrittene nonverbale Übertragungsmechanismen während einer hypnotischen Utilisation. Du lernst, eine Trance zu gestalten, die ihre Inhalte ausschließlich von den subbewusst übertragenen Informationen Deines Gegenübers erhält. So entwirfst Du linguistische Strategien und Suggestionen für lange anhaltende Wirkmechanismen während posthypnotischer Suggestionen. In den nachmittäglichen Übungen wendest Du diese fortgeschrittenen Strategien der Tieftranceidentifikation als Werkzeug zum Modellieren an.

5.1.10. HYPNOTISCHE SPRACHMUSTER

Mit kindlichem Staunen und immerwährender Begeisterung sehe ich seit vielen Jahren charismatischen Persönlichkeiten, professionellen Verkäufern und beliebten Menschen der Öffentlichkeit bei ihrer Arbeit zu. Ich höre, wie sie ihren sprachlichen Ausdruck bewusst und kontrolliert den jeweiligen Gegebenheiten und Notwendigkeiten anpassen. Sie gewinnen damit Freunde und haben Erfolg. Ihre Ausstrahlung und Wirkung kommt vielen Menschen wie Zauberei vor. Dabei ist jede Meisterschaft, auch diese, von Bewusstsein und Kontrolle durchdrungen. Mir fällt auf, wie sehr die Sprache, die diese erfolgreichen Menschen nutzen, den Inhalten und der Struktur guter Tranceinduktionen mit ihren hypnotischen Anweisungen ähneln. Das halten viele unserer Zeitgenossen für Manipulation. Ich werde deshalb oft gefragt: »Chris, wie schützt Du Dich vor Manipulation in Hypnose?« Für mich hat die bewusste Anwendung solcher Sprachmuster nichts Anrüchiges oder gar Verbotenes. Ganz ehrlich: Ich nutze sie selbst bei jeder sich bietenden Gelegenheit. Wie sonst könnte ich in meiner Arbeit so effektiv die Persönlichkeit meiner Teilnehmer zum Positiven beeinflussen?

Ich meine, Du solltest Dich vielmehr fragen: »Wie kann ICH lernen, solche hypnotischen Sprachmuster für mich zu nutzen?« Einer der wichtigsten Schutzmechanismen gegen manipulative Techniken ist nämlich, selbst Bescheid zu wissen. Lerne einfach die vielfältigen Möglichkeiten der Gestaltung Deiner Sprache kennen. Kenne die Grundzüge der verwendeten Mechanismen und nutze sie POSITIV SELBST. Eben, wie viele erfolgreiche Menschen sie nutzen. Und vor allem, finde damit heraus, wie andere Menschen ihre Sprache einsetzen, um Dich zu manipulieren. In den meisten Fällen geschieht dies ja in guter Absicht, oft jedoch nicht mit der gewünschten Wirkung. So führt Dich mein Hypnose Workshop hinter die Fassaden Deiner Alltagskommunikation. Er wird Dich mit dem stärksten Werkzeug vertraut machen, das Du im Umgang mit anderen Menschen besitzt:

DEINER EIGENEN SPRACHE.

5.2. Die Übungen im Hypnose Workshop

Tag 1: Hypnose — Grundtechniken

Übung 01 - 01
Thema: Nonverbale Tranceinduktion
Fokus: Es ist einfach, Dich und Dein Gegenüber in Trance zu versetzen.

Versetze Dein Gegenüber mit nonverbalen Mustern in einen entspannten Trancezustand.

Übung 01 - 02
Thema: Erfolgsprogrammierung
Fokus: Das Gehirn macht keinen Unterschied zwischen erlebter und vorgestellter Erinnerung.

Erzähle Deinem Partner, mit Downwards Inflection, die (erfundene) Geschichte eines entspannenden Erlebnisses. Begleite ihn damit ganz nebenher im Plauderton in eine sich schnell vertiefende, Trance und ankere den entstehenden Zustand mit einem kinästhetischen Anker (Berührung).

Übung 01 - 03
Thema: Die tiefer werdende Trance
Fokus: Fraktionieren hilft Dir, eine tiefe Trance zu erreichen.

Versetze Dein Gegenüber mit der Technik des Fraktionierens in einen tieferen Trancezustand. Ankere den jeweils entstehenden tieferen Zustand bei jeder Runde auf Deinen bereits existierenden Tranceanker. Teste diesen Anker bei jeder weiteren Fraktionierungsrunde erneut. Achte darauf, DOWNWARDS INFLECTION und EINGEBETTETE BEFEHLE zu nutzen. Neben dem kinästhetischen Anker nutzt Du bei dieser Übung auch ein akustisches Signal zur Überlagerung als auditorischen Anker.

Übung 01 - 04
Thema: **Konversationstrance**
Fokus: **Das Gehirn Deines Gegenübers muß JEDE Information prozessieren.**

Erzähle die erfundene, ausführliche und übertriebene Geschichte einer Tranceinduktion in Deiner Vergangenheit. Erzähle, was Du gemacht und gesagt hast und wie sie mit positiver und generativer Utilisierung abgelaufen ist. Erzähle den Kontext, wo und wann es war, was Du zuerst und danach getan hast, was Du wahrgenommen hast und was daraus resultierend bei Deinem Gegenüber passiert ist.

Tag 2: Hypnose — Induktionstechniken

Übung 02 - 01
Thema: Ressourcen
Fokus: Deine erfolgreiche Zukunft

Erstelle eine Liste wichtiger Ressourcen, die Du für Deine erfolgreiche Zukunft brauchst. Was macht Dich NOCH erfolgreicher, motivierter, glücklicher? Du solltest am Ende etwa zehn Ressourcen auf Deiner Liste stehen haben. Tausche Dich mit anderen Gruppenmitgliedern aus. Welche Ressourcen sind für sie wichtig? Ergänze Deine Liste nach Bedarf.

Ordne Deine fertige Liste nach: WICHTIG FÜR MICH. Du kannst Dir die Frage stellen: »Ist meine erste Ressource wichtiger für mich, als die zweite?« Mit der Wiederholung dieser Frage für alle Ressourcen kannst Du sie in einer Reihenfolge nach dem Grad der Wichtigkeit für Dich ordnen. Die Strategie des SORTIERENS NACH WICHTIGKEIT hilft Dir in Zukunft auch bei anderen Projekten wichtiges zuerst zu tun. Wenn Du willst, kannst Du diese kleine, aber wichtige Strategie auch in Trance zur subbewussten Ausführung installieren.

Übung 02 - 02
Thema: Die Elman Induktion
Fokus: Eine schnelle Induktionstechnik für Dich

Beim Abendprogramm der Trainer hast Du die Elman Induktion kennen gelernt. In dieser Übung kannst Du die ersten Erfahrungen damit sammeln. Es geht in dieser

Übung NICHT um das Installieren einer Anästhesie. Du wendest nur den Induktionsteil in allen Schritten bei Deinem Gegenüber an, um ihn in Trance zu versetzen. Nutzt Du die folgende Suggestion.

001 *»...Deine alten und negative Erlebnisse*
002 *können sich einfach auflösen*
003 *und schaffen Platz für so viel Neues...«*

Übung 02 - 03
Thema: Ressourcenarbeit
Fokus: Ressource aktivieren

AKTIVIERE in einer tiefen Trance bei Deinem Gegenüber die fünf wichtigsten Ressourcen in seinem Leben. Lass Dich inspirieren, WIE Du dies machst! Der einfachste Weg führt über Suggestionen in beiderseitiger Trance.

Übung 02 - 04
Thema: Indirekt Ressourcen aktivieren
Fokus: Arbeit mit Metaphern

Kalibrierung: Erzähle die vielleicht erfundene Geschichte der Nutzung Deiner Ressourcen. Erkläre den Mitgliedern Deiner Gruppe, welche Ressourcen Du in der Vergangenheit für Dich gefunden hast und wie sie Dein Leben positiv beeinflussen. Dabei nutzt Du Geschichten mit Dir als Hauptperson und verwebst sie mit Trancemetaphern. Lasse zu, daß Deine Mitteilnehmer in eine angenehme Trance abgleiten, die Deine Suggestionen auf wirksame Weise vermitteln.

Tag 3: Hypnose — Mehr Ressourcen

Übung 03 - 01
Thema: Ressourcen bündeln
Fokus: Assoziiertes Erleben

Elizitiere mit Deinem Übungspartner für jeden Ressource auf seiner Ressourcenliste mindestens EINE Situation aus seinem Leben, in der er diese Ressourcen bereits besitzt.

Wenn er glaubt, eine benötigte Ressource nicht zu besitzen, lasse ihn eine Situation erfinden. Er stellt sich in seiner Erinnerung ASSOZIIERT vor, wie er diese Ressource in einer Situation erlebt. Das funktioniert genauso gut. Hilf Deinem Übungspartner mit entsprechenden Suggestionen, sich zu erinnern und die Situation ASSOZIIERT zu erleben. Arbeite gründlich und sei großzügig mit Dir und ihm.

Übung 03 - 02
Thema: Der Meta-Ressourcenanker
Fokus: Stapelanker für einen starken Anker

Verstärke das Gefühl, das Dein Gegenüber bei jeder Ressource erlebt. Am einfachsten erreichst Du dies durch mehrmaligen Wechsel von DISSOZIIERT nach ASSOZIIERT bei Deinem Gegenüber. Ankere das jeweilige Gefühl auf einen extra dafür angelegten META-Ressourcenanker an seinem Körper. Suche Dir eine Stelle aus, die Dein Gegenüber sonst nicht nutzt. Gut ist eine Stelle am oberen Rücken, die Du einfach erreichen kannst.

Übung 03 - 03
Thema: Gefühle verstärken
Fokus: Anker von kinästhetisch nach visuell überlagern

Elizitiere das META-Gefühl des META-Ankers und verstärke es mit kinästhetischen Strategien so weit, bis Dein Gegenüber das Gefühl gerade noch aushalten kann.

Verstärke so den META-Ressourcenanker, der letzten Übung. Dann übertrage diesen META-Ressourcenanker mit starken Suggestionen auf den visuellen Anker des blauen Diamanten. Achte darauf, in die abschliessenden Suggestionen einen FUTURE PACE zu integrieren und nutze generative Muster für eine subbewusste Integration des Ankers.

Übung 03 - 04
Thema: Gesprächstrance
Fokus: Viele Möglichkeiten mit Trance zu arbeiten

Erkläre Deinem Gegenüber in wenigen Minuten: Welche Auswirkungen haben die TRANCE von gestern Abend, die heutigen Übungen und der »neue« blaue Diamant auf sein Leben. Nutze dazu keine Trance sondern achte darauf, mit entsprechenen Suggestionen im wachen Zustand die Repräsentationssysteme VISUELL, AKUSTISCH UND KINÄSTHETISCH mit ihren jeweiligen Auswirkungen im Gespräch zu thematisieren. Lasse Dich von Deiner Intuition leiten, nutze Dein Unbewusstes und behalte trotzdem den Fokus der Übung in Deinem Bewusstsein. Wenn Du den Fokus beibehältst, wirst Du bemerken, daß sich Deine Sätze wie von selbst finden. Du kannst Deine kleine Rede aufnehmen und Dich danach beim Anhören überraschen.

Übungskonstellation ab Tag 4

Ab Tag vier des Workshops wird es wichtig, mit wem Du übst. Damit ein möglichst großer Wissens- und Erfahrungstransfer stattfinden kann, üben in den nachmittäglichen Gruppen erfahrene und unerfahrene Teilnehmer miteinander. **Erfahren** bist Du, wenn Du mindestens AN EINEM Workshop von kikidan teilgenommen hast. **Unerfahren** bist Du, wenn dies Deine erste Teilnahme an einem kikidan Workshop ist. Es geht in den Übungen darum, einen möglichst umfassenden Erfahrungsaustausch zu erreichen.

Welcher Gruppe Du angehörst, findest Du in der Gruppeneinteilung, die Du bei Deiner Anmeldung ausgedruckt erhalten hast. An den Eingängen zum Fontane Saal findest Du einen QR Code, der Dich auf die gleichen Daten im Internet verweist. Bildet in Deiner Gruppe jeweils zwei Paare, von denen zwei Teilnehmer erfahren und zwei Teilnehmer unerfahren sein sollen. Jeweils der erfahrene Teilnerhmer übt mit dem unerfahrenen. Der erfahrene Teilnehmer BEGINNT mit der Übung als aktiver Part.

Hier findest Du das Übungsschema für die Übungen. Wenn es drei Übungen gibt, ist die Anordnung bei wie bei der ersten Übung. Wenn es vier Übungen gibt, ist die Anordnung bei der vierten Übung wie bei der zweiten.

	aktiv	passiv
Übung 1	TN 1 erfahren	TN 2 unerfahren
	TN 3 erfahren	TN 4 unerfahren

ZWEITER DURCHGANG, GLEICHE ÜBUNG:

	aktiv	passiv
Übung 1	TN 2 unerfahren	TN 1 erfahren
	TN 4 unerfahren	TN 3 erfahren

	aktiv	passiv
Übung 2	TN 1 erfahren	TN 4 unerfahren
	TN 3 erfahren	TN 2 unerfahren

ZWEITER DURCHGANG, GLEICHE ÜBUNG:

	aktiv	passiv
Übung 2	TN 4 unerfahren	TN 1 erfahren
	TN 2 unerfahren	TN 3 erfahren

Bitte nimm die Übungen ernst. Wenn Du zum ersten Mal an einem Workshop von kikidan teilnimmst, kann es sein, daß Du »erfolgreich« sein willst. Dein Erfolg jedoch hängt von vielen Faktoren ab. Es ist NICHT WICHTIG, ob Du glaubst, bei einer Übung erfolgreich gewesen zu sein. Es ist wichtig, dass Du die Übungen MACHST. Dadurch aktivierst Du die subbewussten Ressourcen der vormittäglichen Programmierungen

Tag 4: Metaphern und Nichtsuggestionen

Übung 04 - 01
Thema: **Die Nichttrance Trance**
Fokus: **Positive Modulation**

Versetze Dein Gegenüber mit einer beliebigen Induktion in Trance. Nutze in der Utilisierungsphase ausschließlich allgemeine und positive Suggestionen, die KEINE Prozessinstruktionen enthalten. Lege den Fokus auf »einfach möglich machen« oder »darf geschehen« Ein Beispiel dafür findest Du in Kapitel 3.6.3.

Übung 04 - 02
Thema: **Assoziative Metaphern**
Fokus: **Tranceinstallation mit Metaphern**

Erkundige Dich bei Deinem Gegenüber nach dem Ort für seinen Tieftranceanker und frage ihn, bei welchem Lebensthema er hypnotische Hilfe von Dir haben will. Versetze dann Dein Gegenüber mit einer beliebigen Induktion in Trance und nutze dazu auch seinen Tieftranceanker.

Verwende in der Utilisierungsphase ASSOZIATIVE Suggestionen. Du erzählst Geschichten die von Begriffen Wharp, Autopilot, breite Straße, Autobahn, Flow oder Energiefeld handeln. Im Fokus behältst Du jedoch das Lebensthema Deines Gegenübers und lässt es geschehen, daß sich die assoziativen Begriffsthemen und das Lebensthema miteinander vermischen. Dies ist eine sehr effektive Technik zur Tranceinstallation mit Metaphern.

Übung 04 - 03
Thema: Open the Warpfield
Fokus: Öffne DEIN Unbewusstes

Arbeite mit Deinem Gegenüber an seinem Lebensthema über das Du Dich vorher erkundigt hast. Er kann auch ein anders Thema als in Übung 2 wählen.

Versetze Dein Gegenüber mit einer Kombination aus Tranceankern und Suggestionen in eine Trance. Erlaube Dir, ebenfalls in Trance zu gehen, behalte jedoch Deine Sinnesaufmerksamkeit für Dein Gegenüber bei. In der Utilisierungsphase beginnst Du mit Suggestionen allgemeiner Integration, zuerst ohne Prozessinstruktionen. ZUSÄTZLICH fokussierst Du Dich, während Du sprichst, auf die Vorstellung, Du würdest mit Deinen Gedanken durch ein Warpfeld mit Überlichtgeschwindigkeit in die Zukunft reisen, in der Dein Gegenüber sein Lebensthema bereits gelöst hat. Lasse es geschehen, daß sich Ideen in Deinem Geiste formieren und daß sich Deine Suggestionen mehr und mehr am bereits gelösten Lebensthema orientieren. Am Ende der Utilisierungsphase sprichst Du Suggestionen allgemeiner Integration. Beim Aufwecken arbeitest Du mit bedingten Befehlen wie in Kapitel 3.7. illustriert.

Tag 5: Geführte Selbsterfahrung

Übung 05 - 01
Thema: Energieschutzschild
Fokus: Parallelinstallation mit visuellen Attributen

Versetze Dein Gegenüber mit einer beliebigen Induktion in Trance. Erlaube Dir, ebenfalls in Trance zu gehen, behalte jedoch Deine Sinnesaufmerksamkeit für Dein Gegenüber bei. Installiere in Deinem Gegenüber ein Energieschild, das den möglichen energetischen Austausch von schlechten Gefühlen und krankmachenden Suggestionen automatisch blockiert. Die Informationen für Deine Suggestionen bekommst AUSSCHLIESSLICH über den subbewussten Kanal. Du kannst Dir in Gedankenbildern diesen Energieschild bei Deinem Gegenüber vorstellen und ihn über visuelle Atribute beschreiben. Suggeriere nicht nur Aussehen, sondern möglichst genau auch das, was der Schild tun wird.

Für Deine Notizen:

Übung 05 - 02
Thema: Indirekte Installation
Fokus: Selbstbewusstsein installieren

Für eine wirksame Hypnose brauchst Du Kongruenz, auch auf der energetischen Ebene. Wenn DU Probleme, Vorurteile oder hinderliche Glaubenssätze hast, vermittelst Du diese nonverbal an Deinen Übungspartner, auch wenn Du sie nicht thematisierst. Achte also in dieser Übung darauf, daß Du ÜBERZEUGEND Selbstbewusstsein vermittelst.
Der passive Teilnehmer gibt eine Ressource vor, die er gerne verstärkt haben möchte. Versetze dann Dein Gegenüber mit einer beliebigen Induktion in eine tiefe Trance. Installiere die von ihm vorgegebene Ressource mit allgemeinen Suggestionen. ZUSÄTZLICH richtest Du Deinen Fokus auf das Thema SELBSTBEWUSSTSEIN bei Dir und installierst dieses Selbstbewusstsein NEBENHER in Deinem Gegenüber. So viel davon, wie irgend möglich.

Für Deine Notizen

Tag 6: Nonverbale Übertragung

Die stillschweigende Voraussetzung an Tag 6 ist: Es gibt eine energetische Form der Übertragung von Information in Trance. Sie ist vom Trancezustand beider Teilnehmer abhängig und funktioniert jenseits der verbalen Kommunikation.

Übung 06 - 01
Thema: Nonverbale Kommunikation
Fokus: Angst vor Experimenten mit Neuem

Versetze Dein Gegenüber mit einer beliebigen Induktion in eine möglichst tiefe Trance. Erlaube Dir, ebenfalls in Trance zu gehen, behalte jedoch Deine Sinnesaufmerksamkeit für Dein Gegenüber bei. Während Du eine verdeckte Fast Phobia Cure zum Thema ANGST VOR NEUEM mit ihm machst, FOKUSSIERST DU DICH in Deinen Gedanken auf ein einfaches geometrisches Objekt (Kreis, Dreieck, Viereck, Farbe: rot, grün, gelb oder blau).

In den Suggestionen beim FUTURE PACE Du bittest Du Dein Gegenüber, sich eine Handlung im Leben vorzustellen, die sehr nützlich für ihn wäre und bei der er aus Angst bisher keine Aktion ergriffen hat. Bitte ihn, während er sich noch in Trance befindet, seine Vorstellung (als Film dissoziiert) mit Deinem vorher vorgestellten Objekt zu überlagern. Bitte ihn, IMMER NOCH IN TRANCE zu beschreiben, ob und wie sich seine Handlungen im vorgestellten Film ändern. Danach kannst Du ihn aus seiner Trance aufwecken und ihn nach seinen Erlebnissen befragen.

Übung 06 - 02
Thema: **Du kommunizierst mit allem, was Du bist.**
Fokus: **Tieftrance mit offenen Augen und Kommunikation**

Dein Gegenüber formuliert ein Problem oder einen Wunsch, oder ein Projekt, das er realisieren will.

Versetze ihn mit einer beliebigen Induktion in eine möglichst tiefe Trance. Erlaube Dir, ebenfalls in Trance zu gehen, behalte jedoch Deine Sinnesaufmerksamkeit für Dein Gegenüber bei. Während Du erneut mit allgemein positiven Suggestionen zu sprechen beginnst, fokussierst DU Dich auf die Vorstellung, daß Dein Gegenüber in der Zukunft sein Projekt bereits gelöst hat.

Lasse zu, dass sich Deine Suggestionen in einer Weise verändern, die Du nicht bewusst kontrollierst. Nach einiger Zeit kannst Du damit behinnen, ihn in Trance zu befragen und mit ihm zu sprechen, obwohl ihr euch beide in einer sehr tiefen Trance befindet. Dabei hilft Dir die Suggestion:

```
004    »...und wenn Du gleich
005    in diesem Zustand
006    Deine Augen öffnest,
007    kannst Du noch tiefer
008    in diesen kreativen Zustand
009    eintauchen.
010    Dann wird Dein tiefes Unbewusstes
011    aus Dir sprechen
012    und Du wirst mit ganz neuen Einsichten
013    für Dein Leben
014    belohnt werden...«
```

KAPITEL 6

Eine Beispieltrance

6.1. Das Konzept für die Practitioner-Trancen

Die Erforschung und Nutzung subbewusster Prozesse ist eine wichtige Säule des Erfolgs, mit dem sich das Modell von NLP im Verlaufe von über 40 Jahren weltweit behauptet. In meiner Grundausbildung, dem NLP Practitioner lege ich deshalb großen Wert auf die Vermittlung hypnotischer Techniken und Fähigkeiten. Es ist mir wichtig, die Wirksamkeit von Hypnose durch persönliche Erfahrungen zu untermauern. Ein ganz wichtiger Schlüssel dazu findet sich in den abendlichen Integrationstrancen.

Auf der Basis der Kenntnisse unterbewusster Prozesse habe ich eine zusammenhängende Serie von Trancen an jedem Abend im NLP Practitioner gestaltet. Ich gebe positive Suggestionen zur Verarbeitung des erworbenen Wissens und der Fähigkeiten und beleuchte nochmals das Tagesthema aus der »hypnotischen Sicht« .

Gleichzeitig zeige ich modellhaft die unterschiedlichen Möglichkeiten der Tranceinduktion und -utilisation am praktischen Beispiel. Selbstverständlich stelle ich ebenfalls alle Sprachmuster des Milton Modells in der Anwendung vor. Ich verspreche mir davon eine »Anreicherung des subbewussten Anwendungswissens«.

Wenn Du willst, kannst Dir im Internet die Aufzeichnung der Trancen besorgen und mit dem nachfolgenden Trancetext des ersten Tages sehr einfach üben. In dieser Trance geht es hauptsächlich um »Entspannung« Damit kannst Du relativ einfach und schnell einen »hypnotischen Sprachfluss« erwerben. Experimentiere damit und probiere aus, Dein Computer verfügt über ein Mikrofon und eine Aufnahmefunktion…

6.2   Die Trance des ersten Tages

001   »Und wenn Du es Dir dann
002   bequem gemacht hast,
003   wenn Du sitzend, liegend,
004   oder vielleicht sogar im Stehen,
005   genau die richtige Lage
006   für Dich gefunden hast,
007   dann…
008   dann kannst Du ganz einfach
009   Deine Augenlider
010   allmählich
011   immer schwerer werden lassen,
012   so lange immer schwerer,
013b   bis sie sich ganz von selbst schließen.
014   aaahhh

015   …und kannst
016   einen tiefen Atemzug ein nehmen
017   (vormachen)
018   und wahrnehmen,
019   wie beim Ausatmen
020   all die Anspannung,
021   alles das,
022   was Dich in den letzten Minuten
023   und Stunden bewegt haben mag,
024   von Dir fällt
025   aaahhh….

026   jetzt kannst Du einfach loslassen
027   und kannst wahrnehmen,

028 dass Du Dich
029 dem beginnenden, wohligen Gefühl
030 der Entspannung
031 ganz überlassen kannst.

032 und wenn Du willst,
033 kannst Du nun
034 für einen langen Moment
035 Deine Aufmerksamkeit
036 auf die Muskeln
037 in Deinen Schultern lenken,
038 kannst spüren,
039 wie durch Deinen bloßen Willen
040 die Anspannung des Tages
041 nachzulassen beginnt
042 und Deine Schultern
043 Millimeter für Millimeter
044 tiefer und immer tiefer
045 in die Entspannung sinken.

046 dann kannst Du Deinen Kopf
047 mit all den Muskeln
048 und Deinen Nacken,
049 die ihn über den Tag hinweg
050 aufrecht gehalten haben,
051 so zum Entspannung bringen,
052 dass, wenn Du Deinen Kopf
053 ganz leicht zur Rechten
054 und zur Linken
055 und nach vorne
056 und nach hinten bewegst,

057	Du jene perfekte Haltung finden kannst,
058	bei der, wenn Du Dir vorstellst,
059	dass ein Tropfen an Schwerkraft,
060	auf Deinen Scheitel fällt,
061	er gleichmäßig
062	an allen Seiten Deines Kopfes
063	langsam tiefer gleiten würde.
064	So kannst Du
065	die perfekte Balance finden
066	zwischen aufrechtem Sitz oder
067	entspanntem Liegen und
068	einer vollständigen,
069	tiefen Entspannung.
070	und es könnte auch sein,
071	dass Du gerade wahrzunehmen beginnst,
072	wie Deine Atemzüge
073	ganz allmählich
074	tiefer geworden sind
075	und wie als Folge daraus
076	Dein Atem
077	mit zunehmender Entspannung
078	langsamer ein- ...
079	und ausströmt... (Ausatmen vormachen)
080	Und wenn Du dem natürlichen Weg
081	der Schwerkraft
082	weiter, immer tiefer
083	und immer noch tiefer
084	zu folgen beginnst,
085	kannst Du spüren,

086	*wie schwer,*
087	*wie warm,*
088	*wie weich*
089	*Deine Arme*
090	*nun auf ihrer Unterlage ruhen,*
091	*…wie schwer,*
092	*wie weich*
093	*und warm Deine Beine*
094	*geworden sind.*
095	Jetzt,
096	jetzt hat für Dich
097	der Prozess der wirklichen,
098	der tiefen Entspannung
099	begonnen.
100	jetzt kannst Du auch,
101	in dem Bewusstsein,
102	etwas wirklich Gutes
103	für Dich zu tun,
104	einfach und vollständig
105	loslassen,
106	kannst Deinen Körper nun
107	ganz tief
108	in jene Entspannung gleiten lassen
109	und Dein Geist
110	kann schwerelos davonschweben.
111	Dann wirst Du nun
112	auch jenen Zustand wahrnehmen,
113	der zu allen Zeiten
114	als ERWEITERTES BEWUSSTSEIN
115	benannt wurde

116 und kannst Dich
117 in Deiner Vorstellung
118 nun auch auf den Zauberteppich
119 Deiner Fantasie legen
120 und Dich ganz einfach
121 davontreiben lassen,
122 kannst wahrnehmen,
123 wie einzelne,
124 wirklich schöne Erinnerungen,
125 Erinnerungen an so viele gute Gefühle
126 aus den Erlebnissen
127 vergangener Zeiten
128 ihren Weg
129 aus der Tiefe Deiner Seele
130 in Deine Vorstellung finden,
131 und beginnen
132 vor Deinem geistigen Auge aufzutauchen.
133 Und mit einem Lächeln
134 auf den Lippen
135 kannst Du jedes Erlebnis
136 nachdem Du es genossen hast,
137 einfach wieder loslassen,
138 nur, um gleich darauf
139 das nächste
140 an seine Stelle rücken zu lassen.
141 Wunderbar lange Momente
142 kannst Du so jederzeit
143 mit Dir verbringen.
144 Vom einer wunderschönen
145 Erinnerung zur nächsten,
146 und weiter zur nächsten

147 und wieder weiter
148 Dich treiben lassen.

149 Denn von den vielen Erlebnissen
150 Deines Lebens,
151 die Du in Dir trägst,
152 gibt es so viele,
153 die es wert sind,
154 regelmäßig betrachtet zu werden,
155 wahrgenommen zu werden
156 und die guten Gefühle
157 wieder zu erinnern,
158 die dieses Erinnern
159 für Dich mit sich bringt.

160 Und weißt Du,
161 Dein Freund
162 auf der anderen Seite,
163 er, der über den Tag hinweg
164 immer nahe genug gewesen ist,
165 um alles wahrzunehmen,
166 was um Dich und in Dir
167 geschehen ist,
168 er, der Dir hilft Dir
169 im Verborgenen
170 das zu erreichen
171 was Du Dir als Deine Träume und Ziele
172 vor Deinem geistigem Auge
173 geschaffen hast.
174 Es ist jener Freund,
175 der seine leise Stimme

176 oft genug erhebt,
177 nur um feststellen zu müssen
178 dass er im Trubel des Alltags
179 selten genug Gehör findet,
180 weil Du so oft anderweitig
181 mit Dir selbst beschäftigt bist...

182 Stell Dir vor,
183 wie viel Raum Du ihm
184 gerade in diesem Moment gibst,
185 treibend
186 zwischen Zeit und Raum,
187 gleitest Du dahin,
188 auf dem Zauberteppich Deiner Fantasie
189 und jetzt,
190 vielleicht gerade jetzt
191 kannst Du seine leise Stimme hören
192 und kannst wahrnehmen,
193 was er Dir wieder einmal sagen will,
194 in jenem Zustand
195 der losgelösten,
196 tiefen geistigen
197 und körperlichen Entspannung.

198 ... und weil Du alle
199 die wirklich guten Gefühle
200 aus Deinem Leben
201 jetzt so deutlich
202 wahrnehmen kannst,
203 jetzt, wo Du die Stimme
204 Deines Freundes

205	auf der anderen Seite
206	mehr intuitiv erahnst
207	als sie wirklich in Dir zu hören,
208	jetzt, bist Du in einem Zustand,
209	der zu den großen Geheimnissen
210	der Menschheit gehört.
211	Jetzt hast Du Deine inneren
212	und äusseren Antennen
213	in einer Art und Weise
214	so unwiederbringlich
215	auf EMPFANG geschaltet,
216	dass Du wahrnehmen kannst,
217	dass sich der Fokus
218	Deiner bewusstenWahrnehmung
219	im Verlaufe der letzten Minuten,
220	unmerklich zuerst,
221	und doch Stückchen für Stückchen,
222	Erlebnis um Erlebnis,
223	für Dich verändert hat,
224	begonnen hat,
225	sich mehr und mehr
226	auf die POSITIVEN Dinge des Lebens
227	zu richten.
228	Es kann sogar sein,
229	Dass Du vielleicht
230	in Zukunft
231	mehr von dem zu TUN beginnst,
232	was Dir auf so einfache Art und Weise
233	so viele gute Gefühle macht.

234	So könnte es auch sein	
235	dass es vielleicht in Zukunft	
236	auf die eine oder andere Art und Weise	
237	immer einfacher für Dich werden kann,	
238	herauszufinden, dass,	
239	nachdem Du gelernt hast,	
240	was zu lernen war,	
241	Du all jene Erlebnisse,	
242	die in Deiner Wahrnehmung	
243	etwas weniger positiv verlaufen sind,	
244	ganz einfach	
245	und mit der Hilfe	
246	Deines Freundes auf der anderen Seite	
247	dem ewigen Vergessen	
248	anheimfallen lassen kannst.	

249 Spüre nur,
250 wie angenehm es sich anfühlen kann
251 mit so vielen guten Gefühlen,
252 ganz tief entspannt
253 durch Zeit und Raum zu treiben
254 und Dir zu wünschen
255n in Zukunft noch viel mehr
256 davon haben zu können.

257 Und denke Dir,
258 Dein Freund auf der anderen Seite
259 er, der immer nahe genug ist
260 Deinen Wunsch auch jetzt zu hören
261 er freut sich
262 Dir in Zukunft

263 mehr und immer noch mehr
264 jederzeit
265 zu Hilfe zu eilen.
266 Du brauchst nur zu hören
267 was er Dir sagt,
268 und kannst ihn doch
269 seine verborgene Arbeit
270 tun lassen.
271 Er rät Dir immer gut
272 Du musst dafür nur tun,
273 was Dir die Einsicht gebietet.
274 Denn meistens
275 weisst Du ja ganz genau,
276 auch bei den schwierigen Entscheidungen
277 im Leben,
278 was Dir gut täte,
279 und was das Richtige
280 für Dich wäre.

281 Und vielleicht kannst Du
282 dann auch feststellen
283 dass Du mit der Hilfe
284 Deines Freundes auf der anderen Seite
285 in Zukunft
286 alle Deine WIRKLICH GUTEN Entscheidungen
287 mit unbedingter Motivation
288 weiter verfolgen wirst,
289 und dass das gute Gefühl,
290 das Du dabei hast,
291 sehr viel stärker werden wird.
292 Es ist jenes Gefühl,

293 das Dir zeigt,
294 wie gut es sich anfühlen kann,
295 auf dem richtigen Weg zu sein.
296 Du brauchst Deinen Freund nur
297 seine hilfreiche Arbeit tun lassen.
298 aahh

299 Und dann
300 ganz allmählich
301 kannst Du beginnen,
302 Dich aus jenem wunderbaren Zustand
303 langsam zu lösen,
304 kannst einen tiefen Atemzug
305 nehmen (Einatmen vormachen)
306 und mit Deinem Geist beginnen
307 allmählich zurückzufinden,
308 zurück, hierher
309 in ein anderes Jetzt
310 kannst Dich ein bisschen strecken
311 und dehnen
312 und wenn Du willst,
313 mit Dir
314 und den vielen guten Gefühlen
315 noch einen Moment
316 der Musik lauschen.
317 So kannst Du allmählich
318 in Deiner Geschwindigkeit
319 zurückfinden
320 und wenn es sich
321 dann ganz richtig für Dich anfühlt,
322 allmählich Deine Augen

323 wieder öffnen
324 und mit einem Lächeln
325 auf den Lippen
326 wahrnehmen,
327 dass, obwohl Du Deinen Zustand
328 in Richtung Wachheit
329 verändert hast,
330 die vielen guten Gefühle
331 immer noch ganz präsent
332 in Dir sind
333 und dass,
334 obwohl die alte Realität
335 um Dich herum
336 immer noch vorhanden scheint,
337 dass in Deinem Inneren
338 wichtige Dinge geschehen sind,
339 die für immer so bleiben
340 oder noch viel intensiver
341 werden können,
342 ganz wie es richtig für Dich ist.
343 ahhhhhh«

KAPITEL 7

Die Elman Induktion

7.1. Einige Bemerkungen vorab

In meiner täglichen Praxis als Trainer und Berater begegne ich häufig Menschen, die mit etwas Ahnung von hypnotischen Prozessen ihrer Tätigkeit sehr viel wirksamer nachgehen könnten. Ob es die Hebamme ist, die durch Suggestionen zu einer schmerzloseren Geburt beitragen kann, oder ob der Zahnarzt bei seinen Patienten weniger bis gar kein Anästhetikum für seine Arbeiten bräuchte — bestimmt kennst auch Du viele Fälle, wo schon die grundlegende Kenntnis hypnotischer Prozesse sehr hilfreich wäre.

So bin ich darauf gekommen, eine leicht fassliche Anleitung zu schreiben, die wichtige Suggestionen im Kontext erklärt und Dich Schritt für Schritt durch den Prozess einer hypnotischen Induktion führt. Ich mache diese kleine Anleitung öffentlich, weil JEDER, der es sich zutraut, sie anwenden kann und soll — und sei es nur zur Autosuggestion, die bei Dir selbst genau so gut hilft, wie die Fremdsuggestion bei Anderen.

Dave Elman definiert Hypnose als einen Bewusstseinszustand bei welchem der Hypnotiseur mit geeigneten Suggestionen die Urteilsfähigkeit des Patienten umgeht und selektives Denken an seine Stelle setzt. Als Urteilsfähigkeit des Geistes befindet er jenen Teil des Denkvorganges, der Glaubenssätze etabliert, Meinungen bildet und Urteile fällt. Dieser Teil unterscheidet zwischen heiß und kalt, gut und böse, wahr und unwahr, hell und dunkel. Er gestaltet Deine reale Welt. Wenn es Dir (nach Elman) gelingt, die Kritikfähigkeit Deines Patienten so zu umgehen, dass er nicht mehr zwischen heiß und kalt, gut und böse, wahr und unwahr, hell und dunkel unterscheidet, kannst Du Dir die Macht des selektives Denken mit vielen Vorteilen zu Nutze machen. Selektives Denken ist das, was Du unbedingt und von ganzem Herzen glaubst. Wenn Du beispielsweise glaubst, dass Du keinen Schmerz fühlen wirst, und dies unbedingt glaubst, wirst Du keinen Schmerz fühlen. Beim leisesten Zweifel jedoch wird dieses selektive Denken verschwinden, die Urteilsfähigkeit wird nicht länger umgangen, Du wirst den Schmerz wieder normal fühlen. Selektives Denken verschwindet nicht nur bei Zweifel, sondern auch bei Angst. Wir suchen deshalb in der hypnotischen Induktion nach Wegen, ein Klima der Vertrautheit und Sicherheit zu erzeugen. Mit den richtigen Suggestionen kannst Du in entspannter Atmosphäre einfach selektives Denken induzieren.

EIN Weg dahin besteht in der Suggestion der AKTIVEN und ASSOZIIERTEN Vorstellung des Betreibens einer Tätigkeit. Aktiv und assoziiert sind Begriffe aus dem NLP. Aktiv bedeutet, dass in der Vorstellung des Patienten ein bewegter Film läuft, assoziiert bedeutet, dass der Patient die Tätigkeit wie durch seine eigenen Augen wieder erlebt. Unser Gehirn ist nicht in der Lage, zwei Tätigkeiten assoziiert ausführen, wenn (und das ist der kritische Punkt) Du vorher eine geeignete Suggestion (Preframe) gegeben hast.

In diesem Kapitel habe ich die hypnotische Induktion und die Utilisation mit Anästhesie in fünfzehn Unterschritte gegliedert, die ich jeweils, wo ich es für notwendig erachte mit einem Kommentar versehe. Die einzelnen Suggestionen habe ich nach Möglichkeit in den Atemmustern des Patienten umbrochen. Deine Suggestionen sind viel wirksamer, wenn Du sie auf den Atemrhythmus Deines Gegenübers legst und eine kleine Pause jeweils am Scheitelpunkt des Ein- und Ausatmens machst. Drei Punkte jeweils am Anfang der Kolumne deuten dies an. Jeder Schritt ist in der ausführlichsten und trotzdem einfachsten Form wiedergegeben. Mit zunehmender Erfahrung wirst Du feststellen, dass es kürzere Wege gibt, dasselbe Ziel zu erreichen. Es führen genauso viele Wege nach Rom, wie es Möglichkeiten gibt, die Ziele der einzelnen Schritte zu erreichen.

Selbst ein erfahrener Hypnotiseur wie Dave Elman benutzte viele unterschiedliche, an den Kontext angepasste Suggestionskombinationen, um sein Ziel zu erreichen.

7.2. Die fünf Elman-Signale der Trance

1. Warme Hand
kalte Hand…
»kann sich nicht für Hypnose erwärmen«
heiße, feuchte Hand
»kann Widerstand leisten«

2. Flattern der Augenlider

3. Vermehrter Tränenfluss

4. Das Augenweiß wird durch vermehrte Durchblutung rot.

5. Die Augen verdrehen sich bei geschlossenen Lidern nach oben
(bei vielen Menschen).

7.3. Die Bestandteile der Elman Trance

1. Preframe
2. Augenschluss
3. Testen auf Augenschluss
4. Preframe für körperliche Entspannung
5. Einleiten der Körperlichen Entspannung
6. Vertiefen der körperlichen Entspannung
7. Testen der vollständigen körperlichen Entspannung
8. Preframe für geistige Entspannung
9. Einleiten der Geistigen Entspannung
10. echter Somnambulismus bei Aphasie
11. Preframe für die hypnotische Anästhesie
12. Einleiten der hypnotischen Anästhesie
13. Testen der hypnotischen Anästhesie
14. Posthypnotische Suggestionen
15. Aufwecken aus der Trance

Einige hilfreiche Regeln:
Vergiss das Wort »Hypnose« im Umgang mit Deinem Gegenüber. Angst erzeugende Worte wie: scharf, Schmerz, Stich, Nadel, usw. haben während Deiner Hypnosesitzung ebenfalls nichts in Deinem Wortschatz zu suchen. Erzeuge vielmehr ein angenehmes Klima der Entspannung und des Vertrauens. Auch die Umgebung im Zimmer ist wichtig. Ich verweise Dich für mehr Information auf Kapitel 3.3 in dem ich die Regeln für das Setting ausgeführt habe.

7.3.1. PREFRAME

001 » Ich habe festgestellt,
002 ... dass wir Menschen im Leben
003 ... oft sehr angespannt sind
004 ... Anspannung und Stress jedoch lassen uns
005 ... die unangenehmen Dinge viel deutlicher fühlen.
006 ... Wenn ich Dir hier und jetzt
007 ... eine ganz einfache Methode beibringen könnte,
008 ... Dich schnell und tief zu entspannen,
009 ... würde Dir das vermutlich gefallen
010 ... nicht wahr?

7.3.2. AUGENSCHLUSS

Du kannst mit dem Zeigefinger oder mit Deiner Hand den Augen Deines Gegenübers vorgeben, WIE weit geöffnet oder geschlossen sie sein sollen.

011 ... öffne also Deine Augen jetzt
012 ... etwas weiter als sonst,
013 ... atme ein und
014 ... halte den Atem kurz an
015 ... und während Du ausatmest,
016 ... kannst Du die Muskeln
017 ... an beiden Seiten Deiner Augenlider
018 ... so weit entspannen

Ab hier wirst Du wahrscheinlich bereits die ersten Trancesignale bei Deinem Gegenüber wahrnehmen: Lidflattern, die Augäpfel gehen nach oben.

019 ... daß Deine Augenlider
020 ... ganz von selbst nach unten sinken.

021 … Entspanne Deine Muskeln so weit
022 … daß Deine Lider
023 … einfach geschlossen bleiben.

7.3.3. TESTEN AUF AUGENSCHLUSS

024 … Und wenn Du dann ganz sicher bist
025 … dass Deine Augenmuskeln aufgehört haben
026 … zu arbeiten,
027 … daß Deine Lider geschlossen bleiben
028 … kannst Du ganz einfach herausfinden
029 … wie sehr Deine Augenmuskeln
030 … entspannt sind
031 … wenn Du versuchst,
032 … Deine Augenlider zu öffnen.

Wenn Dein Gegenüber die Augen öffnet, kannst Du mit erneuten Suggestionen die Augenlider weiter entspannen, bis sie schließlich geschlossen bleiben. Dann gehst Du zu Schritt 4.

033 … Denn je mehr Du versuchen wirst.
034 … sie zu öffnen,
035 … desto mehr wirst Du feststellen
036 … dass sie geschlossen bleiben.
037 … Genau, versuche es ruhig,
038 … probiere es.
039 … So entspannt sind nun Deine Augenlider
040 … daß sie einfach geschlossen bleiben.

7.3.4. PREFRAME FÜR KÖRPERLICHE ENTSPANNUNG

041 … Ist es nicht angenehm
042 … sich so einfach

043	... zu entspannen?

7.3.5. EINLEITEN DER KÖRPERLICHEN ENTSPANNUNG

044	... Und so
045	... wie sich Deine Augenlider
046	... entspannt haben,
047	... genauso kann
048	... dieses Gefühl der Entspannung
049	... vom Scheitel
050	... durch Deinen ganzen Körper hindurch
051	... nach unten
052	... bis in die Spitze
053	... Deiner Zehen sinken.
054	... Ja genau,
055	... tiefer und immer tiefer.

7.3.6. VERTIEFEN DER KÖRPERLICHEN ENTSPANNUNG

056	... und gleich ,
057	... wenn ich es sage,
058	... wirst Du Deine Augen öffnen
059	... und wenn Du sie dann
060	... zum zweiten Mal schließt,
061	... wirst Du Dich
062	... zehnmal so tief entspannen.
063	... Öffne JETZT Deine Augen
	Halte Deine Hand vor die Augen Deines Gegenübers und bewege sie nach oben und wieder nach unten.
064	... und schließe sie wieder
065	... ja genau

066 … entspanne Dich vollständig,
067 … lass Dich von einer weichen
068 … wohlig warmen Decke
069 … vollständiger Entspannung
070 … einhüllen.
071 … Und wenn wir gleich
072 … den ganzen Vorgang
073 … zum dritten Mal wiederholen
074 … kannst Du
075 … den Zustand Deiner Entspannung
076 … ganz einfach nochmals verdoppeln

Wieder bewegst Du erneut Deine Hand vor den Augen Deines Gegenübers nach oben und wieder nach unten.

077 … öffne Deine Augen jetzt
078 … und schließe sie wieder
079 … spüre, wie Du jetzt vollständig
080 … und tief entspannt bist
081 … jaaaaa
082 … tiefer und sogar immer noch tiefer
083 … kannst Du Dich sinken lassen

7.3.7. TESTEN DER KÖRPERLICHEN ENTSPANNUNG

084 … und als Beweis
085 … wie entpannt Du jetzt bist
086 … werde ich gleich Deine Hand nehmen

TIMING: erst ankündigen, dann ausführen

087 … und hochheben
088 … und wenn ich sie loslasse
089 … wird sie schwer wie ein nasser Sack
090 … nach unten fallen.

JETZT nimmst Du die Hand und lässt sie fallen.

091 … spüre, wie enspannt Du bist.

Ist die Entspannung vollständig, reicht ein einmaliges Heben und Fallenlassen des Armes. Wenn Dein Gegenüber mithilft, wiederholst Du die Suggestionen zur körperlichen Entspannung ab Schritt 6

7.3.8. PREFRAME FÜR GEISTIGE ENTSPANNUNG

092 … Jetzt, wo Dein Körper
093 … so vollständig und tief entspannt ist
094 … möchte ich Dir zeigen
095 … wie Du genauso einfach und schnell
096 … auch Deinen Geist entspannen kannst.
097 … Ich werde Dich gleich,
098 … wenn ich es sage,
099 … bitten, zu zählen zu beginnen
100 … gleich - wenn ich es sage -
101 … von Hundert an rückwärts
102 … zu zählen.
103 … Jedes Mal, wenn Du eine Zahl sagst
104 … wird sich Deine Entspannung verdoppeln.
105 … Wenn Du nach achtundneunzig
106 … hinunter gezählt hast
107 … wird Dein Geist so entspannt sein
108 … daß da einfach keine Zahlen
109 … mehr da sind.
110 … Beginne mit der Idee,
111 … daß es geschieht
112 … mach, daß es geschieht
113 … und beobachte,

	114	… wie es geschieht.

7.3.9. EINLEITEN DER GEISTIGEN ENTSPANNUNG

	115	… Zähle jetzt LAUT abwärts
	116	… und stell Dir vor,
	117	… wie die Zahlen verschwinden
		Dein Gegenüber beginnt zu zählen: „Einhundert …"
	118	… verdopple Deine Entspannung
	119	… mach, daß es geschieht
		Gegenüber: „Neunundneunzig …"
	120	… lasse sie verschwinden,
	121	… löse sie auf,
	122	… radiere sie aus
	123	… verdopple nun Deine Entspannung erneut
	124	… beobachte, wie die Zahlen verschwinden
	125	… beobachte, wie die Zahlen verschwinden.
		„Achtundneunzig …"
	126	… JETZT sind sie verschwunden.
	127	… JETZT sind sie ALLE weg …

7.3.10. ECHTER SOMNAMBULISMUS

	128	… Du musst die Zahlen
	129	… verschwinden lassen
	130	… ich kann es nicht für Dich tun
	131	… deshalb werde ich
	132	… in einem Moment
	133	… Deinen Arm heben
	134	… und ihn wieder fallen lassen

135	... und wenn ich das tue	
136	... wird augenblicklich	
137	... der Rest der Zahlen aus Dir herausfallen	
138	... verschwinden,	
139	... sich auflösen.	
140	... Verlange, daß alle Zahlen verschwinden	
141	... beobachte, wie sie verschwinden	
142	... JETZT sind sie verschwunden ...	

Bei JETZT nimmst Du seine Hand, hebst sie und lässt sie wieder fallen. Achte darauf, daß die Hand in seinen Schoß fällt. Teste auf das Vorhandensein des ECHTEN Somnambulismus mit der Frage (...sind sie JETZT verschwunden). Wiederhole die Frage so oft, bis die Zahlen wirklich verschwunden sind.

7.3.11. PREFRAME FÜR DIE HYPNOTISCHE ANÄSTHESIE

143	... jetzt bist Du im besten Zustand
144	... für Deine Behandlung
145	... so tief entspannt

Ich empfehle, vor der eigentlichen Suggestion für Anästhesie eine allgemeine Suggestion zur Entspannung einzustreuen. Sie macht Vieles während der anschließenden Behandlung leichter. Hier der Text:

146	... magst Du wahrnehmen
147	... was um Dich herum geschieht
148	... und es ist Dir einfach egal,
149	... Du kannst jetzt
150	... endlich einmal Urlaub von Dir
151	... haben
152	... lass uns also beginnen
153	... in wenigen Augenblicken

154	... werde ich
155	... über Deinen Arm streichen
156	... und Du kannst selbst wahrnehmen
157	... wie schnell Dein Arm
158	... vollständig taub werden wird
159	... während Du in Deinem angenehm
160	... entspannten Zustand bleibst

7.3.12. EINLEITEN DER HYPNOTISCHEN ANÄSTHESIE

161 ... jetzt

Bei JETZT streichst Du mit Deiner Hand mehrmals über den Arm des Gegenübers.

162	... spürst Du
163	... wie Dein Arm
164	... allmählich taub wird
165	... mehr und mehr
166	... JETZT ist Dein Arm
167	... vollständig taub

7.3.13. TESTEN DER HYPNOTISCHEN ANÄSTHESIE

168 ... kannst Du noch die Stelle spüren?
169 ... an der ich Dich berühre?

Nimm eine Watteklammer oder etwas Spitzes und teste den Grad der Anästhesie. Wenn Sie für ausreichend ist, kannst Du mit Deiner Behandlung beginnen. Wenn die Anästhesie nicht ausreicht, wiederhole Schritt 12 oder nutze einen Bruchteil des Anästhetikums und beginne dann mit Deiner Behandlung.

170 ... Behandlung

171	... Behandlung
172	... Behandlung

7.3.14. POSTHYPNOTISCHE SUGGESTIONEN ZUR HEILUNG

In einer echten somnambulistischen Trance ist Dein Gegenüber hoch suggestibel. Das gilt auch für indirekte Suggestionen. Deshalb empfehle ich, JEDE Trance und Behandlung mit einer positiven und auf einen schnellen Heilungsverlauf abzielenden Suggestion zu beenden.

173	... und wenn Du gleich wieder
174	... hierher zurückkehrst
175	... wird die Taubheit in Deinem Körper
176	... ganz und vollständig
177	... verschwunden sein
178	... Du wirst Dich wundervoll fühlen
179	... ausgeruht,
180	... wie nach einem langem Schlaf,
181	... Deine fünf Sinne werden besser arbeiten,
182	... als jemals zuvor.
183	... Du wirst schärfer sehen
184	... besser hören
185	... mehr schmecken, riechen und fühlen.
186	... und Dein Körper wird auf das
187	... was wir in den vergangenen Minuten
188	... gemacht haben
189	... mit überraschender und
190	... schneller Heilung reagieren.
191	... denn Dein Körper weiss von selbst
192	... und am Besten,
193	... was er tun muss
194	... damit er perfekt funktionieren kann

7.3.15. AUFWECKEN AUS DER TRANCE

195 … und wenn Du dann,
196 … auf der bewussten
197 … und unbewussten Ebene
198 … weisst, daß all das eintreten wird
199 … dann und erst dann
200 … kannst Du Deine Augen öffnen
201 … und mit bester Laune und ausgeruht
202 … hierher zurück kommen.
203 … öffne jetzt Deine Augen JETZT
204 … wie geht es Dir?

KAPITEL 8

Selbsthypnose

8.1. Ein einfacher Weg zur Entspannung

Jeder, auch Du, kann sehr einfach mit Selbsthypnose experimentieren. Du kannst damit wirklich überraschende hypnotische Zustände und Erfolge erzielen. Meine zentrale Erkenntnis aus 25 Jahren Erfahrung mit diesem Thema: Dein Unbewusstes will stets Dein Bestes für Dich erreichen. Deshalb wird Dir bei Deinen Experimenten nichts Unangenehmes passieren und Du wirst jede Menge lernen. Was willst Du mehr? Einfach und positiv – wenn die Welt immer so gestaltet wäre, nicht wahr?

Wenn ich im Internet nachschlage, finde ich meistens die Ankündigung, Selbsthypnose wäre schwer erlernbar, das Lernen würde lange dauern und müsste von einem FÄHIGEN TRAINER gelehrt werden. Meist kosten die Angebote für Workshops oder Einzelsitzungen auch viel Geld. Hmmm, warum heißt es dann SELBST-Hypnose? Lass Dich nicht veräppeln, Deine Experimente mit hypnotischen Techniken sind kostenlos, einfach und lohnend. Ich zeige Dir in diesem Kapitel einen einfachen und direkten Weg. Damit wirst Du viel über Dich erfahren, ohne viel Geld ausgeben zu müssen.

Damit Du im Leben funktionieren kannst, gibt es Dein Bewusstsein. Es stellt Dir alle Informationen zur Verfügung, die Du brauchst, um Dein Leben erfolgreich und glücklich zu führen. Dein bewusstes Denken bildet leider auch Muster, die eher hinderlich als fördernd wirken. Denke nur an Deine limitierenden Glaubenssätze, die Dir im Leben manche Hürde schaffen. Es wäre also gut, viele dieser Hürden zu überwinden und ohne die vielen bewussten oder unbewussten Limitierungen zu arbeiten. Dein

Bewusstsein wirft sie Dir ja ständig und meist unmerklich als Knüppel zwischen die Beine. Die Technik der Hypnose öffnet das Tor zu Deinem Unterbewusstsein. Dort herrschen genau die Voraussetzungen, die Du brauchst: unbegrenztes Vertrauen in Deine Fähigkeiten und der starke Wille, alles und jedes, das Dir nützt, in die Tat umzusetzen.

Warum verlässt Du also nicht einfach einmal die Bereiche Deines bewussten Alltagsdenkens und unternimmst spannende Ausflüge in die Zustände Deines ERWEITERTEN Bewusstseins? Viele dieser Zustände kennst Du längst aus dem Alltag: Gedankenverloren in den Sonnenuntergang sehen – Selbsthypnose. Film im Kino ansehen und sich darin verlieren – Selbsthypnose. An der Ampel bei Grün nicht losfahren, sondern in Gedanken verloren sich vom Gegenüber anhupen lassen – Selbsthypnose. Am Lagerfeuer über Raum, Zeit und die großen Fragen des Lebens sinnieren – Selbsthypnose.

Dein Leben ist voller solcher hypnotischer Zustände der unterschiedlichsten Art und Intensität. Wenn Du diesen GLAUBENSSATZ in Dein Leben übernimmst, kann er zu ziemlich coolen Ergebnissen führen. Beobachte nur einmal einen Sportler, wie er seine Höchstleistungen erreicht. Sieh einem Golfer zu, wie er den Ball über weite Strecken direkt ins Loch treibt. Oder oder oder... Die Wahl der richtigen Trance scheint das Hilfsmittel erfolgreicher Menschen zu sein, damit sie ihre Höchstleistungen im Leben erreichen.

Wenn Du mir in diesem Glaubenssatz folgst, brauchst Du nur den für Deine Situation entsprechenden Trancezustand zu erreichen und für Dich zu nutzen. Nur welche Trance ist für welches Ergebnis die richtige? Ich meine, es lohnt sich, mehr Bewusstsein für die Qualität Deiner entsprechenden Trancezustände zu entwickeln und damit zu experimentieren. Dazu brauchst Du keine zusätzliche Hilfe von jemand Anderem. Damit Du schnell mit Deinen Experimenten beginnen kannst, habe ich Dir einige der wichtigsten Grundregeln in diesem Kapitel zusammengestellt. Damit kannst Du die ersten Schritte tun und bist schnell gut unterwegs.

8.1.1. VON DER AFFIRMATION ZUR SUGGESTION

Eine Affirmation ist ein laut oder in Gedanken gesprochener Satz mit positivem Inhalt und positiver Absicht. Da kannst Du viel von den Asiaten lernen. Du wiederholst ihn oft und nutzt ihn wie ein Mantra. Ein Mantra bezeichnet bei den Asiaten eine heilige Silbe, ein heiliges Wort oder einen heiligen Vers. Mantren werden als Klangkörper einer spirituellen Kraft betrachtet, die sich durch Wiederholung im Diesseits manifestieren sollen. Mantras kannst Du sprechen, flüstern, singen oder in Gedanken rezitieren. Du kannst sie auch aufschreiben und in dieser Form auch essen. Das ist doch einmal eine interessante Idee zum Ausprobieren. Neben dieser fast religiösen Erklärung aus Asien gibt es auch noch eine logische Erklärung: Affirmationen wirken, weil ihre Inhalte und Absichten allmählich ihren Weg in Dein Unterbewusstsein finden.

Affirmationen sind ein fester Bestandteil vieler Kulturen und Religionen, nicht nur der fernöstlichen. Schon lange ist bekannt dass Affirmationen wichtige Bereiche Deines Lebens beeinflussen, solche, die Dir anders nicht zugänglich sind. Sie können zum Beispiel Prozesse der Heilung anregen und beschleunigen. Aus meiner Erfahrung kann ich Dir die Geschichte der ersten Nutzung meines selbst geschmiedeten Küchenmessers erzählen. Die Schneide landete unwillkommener Weise in der Spitze meines linken Zeigefingers. Als das Blut hervorzuquellen begann, sagte ich zu meinem Zeigefinger, mehr erschrocken, als mit Bewusstsein: »Blut stoppt, Finger heilt...Ahhhh!« Siehe da, das WUNDER geschah. Wie auf ein geheimes Kommando hin stoppte die Blutung sofort. Ich brauchte nicht einmal ein Pflaster. Ist das nun eine Affirmation, ein subbewusstes Kommando oder eine hypnotische Suggestion? Egal, wie Du es nennst, es hatte einen wirksamen, positiven Effekt und ich habe eine Menge gelernt.

Durch die Notwendigkeit der häufigen Wiederholung ist der Prozess der Affirmation manchmal mühselig in der Anwendung. Genau hier kommt die Selbsthypnose ins Spiel. Mit ihrer Hilfe kannst Du die Wirkung Deiner Affirmation um ein Vielfaches erhöhen. Sie wird in Fachkreisen dann SUGGESTION genannt. Und über Suggestionen hast Du im Kapitel 4.5 schon eine Menge gelernt. Suggestionen werden viel schneller verinnerlicht und umgesetzt, als Affirmationen.

8.2. Was Du mit Selbsthypnose erreichst

Positive Suggestionen werden bei der Selbsthypnose direkt an Dein Unbewusstes geliefert. Auch jene, die Du mit dem Etikett unwahrscheinlich oder unrealistisch belegt haben magst. In Kapitel 4.4.3 habe ich Dir erklärt, dass Dich im Leben eine KRITISCHE INSTANZ davon abhält, mit allen Kräften an Deinem Erfolg zu arbeiten. Suggestionen in Trance müssen den Umweg über diese Filter Deiner hinderlichen Glaubenssysteme nicht nehmen. Mit Selbsthypnose kannst Du auch körperliche Prozesse direkt beeinflussen. Sieh Dir nur einmal mein Projekt der UNHEILBAREN GESUNDHEIT an. Ich habe dieses Projekt realisiert um Menschen mit schweren Krankheiten die Möglichkeit zu geben, mit Selbsthypnose ihr Los zu erleichtern. Es steht jedem Menschen, der damit experimentieren will, auf meiner Webseite kostenlos zur Verfügung.

Mit Deinen Experimenten zur Selbsthypnose nutzt Du Techniken, die in anderen Kulturen jahrzehntelange Erfahrung in Yoga oder Meditationstechnik voraussetzen. Wenn Du diese Techniken öfters anwendest, werden Deine Suggestionen im Verlaufe der Zeit viel direkter ausgeführt. Jedenfalls, soweit sie im Bereich des biologisch Möglichen liegen. Und glaube mir, da ist sehr viel mehr möglich, als Du glauben willst, oder Dir vorstellen kannst. Willst Du ein paar Anregungen, wo und wie Dir Selbsthypnose helfen kann?

Du kannst beispielsweise mit der Elman Induktion (Kapitel 7) auf ein kurzes Kommando hin chronische Schmerzen bei Dir abschwächen oder vollständig eliminieren. Du kannst mit einer Fast Phobia Cure (Kapitel 9) Deine Angst und Deinen Stress abschwächen oder ganz abschalten. Du kannst mit entsprechenden Suggestionen besser fokussieren und länger konzentriert arbeiten. Du kannst Dir einen ERLEBNISFILTER konstruieren, der Deine Realität bunter und intensiver gestaltet. Du kannst eine VERGESSENE FREMDSPRACHEN wieder aktivieren. Ich meine, eigentlich alle Bereiche in Deinem Leben, kannst Du mit Selbsthypnose positiv beeinflussen.

8.3. Ablauf Deiner Selbsthypnose

Ich erkläre es Dir im Fachjargon der Hypnose: Du induzierst zuerst eine Trance und ankerst sie dann mit einem visuellen Anker oder – noch effektiver – mit einem Schlüsselwort. Deine Kunst besteht darin, genau jenen Trancezustand zu finden, der in einer gegebenen Situation am besten für Dich funktioniert. Ich beschreibe Dir nachfolgend eine Technik, die Du leicht selbst anwenden und für Deine Bedürfnisse anpassen kannst. In diesem Beispiel kannst Du damit experimentieren, den Zustand von FLOW zu erreichen, zu ankern und dann zu nutzen, wann immer Du ihn brauchst. Du kennst bestimmt jene Augenblicke, in denen Du Dich in diesem Zustand verlierst. Denke nur einmal daran, in welchem Zustand Du Dich befindest, wenn Du einige Minuten mit der Hand geschrieben hast. Sei es nun Dein Tagebuch oder vielleicht ein längerer Brief. Plötzlich fließt es. Ich habe mir einen eigenen Anker dafür geschaffen und gelange schnell in diesen Zustand, wenn ich DIE KUNST DER FUGE von J. S. Bach höre, während ich arbeite. Das ist ein auditorischer Anker. Ich löse ihn aus und plötzlich fließt es.

Wahrscheinlich kennst Du auch Augenblicke, in denen Dein Geist plötzlich umschaltet und Deine andere Seite das Reglement übernimmt. Wenn Du glaubst, einen solchen Zustand noch nicht erlebt zu haben, stelle Dir einfach vor, in einen solchen Zustand einzutauchen, das funktioniert genau so gut.

8.4. Selbsthypnose mit Autogenem Training

Der Berliner Psychiater Johannes Heinrich Schultz beobachtete schon 1920, dass die zunehmende Technisierung und die Methoden der Arbeitsteilung zu einer ENTPERSONALISIERUNG der Großstadtmenschen führt. Er beobachtete ein Phänomen, das man später in Fachkreisen mit dem Anglizismus STRESS benannte. Er überlegte sich eine Methode, diesem Stress wirkungsvoll zu begegnen und nannte sie AUTOGENES TRAINING. Das autogene Training ist eine auf Autosuggestion basierende Entspannungstechnik.

In den 20er Jahren war das Thema der Entspannungstechniken zum Auflösen von Stress und Verspannung ganz neu. Heute sind verschiedene Methoden der geistigen und körperlichen Entspannung für viele Menschen zu einem wichtigen Bestandteil des Alltagslebens geworden.

8.4.1. WAS IST AUTOGENES TRAINING?

Schultz hat die Beschreibung des Autogene Trainings 1932 in seinem Buch »*Das autogene Training*« publiziert. Er setzte sich eine vollständige Entspannung des Körpers aus sich selbst heraus zum Ziel. Schultz wusste um die Kraft der Suggestionen. Sie war Teil seiner Arbeit als Hypnosearzt. Er entwickelte mit dem autogenen Training eine Technik, die unabhängig von der damals neuen »indischen Mode«, und unabhängig vom jeweiligen kulturellen Umfeld und der jeweiligen Weltanschauung anwendbar sein sollte. Damit schuf er, rückwirkend betrachtet, eine »typisch deutsche« Methode der gründlichen Entspannung.

Das muss jedoch für Dich keineswegs ein Nachteil sein. Schultz machte in seiner Praxis die Erfahrung, dass ALLE

Menschen, denen er seine Methode nahe brachte, in der Lage waren, einen Zustand tiefer körperlicher und geistiger Entspannung, alleine und nur mit Hilfe ihrer Vorstellung zu erreichen.

8.4.2. DIE STRUKTUR DES AUTOGENEN TRAININGS

Die Technik des autogenen Trainings ist einfach. Du begibst Dich in eine bequeme Lage. Dabei kannst Du Dir eine von zwei Positionen auswählen. Die eine ist aufrecht angelehnt, die andere ist die liegende Position. Im Geiste sprichst Du dann eine Reihe von Sätzen (Suggestionen). Sie lenken Deinen Fokus auf die vollständige Entspannung Deines Körpers.

Schultz lehrt eine Grundstufe und einige Aufbaustufen. In diesem Kapitel stelle ich Dir die Grundstufe vor. Ich habe sie für den Gebrauch in der Selbsthypnose etwas erweitert. Im Verlaufe der Beschreibung gebe ich Dir auch eine vollständige Anleitung mit hilfreichen Kommentaren. Sie erleichtern Dir das Üben. Das autogene Training beschäftigt sich mit drei einfachen Bereichen:

8.4.3. DIE OPTIMALE KÖRPERHALTUNG

Das autogene Training wird von vielen Menschen gerne vor dem Einschlafen angewendet. Auch ich habe die Technik im Liegen erlernt. Bei früheren Erfahrungen mit Meditation und Entspannung gewöhnte ich mir an, auf dem Rücken liegend, nicht einzuschlafen. Damit konnte ich sehr tiefe Entspannungszustände im Liegen erfahren, ohne in den Schlaf hinüber zu gleiten. Wenn ich vor dem Einschlafen mit der Übung fertig bin, drehe ich mich einfach zur Seite und bin in wenigen Minuten fest eingeschlafen. So vertieft und harmonisiert das autogene Training meinen Nachtschlaf. Am Morgen wache ich entspannt, ausgeruht und mit viel mehr Energie als sonst auf. Wenn Du auf dem Rücken liegend übst, liegen beide Hände neben Dir auf der Unterlage. Im Yoga bezeichnet man diese Position als «toter Mann". Du kannst Deine Arme auch entspannt auf den Beckenknochen ruhen lassen.

Wenn Du mit dem Üben beginnst, willst Du das autogene Training vielleicht im Sitzen erlernen. Die zwei sitzenden Körperhaltungen nennt Schultz die »Droschkenkutscherhaltung« mit nach vorne geneigtem Kopf und die »Lehnstuhlhaltung«, bequem an die Stuhllehne gelehnt. Allen Haltungen gemeinsam ist eine Position, in der Dein Körper in einer möglichst entspannten Stellung ruhen kann. Wenn Du einen Workshop von mir besucht hast, kennst Du bestimmt die Anweisung:

001   *»Richte Deinen Körper so aus,*
002   *dass ein Tropfen Schwerkraft,*
003   *der auf Deinen Scheitel trifft,*
004   *gleichmäßig an allen Seiten herabfließt.«*

Wenn Du die richtige Stellung für Dich gefunden hast, kannst Du mit der Anleitung beginnen:

8.4.4. INDUKTION DER BEWUSSTSEINSVERÄNDERUNG

Autogenes Training wirkt, wie alle suggestiven Verfahren, durch die Erzeugung einer Trance. Das kannst Du für die Selbsthypnose nutzen. Im Zustand der Bewusstseinsveränderung, kannst Du viele Reize von außen und innen (Geräusche, visuelle Eindrücke, störende Gedanken usw.)

einfach loslassen.

Du kennst sicherlich Situationen, in denen Du von Eindrücken, die von außen kommen oder von intensiven inneren Bildern so sehr eingenommen bist, dass alle anderen Aspekte Deiner Realität in den Hintergrund treten. Der ruhige Klang einer angenehmen Stimme, ein langsames Musikstück, ein gleichförmig rhythmisches Geräusch oder die Vorstellung eines Sonnenuntergangs können die Welt um Dich herum versinken lassen. In diesem Zustand kannst Du eine Intensivierung Deines Körpererlebens wahrnehmen.

Bei der Induktion der Selbsthypnose mit autogenem Trainings erlebst Du durch die klare Struktur eine zunehmende Hinwendung nach innen und ein intensives und angenehmes Körpererleben. Du wirst Deine körpereigenen Rhythmen und Deine Atmung viel bewusster wahrnehmen. Ruhe breitet sich in Dir aus. Deine vegetativen Körperfunktionen ändern sich zunächst unmerklich, nach einiger Zeit des Übens manifestiert sich jedoch eine besondere Form des körperlichen Wohlempfindens in Dir. Sie hält noch lange nach Deiner Selbsthypnose an.

8.4.5. DIE RUHETÖNUNG

Die Ruhetönung ist die Einleitung des autogenen Trainings und zielt, nach der Einnahme der bequemen Übungshaltung, auf eine Veränderung Deiner inneren Einstellung. Die nachfolgenden Suggestionen stimmen Dich auf die körperliche und geistige Entspannung ein. Du sprichst die einzelnen Suggestionen in Deinen Gedanken, also nicht laut.

005 »Jetzt bin ich ganz ruhig geworden.
006 Geräusche und Gedanken
007 können kommen und gehen.
008 und ich bin ganz ruhig und gelassen.«

Achte beim Sprechen mit Deiner inneren Stimme darauf, dieser Stimme eine ruhige und ausgeglichene Färbung zu geben. Wenn Du im Workshop Suggestionen von mir gehört hast, kannst Du meine Stimme als Vorbild nehmen und sie an Deine Bedürfnisse anpassen. Alle hier vorgestellten Suggestionen sind Vorschläge. Wenn Du bemerkst, dass eine Veränderung der Suggestionen besser für Dich funktioniert, kannst Du sie stattdessen beibehalten.

8.4.6. DIE SECHS ÜBUNGEN

Die sechs Übungen bestehen aus einer Reihe von angenehmen Suggestionen, die Du auswendig lernen kannst und in der immer gleichen Art und Reihenfolge in Gedanken sprichst. Die dazu gehörigen Körperempfindungen von Schwere oder Wärme wirst Du schon beim ersten Mal als angenehm spüren. Mit zunehmender Übung etablieren sich unbewusste psychovegetative Abläufe als Anker und bilden verlässliche, subbewusste Automatismen. Du gelangst schnell in eine gute Trance und wirst wahrnehmen, dass nach einiger Zeit der Übung Dein Körper den Ablauf fast von selbst steuert.

Ich habe in den Vorschlägen für Suggestionen die einzelnen Sätze mehrfach wiederholt. Vielleicht wirst Du nach einiger Zeit bemerken, dass Du mit weniger Wiederholungen auskommst. Bedenke, dass sich die Suggestionen, also die Sätze, die Du zu Dir selbst sprichst, gut anfühlen sollen.

DIE SCHWEREÜBUNG

```
009    »Mein rechter Arm ist ganz schwer
010    mein rechter Arm ist ganz schwer
011    mein rechter Arm ist ganz schwer,
012    schwer wie Blei
013    mein linker Arm ist ganz schwer
014    mein linker Arm ist ganz schwer
015    mein linker Arm ist ganz schwer,
016    schwer wie Blei.
017    beide Arme sind nun ganz schwer,
018    schwer wie Blei
019    mein rechtes Bein ist ganz schwer
020    mein rechtes Bein ist ganz schwer
021    mein rechtes Bein ist ganz schwer,
022    schwer wie Blei
023    mein linkes Bein ist ganz schwer
024    mein linkes Bein ist ganz schwer
025    mein linkes Bein ist ganz schwer,
026    schwer wie Blei
027    beide Beine sind nun ganz schwer,
028    schwer wie Blei«
```

Du hast die Systematik sicherlich verstanden. Wenn Du möchtest, kannst Du diese Suggestionen auch auf andere Regionen Deines Körpers ausdehnen. Kopf, Brust, Bauch, oder einzelne Körperteile genauer ansprechen, also Oberarm, Unterarm, Handgelenk und Hand. Lass Dich von Deiner Intuition und von Deinen guten Gefühlen leiten.

Die Wahrnehmung von Schwere im eigenen Körpers ist für die meisten Menschen eine sehr angenehme Erfahrung.

Schwere bedeutet Entspannung. Manche Menschen nehmen die Zunahme der Schwere sogar als physikalische Vergrößerung, zum Beispiel der Hand, wahr. Vielleicht beobachtest Du bei Dir auch Muskelzuckungen (MYOKLONIEN). Sie werden durch eine ruckartige Verringerung des Muskeltonus hervorgerufen. Dieses Zucken tritt auch oft beim Einschlafen auf. Es signalisiert Dir: Du bist auf dem richtigen Weg, Dein Körper entspannt sich!

DIE WÄRMEÜBUNG

029	»*Mein rechter Arm ist ganz warm*
030	*mein rechter Arm ist ganz warm*
031	*mein rechter Arm ist ganz warm,*
032	*strömend, angenehm warm*
033	*mein linker Arm ist ganz warm*
034	*mein linker Arm ist ganz warm*
035	*mein linker Arm ist ganz warm,*
036	*strömend, angenehm warm.*
037	*beide Arme sind nun ganz warm,*
038	*strömend, angenehm warm.*«

und so weiter, auch für die Beine...

In diesem Teil des autogenen Trainings geht es um die Wahrnehmung eines angenehm, strömenden Wärmegefühls, das sich von den Fingerspitzen aus über Deine Arme bis in die Schultern, und von den Fußspitzen bis ins Gesäß, ausbreitet. Wenn sich Deine Muskeln entspannen, strömt das Blut leichter. Das Wärmegefühl, das Dir so angenehm ist, hat also durchaus organische Ursachen.

DIE HERZÜBUNG

039   *»Mein Herz schlägt ruhig*
040   *und gleichmäßig.«*

Dein Herzschlag folgt einem individuell angelegten Rhythmus von etwa 60-80 Schlägen in der Minute. Er wird von den Schrittmacherzellen im Herzen vorgegeben. Die Herzfrequenz hängt von Deinem körperlichen Trainingszustand und Deinem Lebensalter ab. Sie wird vom vegetativen Nervensystem gesteuert.

Du hast sicherlich selbst erfahren, dass Aufregung, Anspannung, ein Schreck oder auch Freude Deinen Herzschlag deutlich wahrnehmbar verändern. Viele Menschen glauben, der Herzschlag wäre bewusst nicht steuerbar. Dem ist nicht so. Das kannst Du Dir mit einem kleinen Experiment schnell selbst beweisen: Stelle Dir ein wunderbares Erlebnis vor. Schnell wirst Du wahrnehmen, wie sich Dein Herzschlag beschleunigt. Dein Herz hüpft vor Freude, wie der Volksmund es treffend sagt. Genauso kannst Du feststellen, dass sich auf die mehrmalige Wiederholung der obigen Suggestion hin Dein Herzschlag beruhigt. Diesen Effekt kannst Du steigern, indem Du folgende Suggestion anfügst:

041   *»Energie durchströmt meinen Körper.«*

Diesen Energiestrom kannst Du Dir auch bildlich vorstellen. Zum Beispiel als Farbstrom. Du wirst bemerken, dass gerade diese Suggestion wunderbare Gefühle in Dir hervorrufen kann und wirst erstaunt sein, dass Du Dich als Folge davon nach dem autogenen Training frisch, ausgeruht und energetisch fühlst, wie nach vielen Stunden erholsamen Schlafes.

DIE ATEMÜBUNG

042 »Mein Atem geht ruhig
043 und gleichmäßig,
044 es atmet mich«

Die Atemübung ist eine zentrale Übung des autogenen Trainings. Auch in vielen anderen Entspannungsverfahren und Meditationsübungen spielt die Wahrnehmung des Atems eine wichtige Rolle. Mit etwas Übung wirst Du mit der Ausführung der Atemübung eine erhebliche Vertiefung Deiner Trance und eine Intensivierung der Tiefenentspannung bemerken.

Atmest Du schnell oder langsam, hebt sich die Brust oder atmest Du in den Bauch hinein? Atmest Du tief oder flach? Der Rhythmus Deiner Atmung wird vom Hirnstamm aus gesteuert. Durchschnittlich holst Du 16 bis 20 mal pro Minute Luft. Deine Atemfrequenz schwankt in Anhängigkeit von Aktion, Lebensalter und körperlichem Trainingszustand.

Ich finde es interessant zu wissen, dass Atemantrieb und Atemfrequenz automatische Körperrhythmen sind. Ich genieße es sehr, mich diesem körpereigenen Rhythmus zu überlassen – ich lasse mich atmen. Dieses Phänomen berücksichtigt der zweite Teil der Suggestion, sie ist auch Bestandteil vieler fernöstlicher Meditationstechniken.

Vielleicht hilft Dir meine Vorstellung, die mir bei der Atemübung sehr angenehm ist: ich stelle mir vor, mit jedem Atemzug Ruhe und Energie einzuatmen und Unruhe und Verbrauchtes auszuatmen. Dies kannst Du mit Farben in Deiner Vorstellung sehr wirkungsvoll verstärken. Braunes, Unnötiges und Überflüssiges ausatmen, blaues, energetisches und Notwendiges einatmen.

DIE BAUCHÜBUNG

045   *»Mein Bauch*
046   *strömt angenehm warm«*

Die Oberbauchregion, die direkt unterhalb des Zwerchfells und unter den Rippenbögen liegt, ist anatomisch und esoterisch ausgesprochen vielfältig. Hier liegen die Organe des Verdauungstraktes, der Magen und der Zwölffingerdarm, Leber, Gallenblase sowie die Bauchspeicheldrüse. Hier sind besonders viele Schaltstellen des vegetativen Nervensystems. Darauf verweist auch der Begriff SONNENGEFLECHT. Manche Philosophien sprechen vom ANDEREN GEHIRN des Menschen.

Der parasympathische Teils des vegetativen Nervensystems steuert die Entspannung des Körpers und auch die Verdauung. Die Bauchübung im autogenen Training aktiviert den Parasympathikus und fördert damit auch die Verdauungsaktivität. Eine durchaus positive Begleiterscheinung kann deshalb die Zunahme der Darmbewegungen sein. Es kann sein, dass Du plötzlich Deine Darmgeräusche lauter als sonst hörst und vielleicht direkt nach Abschluss des autogenen Trainings den Drang verspürst, die Toilette aufzusuchen.

Die Vorstellung einer strömenden Wärmewahrnehmung, die von der Oberbauchregion ausgeht, ist den meisten Menschen sehr angenehm und wird Dir in der Körperwahrnehmung sehr schnell zugänglich werden.

DIE STIRNÜBUNG

047 *»Meine Stirn ist kühl,*
048 *ganz leicht und frei.«*

Die ersten fünf Übungsteile des autogenen Trainings und die erste Suggestion des sechsten Teils beziehen sich auf körperlich deutlich wahrnehmbare Phänomene. Die zweite Suggestion dieses sechsten Übungsteils spricht die geistige Ebene Deiner Selbstwahrnehmung an. Du richtest Deine Aufmerksamkeit »nach oben«, auf die Stirn und in der zweiten Suggestion auch darüber hinaus. Menschen, die Stress wahrnehmen, äußern als körperliche Symptome oft ein Druckgefühl in den Schläfen oder hinter der Stirne. Spannungskopfschmerzen gehören zu den häufigsten psychosomatischen Beschwerden unserer Zeit. Ein hilfreiches Hausmittel: Die Kühlung der Stirne mit einem nassen Tuch schafft oft Erleichterung.

Dies erreichst Du beim autogenen Training durch die entsprechende Suggestion, verbunden mit einer visuellen Vorstellung. Stelle Dir einen warmen Sommertag im Urlaub am Meer vor. Vielleicht spürst Du gerade jetzt die angenehme Wärme der Sonne auf Deinem Körper. Nahe am Ufer kannst Du auch die leichte, kühlende Brise wahrnehmen, die über Dein Gesicht und Deine Stirn streicht. Der zweite Teil der Suggestion der Stirnübung weist über die rein physikalische Wahrnehmung der Kühle hinaus. Sie ist ein Übergang in die Bereiche, die körperlich nicht wahrnehmbar sind. Mit der Suggestion von »ganz leicht und frei« kannst Du Assoziationen der Leichtigkeit von Lösungen für die Herausforderungen Deines Lebens oder vielleicht auch der Leichtigkeit Deines Lebens verbinden.

DIE RÜCKNAHME

049 **»Arme fest!** *(Fäuste ballen, Arme anspannen)*
050 **Atmung tief!** *(einmal tief ein- und ausatmen)*
051 **Augen auf!** *(Augen auf, einen Punkt fixieren)*

Diese Suggestionen schlägt Schulz vor.
Besser formulierst Du:

052 *»Ich kann nun meine Arme fest machen,*
053 *und einen tiefen Atemzug nehmen*
054 *und wenn es für mich richtig ist,*
055 *werde ich meine Augen wieder öffnen*
056 *und mich erholt und entspannt fühlen,*
057 *aufgeladen mit Energie!*
058 *Allmählich kann ich wieder ganz*
059 *ins Hier und Jetzt zurückkommen!«*

Für seine Rücknahme hat Schultz die ersten drei Suggestionen gewählt. Ich habe sie Dir fett markiert. Er gebraucht den Imperativ bei seinen Suggestionen. Das war in den 20er Jahren des 20. Jahrhunderts durchaus gebräuchlich, diese Form halte ich heute für überholt. Die Suggestionen reizen zum subbewussten Widerspruch. Ich stelle sie

Dir vor, damit der historische Kontext gewahrt bleibt. Du kannst sie mit Modaloperatoren der Notwendigkeit nach Belieben abschwächen. Die anderen Suggestionen habe ich aus meiner Praxis übernommen.

8.5. Übung: Den Flow Zustand erreichen

In diesem Abschnitt findest Du eine einfache Technik, mit der Du den Zustand des FLOW MIT SELBSTHYPNOSE erreichen kannst. Ich habe Dir eine Sitzung mit allen nötigen Suggestionen zusammengestellt. Du kannst damit experimentieren. Nimm sie mit dem Mikrofon Deines Computers auf, lade Dir aus dem Internet entspannende Musik herunter und unterlege Deine Trance damit. Damit »bastelst« Du Dir eine Selbsthypnose für den FLOW Zustand. Hier zuerst das Konzept der Übung:

SCHRITT 1: ENTSPANNUNG
Entspanne Dich vollständig. Das erreichst Du mit der vorher beschriebenen autogenen Trainingssitzung.

SCHRITT 2: DISSOZIIERTE VORSTELLUNG
Stelle Dir eine Situation vor, in der Du in den FLOW eintauchst. Du kannst Dich am Tisch sitzen selbst sehen und wahrnehmen, wie Du einen Brief oder einen Artikel schreibst. Du kannst Dir jede andere Form von Erlebnis vorstellen oder erinnern. Wichtig ist, dass Du einen FILM betrachtest, in dem Du Dich selbst als Akteur siehst. Im NLP-Jargon wird dies eine *dissoziierte Erinnerung* genannt. Betrachte den Film so lange, bis Du wahrnimmst, dass Du Dich vollständig im Zustand des FLOW befindest.

SCHRITT 3: ASSOZIIERTE SELBSTHYPNOSE
Betrachte nun den Film erneut von Anfang an, diesmal jedoch begibst Du Dich in Deinen Körper und siehst DURCH DEINE EIGENEN AUGEN, was passiert, bis Du erneut im

Zustand des Flow bist. Im NLP-Jargon: *Assoziierte Erinnerung*. Als Ergebnis kannst Du eine deutliche Änderung Deines Bewusstseinszustandes verspüren. Diese Veränderung kannst Du in allen Repräsentationsebenen wahrnehmen: beim Sehen, Hören und Fühlen.

SCHRITT 4: ZUSTAND MIT SCHLÜSSELWORT ANKERN
Wähle Dir Dein SCHLÜSSELWORT. Ich habe in dieser Übung dazu das Wort FLOW gewählt. Den dazu gehörenden Anker installierst Du in Trance, indem Du eine passende Suggestion zu Dir selbst sprichst.

SCHRITT 5: RÜCKKEHR
Danach kannst Du mit den Suggestionen der Rücknahme aus dem autogenen Training oder durch das Bewegen Deines Körpers wieder in das Hier und Jetzt zurückkehren. Selbstverständlich kannst Du das Schlüsselwort FLOW auch mit einem visuellen Anker kombinieren. Vielleicht stellst Du Dir eine blaue Welle vor Deinem geistigen Auge vor. Vielleicht auch einen langsam sich drehenden, goldenen Wirbel, der als Zentrum jenen Zustand von Flow birgt. Diesen Anker habe ich in meinen Suggestionen gewählt und Deiner Fantasie sind keine Grenzen gesetzt.

8.6. Die FLOW Suggestionen

SCHRITT 1: ENTSPANNUNG

060 »Mein rechter Arm ist ganz schwer
061 Mein rechter Arm ist ganz schwer
062 Mein rechter Arm ist ganz schwer,
063 schwer wie Blei
064 Mein linker Arm ist ganz schwer
065 Mein linker Arm ist ganz schwer
066 Mein linker Arm ist ganz schwer
067 schwer wie Blei
068 Beide Arme sind nun ganz schwer
069 schwer wie Blei
070 Mein rechtes Bein ist ganz schwer
071 Mein rechtes Bein ist ganz schwer
072 Mein rechtes Bein ist ganz schwer
073 schwer wie Blei«
074 Mein linkes Bein ist ganz schwer«
075 Mein linkes Bein ist ganz schwer«
076 Mein linkes Bein ist ganz schwer
077 schwer wie Blei«
078 Beide Beine sind nun ganz schwer
079 schwer wie Blei"
080 Mein rechter Arm ist ganz warm
081 mein rechter Arm ist ganz warm
082 mein rechter Arm ist ganz warm,
083 strömend, angenehm warm
084 mein linker Arm ist ganz warm
085 mein linker Arm ist ganz warm
086 mein linker Arm ist ganz warm,
087 strömend, angenehm warm.

088	beide Arme sind nun ganz warm,
089	strömend, angenehm warm.
090	Mein Herz schlägt ruhig
091	und gleichmäßig.
092	Energie durchströmt nun meinen Körper.
093	Mein Atem geht ruhig
094	und gleichmäßig,
095	es atmet mich
096	Mein Bauch
097	strömt angenehm warm.
098	Meine Stirn ist kühl,
099	ganz leicht und frei.
100	Nun bin ich ganz tief entspannt
	SCHRITT 2: DISSOZIIERTE VORSTELLUNG
101	und kann ganz einfach zulassen,
102	dass in diesem Moment
103	Erinnerungen in meinem Kopf entstehen,
104	die mich an eine besondere Situation erinnern,
105	in der ich ganz und vollständig
106	in meine Tätigkeit eingetaucht war,
107	ein Erlebnis, bei dem die Zeit
108	wie im Fluge verging
109	und Ideen ganz von selbst
110	AUS mir kamen,
111	und ich mich dabei so
112	richtig gut gefühlt habe
113	So tief entspannt kann ich nun
114	dieses wunderbare erleben sehen,
115	kann mir dabei zusehen,
116	wie ich, aufgelöst in Zeit und Raum
117	mich in dem Zustand befinde,

118 den kluge Menschen mit FLOW
119 bezeichnet haben,
120 ganz aufgelöst im Tun,
121 voller Kreativität
122 und guter Gefühle

SCHRITT 3: ASSOZIIERTES ERLEBEN

123 …und wenn ich dann das Erlebnis
124 als Film vor meinem geistigen Auge
125 lange genug betrachtet habe,
126 kann ich mit einem keinen Trick
127 mein Erleben noch viel intensiver gestalten
128 kann mich mit der Person,
129 die mein damaliges Ich darstellt
130 in Gedanken wieder verbinden
131 und in diesen Körper
132 aus meiner Vergangenheit
133 eintauchen
134 aaaahhhhhh
135 kann plötzlich das Erlebnis
136 durch meine Augen wahrnehmen,
137 sehen, was ich damals
138 gesehen habe,
139 kann hören, was ich
140 zu mir gesagt habe
141 und wieder erleben,
142 wie meine Umgebung
143 durch Fokus und Konzentration
144 unbedeutend wurde.
145 Ahh, das fühlt sich so gut an
146 so kann ich ganz einfach
147 die unerschöpflichen Bereiche

148	meiner Kreativität
149	meiner Motivation
150	und meines Schaffensdrangs
151	auf eine ganz geeignete Art und Weise
152	für mich nutzbar machen.
	SCHRITT 4: ZUSTAND ANKERN
153	Jetzt gerade kann ich auch wahrnehmen,
154	wie aus dem Zentrum dieser Erinnerung
155	vor meinem geistigen Auge
156	ein langsam sich drehender
157	goldener Wirbel entsteht
158	ein Wirbeln und Strudeln
159	kann ich wahrnehmen,
160	das mit einem Geräusch verbunden ist,
161	das den mächtig tönenden
162	Dreiklang des Universums
163	in sich birgt
164	….und in seine Mitte
165	kann ich nun eintauchen,
166	umhüllt von guten Gefühlen
167	und Geräuschen und Tönen
168	des Universums
169	kann ich mich ganz auflösen
170	in jenem Zustand,
171	den ich nun als grosses Wort
172	in mir hören kann
173	FFLLOOWW……
174	FFLLOOWW….
175	Ahhhhhh….
176	und es fühlt sich sooo gut an,
177	zu wissen, dass sich

178 diese wirksamen Suggestionen
179 sich jede Nacht
180 ganz automatisch
181 und ohne mein Zutun
182 wiederholen werden,
183 jede Nacht,
184 während ich schlafe,
185 so oft und so lange,
186 dass sie in allen Bereichen
187 meines Lebens wirksam werden
188 und so lange
189 ich sie benötige.
190 und jedes Mal,
191 wenn ich diesen
192 wundervollen Zustand
193 in dem ich mich jetzt befinde,
194 in Zukunft brauchen werde,
195 wird es genügen,
196 das Wort FLOW
197 in jener besonderen Betonung
198 zu sprechen
199 oder nur zu denken
200 wie ich es gerade erfahren habe
201 und ich werde diesen Zustand
202 genau so intensiv wie jetzt erleben.
203 Mein Unbewusstes
204 kann den Zustand
205 auch so anpassen,
206 dass ich maximalen Nutzen
207 daraus ziehen werde.

208 und es ist auch egal,
209 in welchem Zustand
210 ich mich dann gerade befinde.
SCHRITT 5. RÜCKKEHR
211 Ich kann nun meine Arme
212 wieder fest machen,
213 und einen tiefen Atemzug nehmen
214 und wenn es für mich richtig ist,
215 werde ich meine Augen wieder öffnen
216 und mich erholt und entspannt fühlen,
217 aufgeladen mit so viel Energie
218 kann ich wieder ganz
219 ins Hier und Jetzt zurückkommen!«

8.7. Hilfreiche Tipps für Deine Selbsthypnose

Wie Du sicherlich durch Deine Experimente herausgefunden hast, hängt die Wirksamkeit Deiner selbsthypnotischen Interventionen entscheidend davon ab, wie intelligent Du Deine Suggestionen gestaltest. Gestatte mir aus meiner Praxis und aus dem Milton Modell im NLP einige wichtige Hinweise, die für die Intensität Deines Erlebens und das Funktionieren der Suggestionen von entscheidender Bedeutung sein können.

▶ Beginne mit dem Wort »Ich« oder »Mein«

220 «**Ich** kann
221 gerade jetzt
222 ganz ruhig
223 und gelassen sein."

224 »**Mein** Geist
225 ist leicht und frei.«

▶ Sprich in der Gegenwart

226 «Ich bin ganz
227 ruhig und gelassen.".

▶ Vermeide die Befehlsform und nutze weiche Modaloperatoren der Notwendigkeit

228 »Ich **kann** mir erlauben,
229 jetzt, in diesem Moment

| 230 | *ganz ruhig* |
| 231 | *und gelassen zu sein.«* |

232	*»Wenn ich es will,*
233	**darf** *ich mich ganz wohl*
234	*und geborgen*
235	*in diesem Zustand fühlen.«*

- **Formuliere positiv - vermeide Negationen**
  nicht, kein usw.
  hat in Deiner Trance nichts zu suchen

- **Vermeide es, Symptome zu benennen**
  Schmerz, Übelkeit, Angst

- **Benenne das, was Du erreichen willst**
  Entspannung, Ruhe, Flow

- **verwende Reime oder Alliterationen**
  wunderbar weich, warm weggeschwebt...

- **Gestalte mit Visualisierungen**

Visualisierungen sind Bilder oder Filme, die Du Dir vorstellst, oder erinnerst. Wissenschaftler haben herausgefunden, dass Dein Gehirn nicht zwischen konstruierter Einbildung und erlebter Realität unterscheidet. Im wissenschaftlichen Versuch stellten sich Testpersonen reale Situationen vor und konstruierten anschließend eine ähnliche Situation. Beide Vorgänge lösten das gleiche Muster an Gehirnwellen aus. Diese Technik der erzählerischen Visualisierung nutzen Schamanen und Heiler seit Jahrtausenden.

Es ist eines der großen Geheimnisse der hypnotischen Zustände und auch ein Grund dafür, warum Deine inneren Bilder für die Optimierung der Programmierung Deines Geistes so kraftvoll wirken. Besonders stark wirken diese bildlichen Vorstellungen im Zustand unterschiedlicher Trancetiefen während Deiner Selbsthypnose.

▸ Nutze Metasuggestionen

Das sind Suggestionen über die Wirksamkeit der vorherigen Suggestionen. Konfus? Hier gebe ich Dir ein Beispiel für eine Metasuggestion. Bei Deiner nächsten Sitzung in Selbsthypnose kannst Du sie einfach anhängen:

236	*»…meine eben gesprochenen*
237	*wirksamen Suggestionen*
238	*werden sich jede Nacht*
239	*ganz automatisch*
240	*und ohne mein Zutun*
241	*wiederholen*
242	*jede Nacht,*
243	*während ich schlafe,*
244	*so oft und so lange,*
245	*bis sie wirksam werden*
246	*oder so lange*
247	*ich sie benötige.«*

Es geht noch wirkungsvoller, wenn Du eine generative Metasuggestion formulierst:

248	*»…Mein Freund*
249	*auf der anderen Seite*
250	*kann mir helfen,*

251 in meiner Geschwindigkeit
252 ganz automatisch,
253 Nachts,
254 wenn ich schlafe und träume,
255 farbige und intensive Träume
256 zu träumen
257 und er kann immer
258 genau jene Suggestionen
259 bereitstellen und für mich sprechen,
260 die für mich und meine Bestimmung
261 genau jene Veränderungen hervorrufen werden,
262 dass sich mein Leben
263 genauso bunt,
264 farbig und intensiv
265 gestaltet,
266 wie meine Träume,
267 die ich mir damit erfülle…«

KAPITEL 9

Die Fast Phobia Cure

9.1. Ängste auflösen mit der FPC

In diesem Kapitel erkläre ich Dir eines der effektivsten und bekanntesten NLP Formate: die Fast Phobia Cure (FPC). Mit der FPC kannst Du Phobien in kurzer Zeit auflösen. Eine Phobie ist eine zwanghafte Reaktion auf einen Auslöser, die mit schlechten Gefühlen gekoppelt ist. Beispiele: Klaustrophobie, Spinnenphobie, Hundephobie, usw. Ich beschreibe Dir das Format so ausführlich, weil Du es in vielen Hypnosesitzungen anwenden kannst. Ich habe die FPC selbst viele hundert Male angewendet und im Verlaufe der Jahre perfektioniert.

Die in den einschlägigen Büchern publizierte und in ihrer Wirksamkeit wissenschaftlich bestätigte Fast Phobia Cure beruht auf einer Kombination von Erkenntnissen und Vorannahmen der Kresge College Gruppe. Das war die Gruppe, die das Modell von NLP entwickelte. Ihre Teilnehmer gewannen die Erkenntnisse durch die Technik des MODELING und durch Interviews mit Personen, die selbst erfolgreich eine Phobie oder große Ängste überwunden hatten.

9.1.1. DREI ERKENNTNISSE ZUR FPC

Die erste Erkenntnis war, dass Dein Gehirn zwischen einem vorgestellten Erlebnis und einem tatsächlich erlebten Erlebnis keinen Unterschied macht. Diese Erkenntnis finde ich bemerkenswert. Überlege, wie oft Du mit einer anderen Person Differenzen hast, weil ihr unterschiedliche Aspekte des gleichen Erlebnisses wahrgenommen habt. Jeder glaubt, SEIN Erlebnis wäre das WAHRE Erlebnis. Dieses Phänomen ist verständlich, wenn Du weißt, dass jeder

Mensch im Alltag eigene Filter anwendet. Jeder Mensch erschafft sich seine ganz eigene Wirklichkeit. Das kannst Du berücksichtigen und wissen, dass Du AUCH NACHTRÄGLICH vermeintlich reale Erlebnisse verändern kannst.

Die zweite Erkenntnis bestand darin, dass Du über eine Veränderungen der Submodalitäten die Trennung von Ursache und Wirkung erzielen kannst. Denn eine Phobie ist ja nichts anders, als eine aus dem Ruder gelaufene Ursache - Wirkungskombination. Wenn Dein Gegenüber beim Schließen einer Aufzugtüre (Ursache) einen klaustrophobischen Anfall (Wirkung) bekommt, kannst Du lernen, das in Zukunft relativ einfach zu entkoppeln. Du kannst anstelle der bisherigen Wirkung eine neue einsetzen (zum Beispiel Entspannung).

Die dritte Erkenntnis war die Erfahrung, dass ein DISSOZIIERTES Betrachten eines erinnerten Erlebnisses die daraus resultierenden, negativen Gefühle sehr stark abschwächt. Dissoziieren heißt, eine Erinnerung in Gedanken von außen so zu betrachten, dass Du Dich selbst in diesem Erleben wahrnehmen kannst. Jeder weitere Dissoziierungsschritt schwächt die negativen Gefühle weiter ab. Daraus entstand die Technik der MEHRFACHEN DISSOZIATION.

9.2. Vorbereitung der FPC

Bei der praktischen Anwendung der FPC in einer Hypnosesitzung empfehle ich Dir, Deinem Gegenüber schon im Setting zu erzählen, durch welchen Prozess Du ihn gleich führen wirst. Dies kannst Du als Generalprobe für den späteren Prozess verstehen. Es ist auch gleich die erste Anwendung. Du kannst im Setting auch erzählen, dass das Gehirn keinen Unterschied zwischen einem real erlebten Erlebnis und vorgestellten Erlebnissen macht. Dein Zauberwort ist KONVERSATIONSMODUS. Beschreibe erzählend, falle nicht gleich mit dem Imperativ ins Haus. Nach dem Motto: „Gleich machst Du...!"

Du kannst den Prozess der FPC auch OUTFRAMEN. Milton Erickson hat diese Technik sehr gerne eingesetzt. Outframen heißt, dass Du von einer Person erzählst, mit der Du vor Kurzem die FPC gemacht hast. Diese Person wollte VORHER genau wissen, was Du gemacht hast und Du kannst davon ausgehen, dass, durch Deine Erzählung, Dein Gegenüber selbstverständlich, um Deine Worte zu verarbeiten, den gesamten Prozess im Gehirn mitmachen wird. Dann, nach dieser ersten Erklärung kannst Du Dich an die *richtige* Ausführung der FPC machen. Im Allgemeinen genügen drei bis fünf Wiederholungen der einzelnen Schritte. Bei jeder Wiederholung wird Deinem Gegenüber die Ausführung einfacher fallen.

9.3. Lege das Ergebnis fest

Eine Phobie ist eine unerwünschte oder negativ besetzte Ursache – Wirkungsbeziehung. Die Ursache kann in allen sensorischen Kanälen, intern durch bloße Vorstellung oder extern ausgelöst werden. Verständlich formuliert heißt das: es gibt einen Auslöser, der unkontrollierbare, stark negative Gefühle im Körper hervorruft. Beispiele dafür sind eine Spinnenphobie, eine Klaustrophobie, eine Höhenangst usw.

Die FPC löscht die Verbindung zwischen dem Auslöser als Ursache und der daraus resultierenden Wirkung . Du installierst statt des negativen Gefühls eine neue Wirkungsbeziehung. In einem kurzen Vorgespräch kannst Du in Erfahrung bringen, wann die FPC für Dein Gegenüber ein Erfolg sein wird. Darüber hinaus willst Du die Informationen bekommen, was Dein Gegenüber an der Stelle seiner negativen Gefühle einsetzen will. Meine Erfahrungen haben gezeigt, dass Du nicht nur die Phobie auflösen willst, sondern mit dem selbstkalibrierenden Ressourcenanker ein genau definiertes, gutes Gefühl setzen möchtest.

Wenn Du Dein Gegenüber alleine lässt, setzt er allzu oft wieder das alte Gefühl ein, an das er sich gewöhnt hatte. Das klingt schizophren, ist aber leider meine Erfahrung. Dieses Phänomen kannst Du einfach vermeiden.

9.4. Teste den Ausgangszustand

Woher willst Du wissen, ob Du die Phobie erfolgreich behandelt hast? Ganz einfach: testen. Dazu gibt es im NLP das T.O.T.E. Prinzip. Das ist ein Akronym und steht für

>Test
>Operate
>Test
>Exit

Dieses Prinzip kommt aus der Verhaltenspsychologie und besagt, dass Du zuerst den Ausgangszustand getestet haben solltest. Das bedeutet, dass Du Dir Deinen EIGENEN Eindruck darüber verschaffst, wie sich die vorgestellte Phobie bei Deinem Gegenüber im Körper äußert. Dieser Vorgang heißt im NLP: Kalibrieren.

Wie Du das anstellst, überlasse ich Dir. Bei vielen Menschen genügt die Vorstellung des Auslösers, um die damit verbundenen, negativen Gefühle hervorzurufen. Löse also durch eine entsprechende Suggestionen oder durch den tatsächlichen Auslöser die Phobie aus. Keine Angst, Dein Gegenüber hat seine Phobie schon oft erlebt. Da kommt es auf dieses eine Mal nicht an – zumal Du ihm ja dazu verhelfen wirst, die Phobie anschließend für immer loszulassen. Kalibriere die Veränderungen seiner Körpersprache, den Blutfluss, die Hautfarbe, die Durchblutung seiner Wangen, den Rhythmus seiner Atmung, die analogen Merkmale seiner Stimme usw.

9.5. Wende das Format an

Die FPC besteht aus drei, klar voneinander abgegrenzten Teilen:

- Der selbst kalibrierende RESSOURCENANKER
- Die geführte FPC in mehreren Durchläufen
- Das FUTURE PACING und generative Komponenten

9.4.1. DER SELBSTKALIBRIERENDE RESSOURCENANKER

A ▶ Frage Dein Gegenüber, welche Gefühle er statt der bisherigen, negativen Gefühle gerne hätte. Bitte Dein Gegenüber verschiedene Aspekte dieses Gefühls zu nennen. Beispiel: Geborgenheit, Sicherheit, Entspanntheit. Es dürfen durchaus Nominalisierungen sein. Wichtig ist, dass Dein Gegenüber Referenzerlebnisse für diese positiven Gefühle hat.

B ▶ Bitte Dein Gegenüber, sich an ein Erlebnis in seiner Vergangenheit zu erinnern, die das erste Gefühl (hier: Geborgenheit) beinhaltet. Über die Veränderung der Submodalität von dissoziiert zu assoziiert kannst Du dieses Gefühl sehr präzise kinästhetisch ankern.

C ▶ Zum Ankern fasst Du Dein Gegenüber an der Hand und bittest ihn, WÄHREND er sein Bild von dissoziiert nach assoziiert verändert, wenn sich das Gefühl verstärkt, Deine Hand zu drücken. So bekommst Du deutliches Feedback während aller Stadien und Dein Gegenüber kann selbst bestimmen, wann er das Gefühl ankert.

D ▶ Teste den Anker mit dem geankerten Gefühl und achte auf deutliche körperliche Reaktionen.

E ▶ Bitte Dein Gegenüber EIN WEITERES ERLEBNIS mit dem gleichen Gefühl zu erinnern und ankere das dazu gehörige Gefühl ebenfalls. Wiederhole den Prozess mit einem weiteren Erlebnis. So hast Du insgesamt drei Mal das Gefühl der Geborgenheit geankert.

F ▶ Ankere alle weiteren genannten Gefühle (hier Sicherheit und Entspanntheit) als Bestandteile des Ressourcenankers mit der gleichen Technik. Teste zwischendurch. Das Ergebnis ist ein sehr starker, auf den jeweiligen Gefühlsebenen bereits generalisierter Ressourcenanker. Er allein würde genügen, die Phobie für immer zu zerstören.
Ein sorgfältig installierter Ressourcenanker beansprucht die meiste Zeit in diesem Format. Du kannst ihn in dieser Form für viele weitere NLP Formate sehr gut nutzen.

9.4.2. DIE FPC IN MEHREREN DURCHLÄUFEN

Glücklicherweise steht Dir zur Veranschaulichung der eigentlichen FPC die Bühnendemonstration mit Simone auf Youtube zur Verfügung. Vielleicht liest Du erst meine Ausführungen in diesem Kapitel und siehst Dir anschließend die verschiedenen Teile der Video – Demonstration an. Mit diesem Vorgehen wirst Du die FPC einfacher lernen, und sie auch selbst anwenden.

a) Kino im Kopf – doppelte Dissoziierung
Du kannst mit folgender Suggestion beginnen:

001 *»Gleich werde ich Dich bitten,*
002 *Dich in das Kino*
003 *in Deinem Kopf zu begeben.*
004 *Du weißt schon,*
005 *das ist eines jener alten,*
006 *verstaubten Kinos*
007 *mit rotem Vorhang und*
008 *bequemen Plüschsesseln...«*

Je mehr Details Du lieferst, desto lebhafter und deutlicher werden die Bilder im Kopf Deines Gegenüber sein. Bitte Deinen Gegenüber, im Sessel Reihe 5 Mitte (als Beispiel) bequem Platz zu nehmen und auf den Vorhang zu sehen. Arbeite präzise mit der Vorstellung Deines Gegenüber und beschreibe alle Details möglichst genau. Danach bittest Du ihn, aus seinem Körper heraus zu schweben und sich in die Vorführkabine neben den Projektor mit dem Startknopf zu begeben. Von dort aus sieht er sich in Reihe fünf Mitte sitzen und kann mit der Vorführung beginnen.

b) die visuelle Vorstellung – Rückwärtslaufender Film

Im diesem Schritt bittest Du Deinen Gegenüber, den Startknopf am Projektor zu drücken und die Vorstellung in seinem Kopf beginnen zu lassen. Das Licht geht aus, der Vorhang öffnet sich, und zum DRAMATISCHEN TON DES LIVE GESPIELTEN PIANOS (Suggestion) beginnt der Film vorwärts zu laufen. Auditorische Suggestionen sind wichtig, weil sie den möglichen internen Dialog überlagern und eliminieren. Der interne Dialog ist an dieser Stelle oft für Misserfolge verantwortlich. Der laufende Film zeigt Dein Gegenüber als Hauptperson in dem Film, während seine phobische Reaktion entsteht. Der Film beginnt mit dem Auslöser. Du kannst zum Beispiel bei Klaustrophobie folgende Suggestion geben:

```
009    »Die Türen zum Lift schließen sich...
010    und Dein Film läuft vorwärts...
011    ...bis zum Höhepunkt.«
```

Dein Gegenüber lässt den Film laufen, bis er auf der Leinwand den Höhepunkt der Situation erlebt. Du kannst in Deinen Suggestionen übertreiben und zuspitzen, indem Du Details erwähnst, oder Du kannst Deine Anweisungen neutral und auf den Prozess bezogen halten. Beide Versionen funktionieren. Ich möchte nochmals erwähnen, dass Dein Gegenüber seinen gesamten Film auch erfinden kann, wenn er sich an ein reales Ereignis nicht erinnert oder nicht erinnern mag.

Dein Gegenüber stoppt dann den Film auf dem Höhepunkt und begibt sich ASSOZIIERT in den Film. Als Signal für diesen Prozess kannst Du einen auditiven Anker nutzen. Er steigt also in die Leinwand hinein und nimmt in seiner Vorstellung damit die damaligen Erlebnisse DURCH SEINE EIGENEN AUGEN wahr, während GLEICHZEITIG der Film rückwärts zu laufen beginnt, schneller und immer schneller. Alle beteiligten Personen sprechen rückwärts, alle laufen rückwärts, alle handeln rückwärts. Der Film läuft zurück bis zum Anfang zurück und dort stolpert Dein Gegenüber aus dem Film und findet sich in seinem Sitz in Reihe fünf Mitte wieder. Aaaaahh. Erleichterung…

In vielen Medien findest Du engagierte Diskussionen darüber, wie genau es um die Submodalitäten in den Visualisierungen bestellt sein soll. Die einen lassen einen farbigen Film vorwärts laufen und assoziieren in einen schwarz-weißen Film hinein, wieder andere machen es genau umgekehrt. Ich meine: entspanne Dich! Meine Erfahrung und meine Experimente sagen Dir, dass es nicht wichtig ist. Im schlimmsten Fall wirkt sich eine Vernachlässigung der Submodalität FARBE so aus, dass Du den Prozess vielleicht ein- oder zweimal mehr wiederholen musst.

Speziell am Anfang rate ich Dir, die Verkomplizierung durch FARBE einfach zu vernachlässigen. Das ist ein Punkt weniger in einem Prozess, der auch so Deine ganze Sinnesaufmerksamkeit fordert. Im Ablauf der FPC lohnt es sich, viele auditive Anker und nonverbale Signale einzusetzen. Dein Gegenüber hat ja sowieso zur besseren Konzentration die Augen geschlossen. Einen guten Hinweis, dass Du mit der FPC erfolgreich gewesen bist, findest Du in nonverbalen Signalen Deines Gegenübers. Das kann ein tiefer Seufzer, seufzender Atmen, kicherndes, kathartisches Lachen sein. Je öfter Du die FPC anwendest, desto eher werden Dir solche nonverbalen Signale auffallen. Desto harmonischer wirst Du Deinen Gegenüber durch den Prozess führen können. Auch hier gilt: ÜBUNG macht den Meister.

Das Erfolgsgeheimnis der FPC besteht im häufigen Üben und in viel praktischer Erfahrung. Du kannst, nach ein paar erfolgreichen Anwendungen, tatsächlich Deinen Erfolg GARANTIEREN. Ich habe Elemente der FPC über viele Jahre hinweg in unterschiedlichem Kontext eingesetzt – mit viel Erfolg.

9.4.3. FUTURE PACE UND GENERATIVE KOMPONENTE

Der Future Pace am Ende der FPC ist ein eigenes NLP Format. Es ist die Technik, Dein Gegenüber nach dem Erreichen des Ergebnisses nacheinander in mehrere unterschiedliche, vorgestellte, zukünftige Situationen zu führen und zu testen, ob in seiner Vorstellung eine zukünftige Situation ebenfalls das gleiche Ergebnis zeigt. Das Unterbewusste lernt sehr schnell und nach ein paar Wiederholungen passiert der Prozess ganz von alleine.

Du kannst den Erfolg der Generalisierung sehr einfach testen. Führe Dein Gegenüber in weitere Situationen seiner Wahl, ohne aktiv den Anker auszulösen oder anders einzugreifen. Wenn er wahrnimmt, wie das gewünschte Ergebnis ganz von selbst eintritt, hast Du Dein Ziel erreicht. Dazu gibt es ein sehr anschauliches Video bei Youtube mit Nathanael und seinem selbstkalibrierenden Ressourcenanker. Er generiert mit jedem Auslösen des Ankers immer schneller und schneller Bilder seiner neuen Zukunft. Im GENERATIVEN FUTURE PACE gehst Du dann einen Schritt weiter. Du fragst Dein Gegenüber: Was, außer einer Phobie kannst Du in Deinem Leben noch positiv verändern. Die Arbeit ist gemacht, die Phobie ist überwunden und das

Stimmungsbarometer steht auf positiv. Die Einstellung Deines Gegenübers zeigt in Richtung Veränderung. Wunderbar, das kannst Du nutzen!

All die geleistete Arbeit ist gut investiert und die Zinsen bekommst Du, indem Du nun mit Suggestionen arbeitest, die an den Freund auf der anderen Seite appellieren, ALLE weiteren Möglichkeiten zu nutzen, in denen die Anwendung der eben angewandten Technik von Nutzen sein kann. Verstehe mich richtig: Du aktivierst beim generativen Future Pacing unbewusste Ressourcen, ohne zu wissen, was genau darunter zu verstehen ist. Das ist Black Box Programmierung. Du überlässt die Arbeit dem Unbewussten, dem Freund auf der anderen Seite.

Es gehört eine Menge an Erfahrung und die richtigen Glaubenssätze und der was wäre, wenn Rahmen dazu, erfolgreich mit solchen Suggestionen und stillschweigenden Voraussetzungen zu arbeiten. Genau das macht jedoch den Erfolg des generativen Future Pace aus. Experimentiere ruhig damit. Die beste Arbeit wirst Du geleistet haben, wenn Dein Gegenüber nach einer einzigen Sitzung beginnt, sich ganz allgemein viel mehr zum Positiven zu verändern. Vielleicht bringt er mit dieser Veränderung nicht einmal Dich in Verbindung.

KAPITEL 10

Die Grundannahmen

10.1. Was sind die Grundannahmen?

Man nennt sie auch die ZEHN GEBOTE DES NLP oder die NLP AXIOME. Das halte ich – wie so oft – für des Guten zu viel. Wenn Du die NLP Grundannahmen beherzigst, kommst Du weder in den Himmel, noch bist (oder wirst) Du ein genialer Künstler. Reflexionen über die Grundannahmen im NLP helfen Dir jedoch, wertvolle Einsichten über Dich zu gewinnen. Sie machen Deine hypnotischen Experimente spannender und gestalten Deine alltägliche Kommunikation in vielen Bereichen Deines Lebens einfacher und effektiver. Ich habe die NLP Grundannahmen in dieses Buch über Hypnose aufgenommen, weil ich meine, dass Du davon auf vielen gebieten profitieren kannst.

Fragen wir zuerst Wikipedia. Dort steht: »Ein Axiom ist ein Satz, der nicht in der Theorie bewiesen werden kann, sondern beweislos vorausgesetzt wird.« Ja, diese Aussage halte ich auch für die Grundannahmen zutreffend… aber nicht für sinnvoll. Da wird dem NLP eine Wissenschaftlichkeit angedichtet, die es niemals hatte und nie haben wird.

NLP ist eine Sammlung bewährter Ansichten, Techniken, Strategien und Fähigkeiten, mit denen Du Dein Leben positiver, selbstbestimmter und erfolgreicher gestalten kannst. Das ist doch schon eine ganze Menge! Und so verhält es sich auch mit den Grundannahmen. Sie stammen aus unterschiedlichen Bereichen der Psychologie, der Linguistik und der Verhaltensforschung. Manchmal sind es auch »nur« Erkenntnisse, die Dein (hypnotisches) Leben einfacher machen können. Ich rate Dir, die Erkenntnisse in Dein Leben zu integrieren und sie möglicherweise auch Deinen Freunden und Bekannten nahezubringen

10.2. Wie die Grundannahmen entstanden

Sie stammen aus der Frühzeit der Entwicklung von NLP. Es sind hilfreiche Annahmen aus anderen Sprach- und Veränderungsmodellen, die als zweckmäßig befunden und in das Modell übernommen wurden. Die Grundannahme „The Map is not the Territory« beispielsweise stammt von Alfred Korzybski. Sie ist dem Buch *Science and Sanity* entnommen, in dem er ein *Neuro Linguistisches Training* vorstellt. Richard Bandler, einer der Entwickler von NLP spricht von PRESUPPOSITIONS. Das übersetzt sich wörtlich mit *Voraussetzungen*. Diesen Ausdruck finde ich besser gewählt, so kann er allerdings mit den linguistischen *Präsuppositionen*, den stillschweigenden Voraussetzungen verwechselt werden. Ich habe deshalb den Begriff HILFREICHE GRUNDANnahmen gewählt. Damit wird ausgedrückt, was sie sind.

Wie viele Grundannahmen gibt es? Das kommt darauf an. Jeder Hypnotiseur und jeder Verein, in Deutschland und der Welt, hat im Verlaufe der Zeit einen Satz eigener Grundannahmen entwickelt. Es ist unter Trainern Mode geworden, dem Meer nützlicher Ansichten zumindest eine wichtige, persönliche hinzuzufügen. Die Liste der NLP Gebote ist deshalb im Verlauf der Zeit lang geworden. Du kannst den Begriff NLP Grundannahmen googeln und findest im Internet jede Menge dazu. Viele dieser Grundannahmen sind nützlich und können Dir helfen.

Die zehn Grundannahmen, die ich in diesem Kapitel vorstelle und erkläre, stammen nicht von mir. Sie entstanden in den frühen 70ern, in den Anfangszeiten des Modells von NLP. Sie stammen aus der Keimzelle des NLP, der Kresge College Group. Diese Grundannahmen sind der Grundstock für meine hilfreichen Annahmen. Ich habe sie nochmals selbst aus dem Englischen übersetzt und in ihrer Formulierung entzaubert. Mich stört an den originalen Formulierungen ihr vermeintlich unumstößliche Charakter. Es sind am Ende hilfreiche Annahmen, die Dir dienlich sein sollen. Deshalb habe ich einzelne Annahmen auch für Dich umformuliert.

Aus der Annahme »Die Landkarte ist nicht die Landschaft« wurde »Deine Landkarte ist nicht die Landschaft«. Dieser Perspektivwechsel wird Dir helfen, die Grundannahmen zuerst auf Dich selbst zu beziehen und sie für Dich zum Nutzen anzuwenden. Ich denke mir, wenn Du Dir im Verlaufe der Zeit die eine oder andere der Grundannahmen vornimmst und darüber nachdenkst, kannst Du viel für Dein Leben profitieren. Danach kannst Du Dir überlegen, was jede einzelne Grundannahme für den Umgang mit Deinen Mitmenschen bedeutet.

10.3. 1. Die Bedeutung Deiner Kommunikation

Kommunikation ist ein PROZESS, an dem MINDESTENS ZWEI Seiten beteiligt sind. Es werden gegenseitige Informationen ausgetauscht und jede Seite erwartet sich in einem Gespräch ein bestimmtes Ergebnis. Aus eigener Erfahrung weißt Du sicherlich, dass sich ein am Anfang ganz normales Gespräch sehr oft in eine Richtung entwickelt, die mit dem Begriff *missverständliche Kommunikation* viel zu schwach beschrieben ist. Je nach Temperament enden solche Gespräche ergebnislos, manchmal im Streit und mit schlechten Gefühlen.

Wenn ich in ein Gespräch vertieft bin, kommt es auch bei mir oft zu Missverständnissen in der Kommunikation. Da meine ich, mich verständlich ausgedrückt zu haben und bin erstaunt, dass mein Gegenüber etwas völlig anderes verstanden hat. Kommunikation, also das, was Du jeden Tag über viele Stunden hinweg tust, scheint genauer betrachtet ein komplizierter Prozess zu sein. Was also kannst Du tun, um möglichst viele Missverständnisse aus dem Weg zu räumen und in Zukunft effektiver zu kommunizieren? Du hast es sicherlich geahnt: Ein wichtige Beitrag zur Lösung von Missverständnissen in der Alltagskommunikation findet sich in der ersten Grundannahme:

**Die Bedeutung Deiner Kommunikation
liegt in der Reaktion, die Du erhältst.**

**The meaning of the communication
is the response you get.**

Diese Grundannahme ist für viele Menschen, die sich zum ersten Mal mit NLP beschäftigen etwas Neues. Landläufig ist Kommunikation doch das, was Du sagst, oder? Und jetzt sollst Du Dich nicht nur um den richtigen Inhalt Deines Gespräches kümmern, plötzlich sollst Du auch noch verantwortlich dafür sein, dass Dich DER ANDERE versteht. So denken viele NLP Anfänger.

10.3.1. IST DIE BOTSCHAFT RICHTIG ANGEKOMMEN?

Ich liefere Dir zur Veranschaulichung ein Beispiel. Während meiner Workshops gibt es eine Fragestunde. Die Teilnehmer stellen Fragen und ich stelle immer wieder fest, dass ich eine Frage falsch verstanden habe. Mein Gegenüber wollte etwas Anderes darlegen als ich daraus herleitete. Je nach Temperament herrscht dann Ratlosigkeit oder wir geraten uns in die Haare. Vielleicht antwortet mir der Fragesteller auf eine präzisierende Gegenfrage mit Ausflüchten, Glaubenssätzen und Erklärungsmodellen. Er sagt mir also das, was er gerade erzählen will, was halt so bei ihm gerade bereit liegt.

Oder: Auf eine geschlossene Fragen, also eine Frage, die mit einem bloßen JA oder NEIN zu beantworten wäre, bekomme ich eine lange Erklärung und Ausflüchte mit Gründen geliefert, die ich einfach wissen MUSS. Das einfache JA oder NEIN höre ich erst nach mehrmaligem Nachfragen.

Der Grund für alle diese Entgleisungen findest Du im Glaubenssatz, dass sich Kommunikation mit dem erschöpft hat, was DU sagst. Genau an dieser Stelle präzisiert die erste Grundannahme. Sie besagt: Wenn Du sprichst, kommt es nicht darauf an, WAS DU SAGEN WILLST, sondern darauf, was bei Deinem Gegenüber ANGEKOMMEN ist. Diese Erkenntnis macht einen großen Unterschied, weil es die Verantwortung für die Qualität der Kommunikation auf DEINE Achtsamkeit legt. Statt Deinem Gegenüber die Schuld für eine missverständliche Kommunikation in die Schuhe zu schieben, kannst DU in Zukunft die Verantwortung für die Verständlichkeit dessen übernehmen, was Du sagen willst. Das ist unbequem und braucht am Anfang eine Menge Aufmerksamkeit.

Vielleicht willst Du in der nächsten Zeit vermehrt darauf achten, was von einem Satz, den Du gesprochen hast, bei Deinem Gegenüber angekommen ist. Das kannst Du erkennen, wenn Du eine Frage gestellt hast. Wird sie von Deinem Gegenüber beantwortet? Bekommst Du die Antwort auf das, was Du gefragt hast? Oder antwortet Dein Gegenüber einfach irgend etwas, was ER gerade im Sinn hat? Dir wird auffallen, dass die meisten Menschen nicht darauf achten, was Du gefragt hast. Sie halluzinieren einfach, Du hättest ihnen die Frage gestellt, deren Antwort, sie gerade parat haben. Sie geben Dir eine Antwort, die ihnen gefällt. Die gewünschte Antwort präzise zu bekommen erfordert etwas NLP Kenntnisse und kann viel Spaß in Deinen Alltag bringen. Ich verweise Dich in diesem Zusammenhang auf die *Metamodell Fragen* im NLP. Sie werden Dir weiterhelfen. Sie bringen Präzision in Deine Sprache und sind eine Umkehrung des Milton-Modells, das ich Dir in Kapitel 4 vorgestellt habe.

Aus missverstandenen Informationen in Deinen Gesprächen kannst Du eine Menge lernen. Du kannst davon ausgehen, dass dieser Prozess nämlich bei DIR genauso abläuft. Wie oft halluzinierst Du in die Frage Deines Gegenübers einfach das hinein, was Du gehört haben und worauf

Du antworten willst. Weißt Du, ob der Andere wirklich das gefragt hat, worauf Du zufällig Deine Antwort parat hattest? Oder hast Du wieder nur gehört, worauf Du antworten wolltest.

10.3.2. ÜBUNG: DIE PAPAGEIENSCHLEIFE

Was kannst Du tun, damit Deine Kommunikation schärfer wird? Ganz einfach: Übe Dich in der Papageiensprache. Hinter diesem saloppen Ausdruck verbirgt sich eine präzisierende FEEDBACKSCHLEIFE in Deiner Kommunikation. In einer beliebigen Unterhaltung mit Deinem Gegenüber machst Du einfach eine Pause, wenn Du einen Gedanken fertig ausgeführt hat. Wenn Du dann fertig gesprochen hast, stellst Du Deinen Gegenüber eine besondere Frage:

> » Was hast Du verstanden? «

Diese Frage stelle ich in meinem Leben sehr oft – in den allermeisten Fällen bekomme ich als Antwort etwas anderes, als ich meinte, gesagt zu haben. Das wird DIR mit Sicherheit ebenso passieren, wenn Du diese Frage öfters stellst. Die Antwort wird meist nicht zu Deiner Zufriedenheit ausfallen. Viel wichtiger jedoch wäre es für Dich, den Spieß umzudrehen. Du kannst in Zukunft proaktiv mit einer einfachen Frage herausfinden, ob DU verstanden hast, was Dein Gegenüber gemeint hat. Beginne Deinen Satz einfach mit:

> » Habe ich richtig verstanden, dass ...? «

Dann wiederholst Du, was DU MEINST, als Aussage Deines

Gegenübers verstanden zu haben. Du wirst überrascht sein, wie häufig Du hören wirst: »Nein, ich habe gesagt...!« Diese Papageienschleife kannst Du so oft wiederholen, bis Dein Gegenüber sagt: »JA GENAU, das habe ich gemeint!« Ich halte mich für einen guten Kommunikator und trotzdem muss ich meist mehrfach diese *Papageienschleife* durchlaufen.

Die Papageienschleife kannst Du Dir zu einer guten Alltagsgewohnheit machen. Probiere dieses kleine Verfahren zur Präsisierung Deiner Kommunikation einfach auch bei Deiner nächsten Hypnosesitzung aus. Da ist es ja wirklich wichtig, genau verstanden zu haben, was Dein Gegenüber von Dir will. Mache Dich allerdings darauf gefasst, Widerständen zu begegnen. Präzision im Gespräch ist unbequem. Ich finde es wirklich spannend, wie viele Menschen mit unscharfer Kommunikation und ihren halluzinierten Antworten dauerhaft gut durchs Leben kommen. Wenn Du professionell sein möchtest, achte darauf, dass Dein Gegenüber trotz der Anwendung *der Papageienschleife* in guter Stimmung bleibt. Oft genug passiert es ja, dass Dein Gegenüber wegen all der Rumfragerei ungehalten wird.

Im Berufsleben kann Dir die *Papageienschleife* sehr nützlich sein. Da kommt es oft darauf an, präzise zu verstehen – und verstanden zu werden. Weißt Du denn genau, was Dein Chef wollte, als er Dich mit einer besonderen Aufgabe betraute? Weißt Du, was Dein Kunde von Dir wollte, der mit einem Kaufwunsch oder einem Problem zu Dir kam? *Die Papageienschleife* hilft Dir, in all diesen Fällen Deine Kommunikation zu verbessern.

10.4. 2. Der Prozess Deiner Wahrnehmung

Das Modell von NLP entstand aus Unzufriedenheit mit den Ergebnissen der traditionellen Psychotherapie. Die Entwickler stellten sich die Frage: »Was ist der Grund dafür, dass es so wenige, wirklich erfolgreiche Therapeuten gibt?« Aus dieser Frage entstand die Annahme es könnte beschreibbare Prozesse für therapeutischen Erfolg geben. Prozesse, die wahrnehmbar, analysierbar und lehrbar wären. Mit einer dafür entwickelten Technik, dem *Modelling*⁷, begab man sich auf die Spur erfolgreicher Psychotherapeuten.

Eine Erkenntnis war, dass es die Sprache ist, die zwischen dem Therapeuten und seinem Patienten vermittelt. Sie ist es, die gewünschte Inhalte zur Veränderung überträgt. Das ist eine Erkenntnis, die auch für den Bereich der Hypnose gilt. Für Dich kann sich die Frage stellen, wie Du Deine Sprache so anpassen kannst, dass die daraus entstehende Kommunikation das Verhalten Deines Gegenübers positiv beeinflusst? Das Ergebnis findest Du in der zweiten Grundannahme:

Ändere den Prozess Deiner Wahrnehmung, nicht den Inhalt.

The ability to change the process by which you experience reality is often more valuable than changing the content of your experience of reality.

Die Versuche, das weite Gebiet der Psychotherapie zu standardisieren führten am Ende nicht zum gewünschten

Erfolg. Es entstanden jedoch eine Menge an wirklich hilfreichen Techniken. Dabei stieß die Forschungsgruppe immer wieder auf ein wichtiges Phänomen: Die meisten Menschen, die sich verändern wollten, achteten mehr auf den Inhalt ihrer Erlebnisse und dachten darüber nach, ob und wie sie diese Inhalte verändern könnten.

Ein Beispiel: Eine Frau hatte Angst vor Spinnen. Damit sie die jeweils mit der visuellen Wahrnehmung verbundenen, unangenehmen Gefühle nicht haben muß, vermeidet sie alle Orte, an denen sie Spinnen vermutet. Das führt sie zwangsläufig in die Irre, weil sie ja nicht vorhersehen kann, wo Ihr überall Spinnen begegnen können. Wenn der Versuch, ihre Phobie durch die Veränderung des Inhalts aus dem Ruder läuft, kann es passieren, dass sie immer öfter zu Hause bleibt. Mit allen Konsequenzen.

Ich habe Menschen getroffen, die aus Angst vor Hunden den Kontakt zu ihren besten Freunden abgebrochen haben. Menschen, die aus Angst vor einem erneuten Unfall seit zwanzig Jahren nicht Auto gefahren waren. All diese Menschen konzentrierten sich auf den INHALT ihrer Erlebnisse. Ich möchte Dir ans Herz legen, bei Deinem Gegenüber darauf zu achten, dass ihm das nicht passiert.

10.4.1. DER UNBEWUSSTE PROZESS

In Deiner Hypnosesitzung kannst Du in Zukunft anders herangehen. Du kannst Dich fragen: »Wie läuft der PROZESS ab, durch den es zu dem unerwünschten Ergebnis kommt?« In Deinen Überlegungen könnte die beschreibende Antwort für die weiter oben beschriebene Frau mit ihrer Angst vor Spinnen als Prozessbeschreibung etwa so lauten:

- Die Frau SIEHT eine Spinne.

- Die Frau ERINNERT SICH an eine gleiche Situationen und erinnert sich damit auch an ihre negativen Gefühle, mit denen sie in der Vergangenheit, auf Spinnen reagiert hat.

- Die Frau VERBINDET SICH mit dieser Erinnerung und erlebt auch für die gegenwärtige Situation diese negativen Gefühle.

Der so beschriebene Prozess ist eine verkürzte Form der tatsächlichen Abläufe. Er illustriert jedoch gut, was die zweite Grundannahme zum Ausdruck bringen will.

10.4.2. VERÄNDERE DEINE REAKTION

Wie könntest Du dieser Frau helfen? Wenn Du Dich mit NLP und Hypnose beschäftigst, kennst Du die Antwort darauf bereits. Du findest sie im Format der standardisierten FAST PHOBIA CURE (FPC). Dieses Format greift in Schritt zwei des beschriebenen Prozesses ein. Es verändert die Zwangsläufigkeit von wenn...dann und ersetzt sie durch ein anderes Ergebnis. Es lohnt sich sehr, Dich mit der FPC zu beschäftigen. Damit habe ich im Verlaufe meiner Tätigkeit hunderten von Menschen geholfen, nutzlose Ängste und Phobien schnell und einfach loszuwerden. Und das gilt nicht nur für offensichtliche Ängste und Phobien. Ich gebe Dir ein paar Beispiele, bei denen Du allesamt mit der FPC die verbundenen Ängste auflösen kannst.

- Viele Menschen glauben, das Leben spiele ihnen übel mit und DIE ANDEREN wollten ihnen Schlechtes.

Diese Menschen können Ihr Leben mit der Suche nach Menschen vergeuden, die ihnen dieses Böse wollen. Damit können sie ihre Glaubenssätze bestätigen. Du kannst ihnen helfen, den Prozess ihrer Wahrnehmung zu ändern und glauben, die meisten Menschen wollten ihnen Gutes. Dann können Sie nach diesen Menschen suchen – und sie werden auch fündig werden.

▸ Viele Menschen glauben, das Universum hätte nicht genügend für sie vorgesehen und bereitgestellt. Sie leben im beständigem Mangel des ZU WENIG. Diesen Menschen kannst Du helfen, den Prozess ihrer Wahrnehmung zu ändern und zu glauben, dass es von allem reichlich für sie und alle anderen Menschen gibt. Dann würden sie wahrnehmen wie viel von Allem es auf dieser Erde gibt. Sie würden aus dieser Wahrnehmung der Fülle freiwillig auf vieles verzichten können, was ausschließlich mit Konsum, Raubbau und nutzlosem Verbrauch zu tun hat.

▸ Viele Menschen glauben, manche Erlebnisse in ihrer Vergangenheit, denen sie schlechte Gefühle zuordnen, hätten unmittelbaren Einfluss auf ihre Befindlichkeit in der Gegenwart. Weil vielleicht dieses längst vergangene Erlebnis in einer bestimmten Art verlaufen ist, sollen ähnliche Erlebnisse in der Gegenwart mit gleichem, meist negativem Erleben ablaufen. Du könntest diesen Menschen helfen, den Prozess ihrer Wahrnehmung zu ändern und mit einer generell positiven Erwartung auf neue Erlebnisse zuzugehen. Dann würden sie erleben, dass die Geschichte ihres Lebens jeden Tag und jede Stunde neu geschrieben wird. Sie könnten lernen, gute Entscheidungen zu treffen und die viele Chancen, die sich jeden Tag erneut bieten, auch ergreifen.

- Viele Menschen glauben, dass sie sich Liebe, Zuneigung und Geborgenheit erkämpfen müssen. Sie hätten sie nicht verdient. Du könntest ihnen helfen, den Prozess ihrer Wahrnehmung zu verändern und zu glauben, dass Liebe, Zuneigung und Geborgenheit die selbstverständliche Basis des Umgangs mit anderen Menschen ist. Dann würden sie offen auf andere Menschen zugehen können und Liebe, Zuneigung und Geborgenheit erst einmal selbst ausstrahlen, gleichgültig, ob und wie viel davon sie zurück bekommen.

- Viele Menschen glauben, sie stünden unterhalb der meisten ihrer Mitmenschen und wären weniger oder gar nichts wert als ihre Mitmenschen. Du könntest ihnen helfen, den Prozess ihrer Wahrnehmung zu ändern, und in Zukunft mit viel mehr Selbstbewusstsein durchs Leben zu gehen. Dann würden sie auch von ihrer Umgebung entsprechend respektvoll behandelt werden.

10.4.3. ÜBUNG: ERFORSCHE DEINE MOTIVATION

Denke in einer ruhigen Stunde über den Prozess nach, mit dem DU DICH MOTIVIERST. Im NLP nennt man dieses Nachdenken und Herausfinden von Strategien bei Dir oder anderen Menschen *Modelling*↗.

Wie genau motivierst Du Dich? Ich gehe davon aus, dass in den meisten Fällen bei Dir der gleiche Prozess unbewusst in Dir abläuft. Diesen Prozess bezeichnest Du mit den Worten: ICH MOTIVIERE MICH! An seinem Ende steht ein Handlungsimpuls, die Motivation, etwas zu tun.

Überlege Dir deshalb eine Tätigkeit, für die Du Dich motivieren willst. Vielleicht ist es Dein abendlicher Gang ins Fitnessstudio, vielleicht ist es der Schubs den Du Dir geben willst, damit Du eine halbe Stunde joggen gehst. Vielleicht ist es auch der Prozess, den Du durchläufst um Dich für eine anstehende, große Arbeit zu motivieren. Suche Dir etwas aus, das Dir im Leben Nutzen bringt, wenn Du mehr Motivation dafür hast. Im nächsten Schritt kannst Du Dir ein paar bewährte Fragen stellen, mit denen Du herausfindest, welche Prozessschritte zur Motivation führen.

> **Wann weißt Du, dass es Zeit ist, Dich zu motivieren?**

Diese Frage führt Dich zum Auslöser des Prozesses. Er ist wichtig, weil Du damit im vielen Situationen eben diesen platzieren kannst, um Dich automatisch zu motivieren. Erste Erkenntnis: immer wenn ich....(hier den Auslöser einsetzen), läuft meine Motivationsstrategie los.

> **Wie startest Du die Motivationsstrategie?**

Nachdem Du den Prozess ausgelöst hast, ist der häufigste nächste Schritt intern und auditorisch. Etwas, das in deinem Kopf MIT SPRACHE stattfindet. Wie sind die Inhalte und die Art gestaltet? Ist es eine Stimme in Deinem Kopf, die Dich motiviert? Treibt sie Dich an? Ist es eine Diskussion zwischen mehreren Stimmen untereinander?

> **Welcher Schritt folgt als nächstes?**

Sind es Bilder oder ist es ein Film in Deinem Kopf? Das ist die visuelle Komponente der Motivationsstrategie. Entsteht eine bildliche Vorstellung in Dir, wie es sein kann, wenn Du Dein Projekt erfolgreich abgeschlossen hast...? Oder stellst Du Dir den schlimmsten Fall vor, der passieren kann? Oder siehst Du bereits Deine Freunde, die Dir anerkennend auf die Schulter klopfen?

So kannst Du Schritt für Schritt, Frage für Frage, Deine Motivationsstrategie herausfinden. Keine Angst, es sind meist nur ein paar Schritte. Es würde mich wundern wenn Deine Motivationsstrategie aus mehr als fünf Schritten bestünde. Das wäre auch nicht praktisch. Deine Strategie zur Motivation soll ja schnell und wirksam sein. Gehe auch einmal einen Schritt zurück und frage Dich, ob Du etwas vergessen haben könntest. Es könnte ja sein, dass ein Zwischenschritt nötig ist.

Wenn Du am Ende des Prozesses angelangt bist, solltest Du bei einem HANDLUNGSIMPULS angelangt sein. Du solltest dazu ein deutliches, gutes Gefühl an einer bestimmten Stelle oder überall in Deinem Körper haben. Daran sollte eine positive innere Stimme gekoppelt sein. Sie sollte etwas sagen wie: »DAS mache ich jetzt einfach…!« Ich löse meine Motivationsstrategie mit dem Satz aus: »Hilft ja nix…!« Wenn ich diesen Satz in meinem Kopf spreche, denke ich nicht mehr darüber nach, ob ich etwas machen will, oder nicht… ich MACHE ES EINFACH! Dein Handlungsimpuls sollte so stark sein, dass Du automatisch beginnst, das zu tun, was Dir die Einsicht längst geboten hat.

Mein Tipp: Wenn Du mehrere Stimmen in Deinem Kopf hast, die miteinander diskutieren, wirst Du Schwierigkeiten haben, Dich zu motivieren oder eine Entscheidung zu treffen. Meistens bist Du mit vielen Stimmen im Kopf zögerlich veranlagt. Veranstalte einfach eine *Schlacht in Deinem Kopf* und lasse die Stimme gewinnen, die am vernünftigsten klingt. Wenn Du Dich darüber hinaus mit Bildern oder Filmen in Deinem Kopf beschäftigen willst, kannst Du eine Menge erreichen. Stelle Dir vor, Du möchtest Dich motivieren, ins Fitnessstudio zu gehen. Das kannst Du mit einem Film in Deinem Kopf tun. Du hast zwei Möglichkeiten:

Du kannst Dir vorstellen, wie Du gleich bequem auf der Couch liegst. Du kannst fühlen, wie gut es sich anfühlt, Zeit mit Deinem Freund oder Deiner Freundin zu verbringen. Vielleicht im Bett zu kuscheln und das gute Gefühl zu haben, Deinem Gegenüber nahe zu sein.

Du kannst Dir auch vorstellen, wie Du mit guter Laune an den Fitnessgeräten arbeitest und wie gut es sich anfühlt, sich mit Deiner Gesundheit beschäftigt zu haben. Dann kannst Du sehen, wie Dich Dein Partner begrüßt und zu Dir sagt: »Ach, Du kommst gerade aus dem Fitnessstudio? Oh, Du siehst richtig gut aus ... komm doch zu mir ins Bett, da ist es viel bequemer...!« Fällt Dir die Wahl schwer?

10.5. 3. Die Mittel für Deine Veränderung

Oft geht es in im Leben darum, etwas zu bekommen, das Du gerade in diesem Augenblick nicht so einfach haben kannst. Geht es um mehr Geld, ein schnelles Auto oder den richtigen Partner, hilft Dir das Wünschen. Bestellungen beim Universum sollen ja auf die eine oder andere Art und Weise durchaus wirksam sein. Ob Du daran glaubst oder nicht ist dem Universum egal. Meist liefert es prompt – zumindest nach Aussage derer, die behaupten, etwas davon zu verstehen. Wünschen beim Universum kann Dir also durchaus helfen. Anders verhält es sich mit der Welt Deiner Gefühle und Glaubenssätze. Im NLP bezeichnet man diese Eigenschaften als Ressourcen. Es sind alle Fähigkeiten, persönlichen Eigenschaften, geistige Haltungen und Glaubenssätze, die Du benötigst, damit Du Deine Ziele erreichst. Wenn Du glaubst, in einer gegebenen Situation zu wenig Ressourcen zu haben glaubst, kommst Du mit wirksamen Techniken aus NLP und Hypnose ans Ziel. Die Grundannahme 3 besagt ja, dass alle diese Ressourcen bereits in Dir vorhanden sind. Hier ist sie im Wortlaut:

Alle Mittel, für Deine angestrebten Veränderungen sind bereits in Dir vorhanden.

The resources you need in order to change are already within you.

10.5.1. RESSOURCEN AM BEISPIEL SELBSTBEWUSSTSEIN

Lasse mich am Beispiel SELBSTBEWUSSTSEIN erläutern, wie Dir diese Grundannahme helfen kann. Viele Menschen glauben, sie hätten zu wenig Selbstbewusstsein. Was ist das überhaupt, Selbstbewusstsein? Es ist in der NLP Terminologie das von einer bestimmten Umgebung abhängige, spezifische Resultat eines oder mehrerer erinnerter Gefühlszustände und Glaubenssätze aus der Vergangenheit. Selbstbewusstsein ist damit eine Eigenschaft, die sich auf Deine Ressourcen bezieht. Und diese sollen ja, wie vorher erwähnt, bereits in Dir vorhanden sein.

Leider ist es im Leben häufig so, dass es zwar Situationen gibt, in denen Du vor Selbstbewusstsein nur so strotzt. Häufig jedoch, wenn Du Selbstbewusstsein wirklich nötig bräuchtest, scheint es Dir nicht zur Verfügung zu stehen. Nimm zum Beispiel einen Abend mit guten Freunden. Mit großem Elan hast Du vehement Deine Meinung über den letzten Auftritt Deiner Fußballmannschaft oder die Vorzüge der Marke Deines Autos vertreten. Dabei hast Du überreichlich Selbstbewusstsein verströmt und Dir die bewundernde Anerkennung Deiner Freunde gesichert!

An einem anderen Tag hast Du vielleicht an einem Menschen des anderen oder gleichen Geschlechts Gefallen gefunden. Du wolltest ihn oder sie ansprechen. Wolltest – hast es aber wieder einmal nicht getan. Wohin war bloß Dein Selbstbewusstsein verdampft? In welche Ecke hatte es sich verzogen? Siehst Du, darum geht es in der dritten Grundannahme. Die Erkenntnis, dass die gleichen Gefühle und Glaubenssätze in der ersten und auch in der zweiten Situation in Dir vorhanden sind, macht es nur zur Herausforderung, diese Ressourcen zum gewünschten

Zeitpunkt aktivieren zu können. Darum geht es: Gefühle und Glaubenssätze aus einer Situation, in der Du sie überreichlich zur Verfügung hast, in eine andere Situation hinein zu transportieren, in der Du sie nötig brauchst.

10.5.2. RESSOURCEN AM RICHTIGEN PLATZ: DER ANKER

Die Technik des *Ankerns*[7] hilft Dir, Ressourcen in den Kontext zu transportieren, in dem Du sie brauchst. Ankern ist einfach zu lernen und universell anwendbar. Und noch ein wichtiger Punkt aus der Welt der kognitiven Wissenschaften: für die Wirksamkeit der Technik macht es keinen Unterschied, ob Du Dir nur eine Situation vorstellst, in der Du die nötige Ressource zur Verfügung hast, oder ob Du sie wirklich erlebt hast. Selbst wenn Du Dir einbildest, sie erlebt zu haben. Dein Gehirn unterscheidet nicht zwischen tatsächlich erlebter Realität und konstruierter Vorstellung. Ist das nicht wunderbar? Es gibt also keine Ausrede, eine Situation mit einer bestimmten Ressource nicht zu haben.

10.5.3. ÜBUNG: RESSOURCENTRANSPORT

Was kannst Du TUN, um eine Ressource von einer Situation in die andere zu transportieren? Dazu eine einfache Übung. Sie benötigt lediglich zwei Schritte:

Schritt 1: Finde die nötigen Ressourcen.
Stelle Dir die Frage: »Welche Ressource brauche ich in einer gegebenen Situation, um mein Ziel zu erreichen?« Achte darauf, als Antwort Gefühle und Glaubenssätze zu bekommen. Vielleicht notierst Du Deine Gedanken und Erkenntnisse auf einem Blatt Papier. Je nachdem, wie stark und differenziert Du die resultierende Ressource gestalten

und wie viel Zeit Du investieren willst, kannst Du die Liste der gewünschten Gefühle länger oder kürzer gestalten. Für einen wirksamen Anker genügen nach meiner Erfahrung zwischen drei und sieben Attribute. Im Falle des Selbstbewusstseins kannst Du beispielsweise auswählen:

- Geborgenheit
- Sicherheit
- Abenteuerlust
- Lust an Neuem
- Ein Schuss sexuellem Impuls

Schritt 2: Vorstellen, verstärken, ankern
Stelle Dir dann eine Situation vor, in der Du über die erste Ressource auf Deiner Liste in starkem Masse verfügt hast. Verstärke die *Submodalitäten*⁷ dieser Erinnerung und ankere sie anschließend. Wie das geht?

Ankern ist ganz einfach. Es funktioniert wie der Pawlowsche Reflex. Wenn Du wieder mitten in Deiner Erinnerung bist, kannst Du beispielsweise Deine Faust ballen, oder Dich an einem Körperteil berühren, einen Ton erzeugen oder einfach alles zusammen. Damit erzeugst Du eine neuronale Verbindung im Gehirn, quasi einen Wegweiser. Er zeigt Deinem Unterbewusstsein, wo das Gefühl ist, das Du in dieser Situation brauchst.

Ankere damit alle nötigen Ressourcen auf die gleiche Weise. Nutze für alle Ressourcen auf Deiner Liste DEN SELBEN ANKER. Ganz wichtig beim Ankern: Habe Spaß dabei und lehne Dich zurück! Du kannst beim Üben wirklich nichts falsch machen, sondern bestenfalls eine Menge lernen.

10.6. 4. Landkarte, nicht Landschaft

Alfred Korzybski war Linguist. Er lebte am Anfang des 20. Jahrhunderts und beschäftigte sich mit der Anwendung von Sprache in unterschiedlichen Kulturen. Er erkannte, wie wichtig der richtige Gebrauch der Sprache für ein erfolgreiches Leben ist. Er entwarf deshalb das NEURO-LINGUISTISCHE TRAINING und wies mit seinen Erkenntnissen den Entwicklern des Modells von NLP den Weg.

Korzybski's genaue Argumente und seine Schlüsse daraus sind für Laien relativ schwer verdaulich. Für Deinen Alltag und den gewünschten Erfolg erscheint mir seine Erkenntnis wichtig, dass Du mit Deinem sprachlichen Ausdruck Ergebnisse erzielst, die für Dich und Deine Umwelt zuträglich sein sollen. Zur gleichen Aussage kommt schon das Jahrtausende alte Grundprinzip des Buddhismus: »Tue nichts, was Dir und Deinen Mitmenschen schadet.«

10.6.1. LANDKARTE UND LANDSCHAFT

Die vierte Grundannahme habe ich in meiner Darstellung nicht originalgetreu dargestellt. Das Zitat von Korzibsky lautet im Original:

Die Landkarte ist nicht die Landschaft.

The map is not the territory.

Es geht allerdings um DEINE Landschaft. Es geht um DEINE Erkenntnis, dass Du dieses Abbild der Wirklichkeit beständig in jedem Augenblick formst. Es ist Dein ganz eigenes, individuelles Abbild der Realität.

Indirekt sagt diese Grundannahme auch: Wenn Du Deine Sprache, also die Beschreibung Deiner Realität veränderst, hältst Du den Schlüssel für alle Veränderungen in der Hand. Lass mich das erklären: Alles, was Du im Moment als Deine Realität mit Deinen Sinnen wahrnimmst, all das wird in Deinem Gehirn verarbeitet und Du bastelst Dir daraus den Begriff deiner Wahrnehmungsrealität. Das bezeichnest Du als Deine Gegenwart, das Jetzt.

Lass mich für einen Moment philosophisch werden: Es gibt mit dieser Sichtweise eine objektive und eine subjektive Realität. Draußen findet gerade das Leben statt. Die Blume blüht, die Sonne scheint, die Menschen bewegen sich, Gutes und Böses geschieht. All das passiert ohne Dich und ohne Deine Wahrnehmung. Um es mit Rainer Maria Rilke zu sagen: »Die Blumen im Park, sie sind schön, auch ohne Dich!«

Zu DEINER Realität wird es in dem Augenblick, in dem Du es mit Deinen Sinnen wahrnimmst. Dann formt sich aus der LANDSCHAFT der ohne Dich stattfindenden Realität die Landkarte DEINER Realität in Deinem Gehirn. Im Alltag beschreibst Du diese Projektion als *Dein Leben* oder mit Korzybskis Worten, als *Deine Realität.*

Naturgemäß bildet sich jeder Mensch seine eigene Landkarte im Gehirn. Die einzige Möglichkeit, Deine persönliche Landkarte anderen Menschen zu vermitteln, ist, sie mit Deiner Sprache zu beschreiben. Welche Art von Sprache Du verwendest, bestimmt, wie gut Deine Landkarte geeignet ist, das zu vermitteln, was Du wahrgenommen hast. Ich halte diese Unterscheidung für sehr wichtig. Sie vermittelt Dir die Neugierde, am Leben und Erleben anderer Menschen ein neutrales Interesse zu haben.

10.6.2. WAHRNEHMUNG, VERSTÄNDIGUNG UND VERSTÄNDNIS

Ich finde, es macht das Leben interessant, wie jeder Mensch seine Wirklichkeit wahrnimmt. Schwierig wird es, wenn Du davon ausgehst, dass DEINE WELT und DIE WELT ALLE ANDEREN MENSCHEN gleich sein soll. Ich beziehe einen großen Teil der Spannung, des Genusses und der Lebensfreude aus dieser Verschiedenheit der Menschen. Und aus meiner Neugierde, diese Verschiedenheit bei anderen Menschen zu entdecken. Ich habe viel gelernt, wenn ich in Gesprächen mit Menschen in fremden Ländern vollständig andere Ansichten meiner kulturellen Realität erfahren habe.

Wenn ich gefragt werde, was ich für die wichtigste Technik im NLP halte, antworte ich meist: »Verstehe, was die Aussage von Korzibsky bedeutet.« ...auch wenn es keine NLP Technik ist. Wenn ich diese Grundannahme weiter fasse und vielleicht damit mehr Toleranz und Akzeptanz in unser aller Leben bringe, wären wir von vielen der gegenwärtigen Wahnsinnstaten befreit.

Denke nur an diverse Kriege oder die unvereinbaren Gegensätze der Meinungen in vielen Ländern. Jede der beteiligten Parteien meint, sie habe Recht und wäre im Besitz DER RICHTIGEN LANDKARTE. Selbst wenn in der wahren Landschaft Berge, Schluchten und Flüsse den Weg behindern, möchten Sie Dich glauben machen, Du hättest blühende Landschaften vor Deinem Auge.

10.6.3. DIE SELTSAME WELT MANCHER MENSCHEN

Wenn Du Dich mit diesem Bewusstsein im Alltag bewegst, fällt Dir vielleicht auf, dass viele Menschen eine Art von Landkarte im Gehirn zu haben scheinen, die zu

Ergebnissen führt, die ihnen nicht gut tun oder die nicht zu den gewünschten Zielen führen. Woher sonst sollte die Menge an schlechten Gefühlen, an Leid, an Depression und der Missvergnüglichkeiten so vieler Menschen im Umgang mit sich und der Umwelt kommen. Mich verwundert, wie wenige Menschen ein Bewusstsein dafür haben, wie einfach es sein kann, ihre Landkarte und damit auch ihr Leben ändern zu können. Du brauchst nur einmal nachfragen was die Menschen von der Welt halten.

Ich höre: »Die Welt ist ein schlechter Platz.«
Ich höre: »Die Anderen meinen es schlecht mit mir.«
Ich höre: »Ich ziehe das Unglück magisch an.«
Ich höre: »Ich habe einfach kein Glück im Leben.«
Ich höre: «Das Universum meint es nicht gut mit mir, ich habe noch nie bekommen, was ich mir gewünscht habe."

Das sind Beispiele, die ich innerhalb EINES TAGES aus dem Mund meiner Mitmenschen gehört habe. Und diese Menschen glauben auch, dass DIES die objektive Wahrheit sei, die für alle gilt.

10.6.4. EINE NEUE REALITÄT

Ich frage: »Muss das so sein?« Du kennst meine Antwort darauf: NEIN, natürlich nicht! Lerne, Deine Landkarte nach Deinen Bedürfnissen zu gestalten. Schnell wird sich auch Dein Leben verändern. In meinen Workshops achte ich besonders darauf, dass sich Deine verwendete Sprache auch Deiner gewünschten Realität anpasst. Dass herauskommt, was Du Dir an Zielen vorgenommen hast. Denn so funktioniert Leben mit Hypnose und NLP: Durch die

Veränderung Deiner Sprache, also der Beschreibung Deiner inneren Landkarte, veränderst Du Deine Wahrnehmung der Realität und schließlich auch die Welt um Dich herum. So zeigt sich, dass die Grundannahmen sehr viel mit DIR zu tun haben. Das ist Selbstermächtigung. Wenn Du mir den Gebrauch dieses Wortes gestattest, es kommt ja auch von der Vorsilbe des Wortes: SELBST.

Viele Menschen, mit denen ich über das wichtige Thema der persönlichen Veränderung spreche, behaupten überzeugt: »Aber das kann doch gar nicht sein. Ich würde ja ein erfolgreiches Leben führen, wenn meine Freundin nicht immer nur das oder das machen würde« oder »Wenn mein Vater oder wenn meine Mutter nicht dauernd X,Y, oder Z mit mir gemacht hätten…« An solchen Aussagen siehst Du, wie tief es in Deinem Selbstverständnis und in dem Deiner Umgebung eingebrannt ist, die Verantwortung für Dich, Deine Gefühle, Dein Leben, Deine Sprache und für die Gestaltung Deiner Realität an ANDERE Personen abzugeben. Das ist die bequeme Möglichkeit, sie funktioniert nur leider nicht.

10.6.5. DU MACHST DIR DIE WELT … WIE SIE DIR GEFÄLLT

Wenn Du akzeptiert hast, dass die hier beschriebenen Wirkungsmechanismen auch für Dich gelten, heißt das noch nicht, dass die Landkarte in Deinem Gehirn auch in der Lage ist, Dir den Weg zu weisen. Ein kleines Beispiel: Wenn ich aus dem Fenster sehe, nehme ich einen wunderbaren Tag wahr, die Sonne steht hoch über dem Horizont, kleine, rosa gefärbte Wölkchen heben sich vom tiefen Blau des leuchtenden Himmels ab. Der Rauch aus dem Kamin im Haus gegenüber löst in mir das Gefühl von

Geborgenheit aus, ich liege auf der Couch, eingekuschelt in eine warme Decke. Den Computer halte ich auf meinen Knien, ich schreibe an diesem Buch. Das ist meine Wahrnehmung der Realität, das ist meine Sicht der Welt, also das, was gerade die Wirklichkeit für mich ist.

Das könnte ich allerdings auch anders beschreiben: »Ach herrje, schon wieder Arbeit an diesem blöden Buch! Tag für Tag das Gleiche, und gerade heute fällt mir sowieso nichts dazu ein. Arbeit, immer nur langweilige Arbeit. Keine Ahnung, wofür das am Ende gut sein soll…? Und draußen: Scheißwetter, und der Tag ist auch schon wieder zu Ende, gleich wird es dunkel. Das Leben ist grausam zu mir…!«

Auch das ist eine von vielen Möglichkeiten, eine wirkliche Realität wahrzunehmen und sprachlich zu beschreiben. Welche der beiden Versionen gefällt Dir besser und welche nutzt DU häufiger? Ich höre: »Aber es ist doch wirklich ein Scheißwetter draußen.« Ja, das mag stimmen. Es stellt sich jedoch die Frage, wie Du die wahrgenommene Fakten INTERPRETIERST. Welches Stück der Torte wählst Du Dir aus? Ist Scheißwetter gut oder schlecht? Ist Buchschreiben gut oder schlecht? Ist Arbeit haben oder finden gut oder schlecht? Hast DU die Wahl, Dir Deine Realität auszusuchen? Ich meine wieder einmal: JA, DIE HAST DU!

10.6.6. ÜBUNG: ERKENNE FEHLER IN DEINER LANDKARTE

Diese Übung geht der Frage nach, wie Du die Verzerrungen Deiner Landkarte erkennen kannst. Es geht ja in Deinem Leben oft darum, ein gewünschtes Ziel zu erreichen. Wenn ich bei der Metapher bleiben darf: Wenn Deine Landkarte fehlerhaft ist, kannst Du Dein Ziel nicht erreichen.

Schritt 1: Formuliere ein wichtiges Ziel in Deinem Leben
Ich meine damit: ein wirklich wichtiges Ziel. Zum Beispiel, was Du mit Deinem Leben anfangen sollst. Oder: Was Deine Bestimmung im Leben ist. Vielleicht auch: Was Du studieren willst? Welchen Beruf Du ergreifen willst? Was willst Du mit Deinem Leben nach der Pensionierung anfangen? Suche Dir EIN gewünschtes Ziel aus.

Schritt 2: Finde VIER Gesprächspartner aus anderen Kulturen. Das ist für die meisten Menschen eine Herausforderung. Über das Internet ist es heute einfach geworden, auch in kleineren Städten oder ländlichen Gegenden Netzwerke zu finden, in denen sich Menschen anderer Kulturen organisieren. EIN Land, das ist die Spielregel, darf dabei aus der Europäischen Union sein. Wenn Du mich fragst, würde ich mir einen Partner aus Südostasien, bevorzugt aus JAPAN, suchen. Einer würde aus Zentralafrika kommen, einer aus Südeuropa und einer aus den USA. Vielleicht sprichst Du auch mit einem Menschen aus einem Kibbuz in Israel. Ich hatte zum Beispiel gestern Tee und ein Gespräch mit Refael, einem Polizisten aus Tel Aviv. Er lebt in einer völlig anderen Welt. Auch Du wirst schnell herausfinden, wie limitiert Deine Landkarte in Bezug auf Deine Strategien ist. Die Englische Sprache ist dabei ein wichtiges Hilfsmittel.

Schritt 3: Diskutiere mit dem jeweiligen Gesprächspartner über Deine Ziele. Stelle sie ihm vor und frage nach seiner Meinung. Du wirst erstaunt sein, wie vielfältig die Ansichten, Möglichkeiten und Hindernisse sind, die Du präsentiert bekommst. Jede Nationen hat andere

Zeitbegriffe, gesellschaftliche Limitierungen, versteckte Regeln, Worte, Begriffe und Denkstrukturen. Vielleicht wirst Du herausfinden, dass es in einer Kultur gar kein Bewusstsein für Dein Problem gibt. Vielleicht existiert nicht einmal ein Begriff dafür. Dann kannst Du versuchen, aus unterschiedlichen Perspektiven Deinem Gegenüber darzustellen, was Du ihm eigentlich vermitteln willst.

Ich halte diese Übung für LEBENSVERÄNDERND. Auf jeder meiner Reisen ergeben sich viele Möglichkeiten, mit anderen Menschen über mich, meine Welt und meine Ziele zu sprechen. Und natürlich auch über die Welten und Ziele meiner Gegenüber. Oft bin ich erstaunt, wie unterschiedlich Menschen mit anderem Kulturhintergrund ihr Denken organisieren und aus dieser Position heraus argumentieren. Das zwingt mich zu einer Erweiterung meiner Flexibilität und hat profunde Auswirkungen auf mein Leben. Probiere es aus, ich bin mir sicher, dass Du wichtige Dinge lernen wirst.

10.6.7. DIE EINZIG WAHRE WAHRHEIT?

Vielleicht bist Du ja einer von denen, die EINE WAHRHEIT ihrer zufällig sich ergebenden Weltsicht als die einzige wahre Wahrheit ansehen. Vielleicht willst Du Deine zufällig entstandene Weltsicht als diese einzige Wahrheit auch der ganzen Welt begreiflich machen. Vielleicht findest Du beständig Beweise dafür, dass DEINE Wahrnehmung und die daraus resultierende Wahrheit die einzig richtige ist. Weil DEINE Sichtweise so wichtig ist, kann es Dir auch egal sein, wenn Du mit Deiner Sicht negative Gefühle in Dir selbst und in Anderen auslöst. Vielleicht willst Du mir nun erzählen, dass diese, Deine Ansicht ja richtig und nicht einfach zu ändern ist. Dass sie das Resultat von dem wäre, wie andere Menschen Dich in der Vergangenheit behandelt haben. Träume weiter...

Ich weiß, wie es geht, Deine Weltsicht zu verändern. Es geht relativ einfach und Du liest gerade einige meiner Vorschläge dazu. Ich will Dir mit diesem Buch beibringen, Deine Landkarte, Deine Realität und Deine Weltsicht so zu verändern dass Dir die Realität die Du Dir auswählst, in ein glückliches und abenteuerliches Leben führt. Ein Leben, in dem DU die Entscheidungen triffst und in dem DU die Richtung in deinem Leben bestimmst.

Ein kleiner Ratschlag: Geistige Ausgeglichenheit findet in einem ausgeglichenen Körper statt. Ist Dir aufgefallen, wie gut Du Dich nach einer Stunde Sport oder Fitness fühlst? Vielleicht wäre es gerade JETZT angebracht, Deinen Fokus auf die allgegenwärtige Faulheit zu verändern und zu glauben, es täte Dir gut, mehr Aktivität in Dein Leben zu bringen. Einfach, weil es Dich so gut fühlen lässt. Das führt mich zu meinem Ratschlag zur Veränderung Deiner Landkarte im Gehirn: BEGINNE mit der Aktion. TUE etwas, einfach weil es Deiner momentanen Einsicht entspricht. Finde DANACH heraus, ob es gut oder weniger gut in Dein Leben passt. Gehe joggen, mache Yoga, gehe ein paar Tage Wandern, fahre mit dem Rad, gehe schwimmen, egal was Du wählst, nur bringe Deinen Kreislauf in Schwung. Dann wirst Du anders über Deine Mitmenschen und über Deine Ziele denken und wirst feststellen, dass sich nicht nur Dein Fokus verändert hat, sondern dass sich Deine Aktivität auf einen breiteren Bereich Deines Lebens übertragen hat.

10.7. 5. Dein positiver Wert als Mensch

Die fünfte Grundannahme im NLP gibt Dir eine kurze Anleitung für ein angenehmes Leben. Mit den Übungen in diesem Abschnitt wirst Du lernen, Deinen Fokus nach außen zu richten. Die Art, WIE Du diesen Blick nach außen richtest, bestimmt, wie Du Dich durchs Leben bewegst.

10.7.1. HAST DU ALLE INFORMATIONEN?

Max ist neu in der Klasse. Zum dritten Mal hat er seine Hausaufgaben schlampig abgeliefert oder einfach vergessen. Er ist im Unterricht unkonzentriert und schweift öfter in Gedanken in ferne Gefilde. Er steht in der Pause alleine und ist seinen Klassenkameraden gegenüber aufsässig. Der Nachsicht seiner Lehrerin begegnet er bockig. Seine Lehrer meinen, er wäre ein schlechter Schüler, seine Schulkameraden finden ihn seltsam in seinem Verhalten. So beurteilt ihn tatsächlich auch seine Lehrerin.

Dass die pflegebedürftigen Großeltern zu Hause fast all seine Aufmerksamkeit beanspruchen, weiß ja niemand. Dass er sich alleine um die Familie kümmern muss, weil sein Vater vor Jahren einfach abgehauen ist und die schwer übergewichtige Mutter sich kaum mehr zum Waschbecken bewegen kann, DAS sieht niemand. DAS hat seine Lehrerin nicht in die Waagschale gelegt.

Du meinst, dieses Beispiel sei an den Haaren herbeigezogen? Ein Klassenkamerad meines Sohnes musste dieses Leben über die Jahre seiner Jugend hinweg ertragen. Er verschwieg seine Last seinen Schulkameraden, seiner Umwelt und allen Mitmenschen. Lieber nahm er schlechte Noten in Kauf. An den Folgen seiner verlorenen Kindheit und Jugend arbeitet er noch heute. Sie beeinflussen seinen Lebenslauf obwohl die Dinge längst anders für ihn laufen. Denn er hat sich buchstäblich selbst an den Haaren aus diesem emotionalen Sumpf gezogen.

An diesem Beispiel möchte ich Dir zeigen, wie einfach es sein kann, einen Menschen abzustempeln – auf der Basis weniger und unvollständiger Informationen, eben jene, die Dir bei Deinen Beobachtungen gerade zur Verfügung stehen. Wie oft mögen Dir falsche Urteile über Menschen selbst passiert sein. Und wie oft mögen DICH andere Menschen oberflächlich nach dem Wenigen beurteilt haben, das sie gerade wahrgenommen haben.

10.7.2. DER POSITIVE WERT JEDES MENSCHEN

Vielleicht hast Du wegen EINER Kleinigkeit die GESAMTE Beziehung zu Deinem Partner in die Waagschale geworfen. Vielleicht hast Du Dir gedacht: »Wenn er oder sie DAS tut, macht die GANZE Beziehung keinen Sinn!« Vielleicht hast Du Dich deshalb von Deinem Partner getrennt. Das zeugt von Gedanken, die den positiven Wert Deines Gegenübers in Frage stellen. Es lohnt sich deshalb, die Grundannahme Nummer fünf genau zu lesen:

Der positive Wert jedes Menschen bleibt konstant.
Der Wert und die Angemessenheit des jeweiligen Verhaltens können bezweifelt werden.

The positive worth of the individual is constant,
while the value and appropriateness of the behavior
can be questioned.

Was bedeutet das für das Beispiel, das ich Dir gerade gegeben habe? Du kannst sagen: »Das, was Du getan hast, war nicht angemessen und hat mich verletzt.« Du solltest allerdings NICHT sagen: »Du bist ein schlechter Mensch weil … !« Nun ja, sagen kannst Du es wohl, dann beachtest Du den Inhalt der fünften Grundannahme eben nicht. Wenn Du für einen Moment nachdenkst, wirst Du erkennen, dass der erste Teil der Grundannahme von einer wichtigen stillschweigenden Voraussetzung begleitet ist. Wenn der positive Wert eines Menschen tatsächlich konstant bleiben soll, muss er ja zuerst vorhanden sein. Und in meiner Weltsicht Modell hat JEDER Mensch zuerst einmal einen positiven Wert. Es gibt in meiner Weltsicht keinen einzigen schlechten Menschen, höchstens Menschen, die ihr eigentliches Potenzial auf vielfältige Weise verstecken. Ich bin dazu da, dieses zu erkennen und zu fördern.

Wie schön wäre es doch, wenn Du diesen Ansatz auch in Dein Leben lassen könntest. Oft denke ich mir, wenn mich wieder einmal eine gequälte Seele in einem meiner Workshops anspricht: »Wie einfach könntest Du es doch haben, wenn Du Dir nicht dauernd selber im Weg stehen würdest! Wenn Dir nicht eingebläut worden wäre, Du wärest ein schlechter und ein unwerter Mensch, der es nicht verdient hat, glücklich auf Erden zu wandeln.«

10.7.3. NIMM DIE GUTEN DINGE WAHR

Ich finde, diese Haltung würde Deinem Leben, Deiner Wahrnehmung und unserer ganzen Gesellschaft eine neue Perspektive hinzufügen. Beginne doch einfach gleich damit, mehr die positiven Teile Deiner Mitmenschen wahrzunehmen und in Deinen Gesprächen auch zu betonen.

Dann kannst Du besser beurteilen, ob ein Verhalten gerade angemessen ist, oder nicht. Das Schöne an dieser neuen Haltung ist, dass sie bereits als Automatismus in Dir eingebaut ist. Erinnere Dich daran, als Du richtig in eine andere Person verliebt warst. Da hast Du ganz automatisch die überwiegend positiven Eigenschaften Deines Gegenübers wahrgenommen. Es ging gar nicht anders, als ihn durch die rosarote Brille zu sehen.

Wenn Du einen wirksamen Ressourcenankers installieren willst, kannst Du die Submodalitäten Deines Verliebtseins herausfinden. Du kannst die dazugehörigen Gefühle ankern und daraus einen Anker basteln, den Du Deinen KENNENLERNANKER nennst. Diesen Anker kannst Du in Situationen nutzen, in denen es Dir wichtig ist, einem Menschen, den Du gerade neu kennen lernst, positives Grundvertrauen entgegenzubringen. Dieser Anker nutzt Dir in Beruf und im Privatleben. Und er ist ein kühner Gedanke in einer Zeit und in einer Welt, in der Missgunst und Misstrauen allseits sichtbar sind.

10.7.4. ENTDECKE VERHALTEN ALS EIGENE SACHE

Wenn Du mit dieser positiven Grundeinstellung das Fundament für die Anwendung des ersten Teils der fünften Grundannahme gelegt hast, kannst Du Dich ihrem zweiten Teil zuwenden. Er besagt, dass der Wert und die Angemessenheit des jeweiligen Verhaltens bezweifelt werden können. Auch für diesen zweiten Teil der Grundannahme kannst Du Deinen Fokus verändern und nützliche und lehrreiches Verhalten daraus ziehen. Denn auch hier gilt eine stillschweigende Voraussetzung: DEIN Verhalten ist verantwortlich für die Beurteilung des Wertes und der

Angemessenheit des Verhaltens Deines Gegenübers. Das klingt zuerst einmal banal. Überlege kurz: wenn Du Dich das nächste Mal beklagst, dass ein anderer Mensch Dir gerade übel mitspielt, wie wäre es dann, wenn Du annimmst, dass DU SELBST diesen Menschen so programmiert hast, dass er genau DAS tut, was Du gerade an ihm beklagst...?

Neben einer neuen und interessanten Perspektive, hat diese Sichtweise den Vorteil, dass sich die Dynamik Deiner Klage leicht verändern lässt. Eben durch DEIN anderes Verhalten. Das war der Ansatz der Familientherapeutin Virginia Satir, deren Erkenntnisse zu dieser Grundannahme führten. Nachdem es Dir gelungen ist, in Deinem Gegenüber ein Bewusstsein für seine positiven Eigenschaften zu schaffen, kannst Du Dich auf sein Verhalten konzentrieren. Verhalten ist viel einfacher zu verändern als die Eigenschaft des Charakters.

10.7.5. ÜBUNG: DEIN WERT, MEIN WERT!

Lade einen Menschen gleichen Geschlechts, den Du nicht magst, auf einen Kaffee ein. Bitte ihn um eine Stunde seiner Zeit und versprich ihm dafür eine Stunde positiver Gefühle. Wenn ihr vor Kaffe und Kuchen in einer ruhigen Ecke sitzt und die gegenseitige, positive Spannung ihren Höhepunkt erreicht hat, beginnst Du damit, ihm die heutige Grundannahme zu erklären.

Ich meine damit, dass DU erkannt haben solltest, dass DEIN Wert als Mensch in jedem Fall konstant bleibt. Und ich meine damit, dass Du Deinem ungeliebten Gegenüber erklärst, dass Du SEINEN Wert als Mensch immer hoch eingeschätzt hast. An Beispielen kannst Du ihm erklären, dass und wo genau sein Verhalten dazu geführt hat, dass

Du ihn so eingeschätzt hast, wie Du dics tust. Ganz wichtig bei diesem Gespräch: sachlich bleiben. Lasse Dich nicht von emotionalen Attacken Deines Gegenübers aus dem Konzept bringen. Wende alle Grundannahmen an, mit denen Du Dich bisher auseinandergesetzt hast.

Du bist mit Deiner Aufgabe erfolgreich, wenn Dein Gegenüber erkannt und Dir bestätigt hat, dass Du ihn als Menschen hoch schätzt, sein Verhalten in bestimmten Situationen jedoch kritisierst. Du bekommst BONUSPUNKTE, wenn es Dir gelungen ist, das Gespräch mit positiven Gefühlen zu beenden. Ebenfalls bekommst Du Bonuspunkte, wenn Du nicht nur Beispiele für sein FEHLVERHALTEN angibst, sondern PROAKTIV VORSCHLÄGE für ein besseres Verhalten in der jeweiligen Situation machen kannst.

10.8. 6. Verhalten mit positiver Intention

Kannst Du Dir vorstellen, dass jemand, der Dich aus welchem Grund auch immer geärgert hat, das nicht getan haben könnte, um Dich zu verärgern? Wenn Du alle relevanten Informationen über seine zugrunde liegende Motivation hättest, könntest Du herausfinden, dass das von Dir als negativ wahrgenommene Verhalten Deines Gegenübers eigentlich gut gemeint war. Leider hat er es nur nicht richtig ausgedrückt. Die Grundannahme Nummer sechs im NLP lautet:

Jedes Verhalten hat eine positive Intention.

There is a positive intention in every behavior.

»Ist ja krass...«, sagen viele, die mit dieser Grundannahme zum ersten Mal konfrontiert werden, »...ich kann mir nicht vorstellen, dass der Typ, der mich in der Kneipe vor ein paar Tagen angestänkert und gerempelt hat, es positiv mit mir meinte!« In der Tat ist es manchmal schwer vorstellbar, bei den Dingen, die Dir im Leben so passieren. Oft findest Du im Verhalten Deiner Umwelt eine Menge an Irrationalem. Das würde Deinen negativen Glauben bestätigen. So kannst Du Dich fragen, wie der Eine oder die Andere jetzt gerade darauf kommt, mit seinem Verhalten wieder einmal so viel Schaden in seiner Umgebung anzurichten. Oft ist die Erklärung für sein Verhalten nicht einfach zu finden. Ich habe mit dem Grundsatz der positiven Intention im Leben viel Leid vermieden und schon manchem verzweifeltem Menschen mit einer plausiblen Erklärung geholfen.

10.8.1. SCHULDZUWEISUNG IST DER BEQUEME WEG

Ich kann mich gut erinnern, dass mich meine Mutter oder mein Vater in meiner Kindheit das eine oder andere Mal heftig schimpften. Das hat mir nicht gut gefallen und ich war öfters beleidigt über dieses Verhalten. Aus meiner heutigen Sicht habe ich zu der Erkenntnis gefunden, dass dies ein Ausdruck und ein Ventil ihrer ständigen Sorge um mein Wohlergehen war. Es war so positiv gemeint, wie sie in ihrer Weltsicht handeln konnten. Ich habe in der Rückschau auf meine Vergangenheit nun zwei Möglichkeiten: Ich kann meinen Eltern ihr damaliges Verhalten nachtragen und mein daraus möglicherweise unbewusst generiertes heutiges Fehlverhalten mit ihren damaligen Aktionen begründen. Meine Eltern sind dann schuld daran, dass ich heute dies oder jenes TUE, was ich nicht TUN sollte oder dass ich nicht TUE, was ich eigentlich TUN sollte. Das ist zwar nicht konstruktiv, gibt mir allerdings die bequeme Möglichkeit, meine eigenen Anteile, mein Fehlverhalten auf meine Eltern auszulagern.

ODER ich kann realisieren, dass meine Eltern mich trotz ihres damaligen Verhaltens liebten und es wirklich gut mit mir meinten. Ihr damaliges Verhalten umfasste ihre manchmal limitierten Möglichkeiten der damaligen Zeit.

10.8.2. VERSTEHEN, VERGEBEN UND VERZEIHEN

Die erste Möglichkeit und das entsprechende Verhalten wählen leider viele Menschen. Die daraus resultierenden, schlechten Gefühle und das damit verbundene spätere Fehlverhalten sind zwar eine bequeme Lösung, gleichzeitig aber eine faule Ausrede. Lieber lernst Du jetzt und in

Zukunft einfach schnell, die fehlgeleiteten Handlungen anderer Menschen von Grund auf zu verstehen, zu verzeihen, das Alte loszulassen und die Gegenwart positiv zu nutzen. Schließlich kommt es darauf an, JETZT in Deinem Leben glücklich zu sein. In vielen Situationen Deines täglichen Umgangs mit Anderen findest Du eine positive Intention bei Deinem Gegenüber ja schnell und einfach. Nur manchmal scheint ist schwierig, zu erkennen, welche positive Intention gerade hinter all dem Neid, Hass, der Wut und anderen, niedrig schwingenden Gefühlen Deiner Mitmenschen zu finden ist.

Die zentrale Aussage dieser wirklich wichtigen Grundannahme ist ja, dass es IMMER eine positive Intention hinter jedem Verhalten gibt. Und die gilt es zu finden, damit sich deine Perspektive ändert. »Wo ist jetzt die positive Intention bei dieser Handlung!« Kannst Du Dich fragen. Denke weiter, vielleicht ist es die fehlende Zugehörigkeit, mangelnde Liebe, vermisste Geborgenheit. Meist kommst Du auf den Trichter, wenn Du eine oder zwei Ebenen HINTER die Kulissen blickst. Das ist oft nicht einfach und viele Menschen wollen sich gar nicht so intensiv mit ihren Mitmenschen beschäftigen. Das gilt besonders, wenn Du gerade mit intensiv negativen Gefühlen bestrahlt wirst. Dann ist State Control angesagt. Du weißt ja, dass es bei diesen Interaktionen immer jemanden braucht, der das Spiel auch mitspielt. Ich finde, es kann eine wichtige Eigenschaft Deiner Persönlichkeit sein, Deinen Mitmenschen mit diesem für sie verborgenen Wissen zu begegnen. Damit liegt, wie so oft im Leben die Verantwortung für die Gestaltung des Umgangs mit Deinen Mitmenschen wieder einmal zuerst bei Dir. Die Grundannahme ruft Dir ja zu: »Geh Du voran, mit Deiner positiven Einschätzung! Lass Dich von vordergründig negativem Verhalten nicht aus dem Konzept bringen!« Und natürlich weiß ich, dass ein solch vorbildliches Verhalten nicht immer einfach zu leben ist. Wenn Du Dich mit dem Unterbewusstsein anderer Menschen befasst, wird Dir nichts anderes übrig bleiben, als mit gutem Beispiel voranzugehen.

10.8.3. ÜBUNG: SIEH DAS BESTE IM ANDEREN

Die nächste Zeit kannst Du deshalb interessanter als sonst für Dich gestalten. Überlege Dir in jedem Gespräch, welche positive Intention Dein Gesprächspartner gerade jetzt haben könnte. Beispiel aus dem Alltag gefällig? Welche positive Intention hat der Autofahrer, der Dich gerade angehupt hat? Welche hat Dein Chef, der gerade wieder einmal laut geworden ist und Dich wie schon so oft mit einem unguten Gefühl zurück lassen will?

Wie verändert es Dich, wenn Du den Fokus Deiner Gedanken auf die positive Gesinnung Deiner Mitmenschen lenkst? Die Grundannahmen sind ja eigentlich eine Reihe von SELBSTermächtigungen. Sie gelten zuerst für DICH und sie schlagen Dir vor, mit der Veränderung der Welt zuerst bei Dir selbst zu beginnen. Das ist oft eine große Herausforderung. Leider beschäftigen sich in unserer heutigen Zeit viele Menschen lieber und mehr mit sich selbst als mit ihren Gesprächspartnern. So kannst Du in dieser Grundannahme eine Übung in kommunikativem Verhalten und in der Hinwendung zu anderen Menschen verstehen.

10.9. 7. Jedes Verhalten ist nützlich

Wieder einmal geht es um Deine Gefühle. Wie oft schon hast Du Dich über den Tag hinweg mit schlechten Gefühlen gequält, weil Du Dich auf Dinge konzentriert hast, von denen Du glaubtest, sie wären falsch gelaufen.»Scheiße, jetzt habe ich schon wieder einen Fehler gemacht!«, solche Aussagen höre ich oft. Neben den erwähnten Nachteilen für Dein spirituelles Wohlbefinden hast Du Dich damit in die Sackgasse Deines eigenen Verhaltens manövriert. Tja, da findest Du nur durch aktive Lösungsansätze wieder heraus

Lass es mich ganz nüchtern betrachten: Etwas in Deinem Leben ist nicht so gelaufen, wie Du es Dir vorgestellt hast. Oder vielleicht kennst Du auch die andere Version: Du stellst Dir vor, wie etwas in der Zukunft nicht so läuft, wie es laufen könnte – und verzichtest gleich von vorne herein auf ein mögliches Handeln. Wundere Dich also nicht über Dein langweiliges Leben. Du erlebst Du doch immer nur wieder Gleiche. Wenn Du etwas anderes willst, kommt Dir vielleicht die siebte Grundannahme recht:

**Es gibt einen Kontext,
in dem JEDES Verhalten nützlich ist.**

**There is a context
in which every behaviour is useful.**

Ich bin überzeugt, dass die Beschäftigung mit dieser Grundannahme Deinen Fokus zum Positiven verändern wird. Ganz besonders gilt dies für Dich, wenn Du zu starker Selbstkritik neigst und meinst, im Leben selten etwas richtig zu machen.

10.9.1. VERHALTEN IM KONTEXT

Eigentlich ist es doch wieder einmal ganz einfach. Laß mich auf ein mögliches Beispiel aus Deiner möglichen Vergangenheit zurückgreifen. Es mag passiert sein, dass Du in der Schule als Großmaul bezeichnet wurdest, oder vielleicht als stur und aufsässig gebrandmarkt wurdest. Im Klassenzimmer, mit dreißig anderen Mitschülern ist es vielleicht tatsächlich nötig gewesen, ein Mindestmaß an Ruhe und Disziplin zu halten. Vielleicht warst Du damals in Deinem Alter und mit Deinem Drang nach Artikulation und Aktion sauer über diese Einschätzung. Das muß allerdings noch lange nicht heißen, dass Dein damaliges Verhalten deshalb als Ganzes schlecht gewesen wäre. Wer weiß, vielleicht bist Du in Deinem heutigen Beruf als Verkäufer mittlerweile der Beste, gerade WEGEN Deiner aktiven Sprache, wegen Deiner Lebendigkeit und sprachlichen Eloquenz. Vielleicht nützen Dir Deine zielbewusste Geradlinigkeit und Deine Konsequenz in Deiner Position als Projektleiter. Du merkst schon, es gibt verschiedene Worte für das gleiche Verhalten, je nach Kontext, nach Perspektive und leider auch: je nach VORURTEIL.

10.9.2. ENTDECKE DAS REFRAMING

In obigem Beispiel findest Du gleich eine nützliche NLP Technik verborgen, die beschreibenden Worte solchen Verhaltens in Zukunft sinnvoller zu wählen. Die Technik wird REFRAMING genannt. Es ist die Strategie, den beschreibenden Worten für ein Verhalten einen Rahmen zu geben, der die Tätigkeit dahinter positiv deutet. Dein Verhalten mag man einmal als GROSSMAUL titulieren, ein andermal als LEBENDIGER MENSCH MIT AKTIVER ARTIKULATION. Sicherlich kannst Du mit ZIELSTREBIG als Eigenschaft mehr anfangen, als mit STUR. KONTAKTFREUDIG klingt ebenfalls besser, als AUFSÄSSIG. Wenn sich der Kontext der Beurteilung verändert hat, wird auch die Beurteilung des Menschen anders wahrgenommen.

Wenn Dich das nächste Mal jemand kritisiert, wenn er oder sie behauptet, Du hättest einen Fehler begangen, kannst Du Dir als Reaktion darauf IM KOPF fünf unterschiedliche Situationen vorstellen, in denen genau dieses, also Dein als falsch gebrandmarktes Verhalten nützlich ist. Das heißt natürlich nicht, dass die vorgebrachte Kritik im beschriebenen Kontext nicht zutreffend gewesen wäre, sie entkleidet sie nur einer möglichen Emotionalität und reduziert sie auf das, was sie war, DIE SACHE. Das Gute an dieser Technik ist übrigens, dass Du sie bereits als Verhalten beherrscht. Jede Kritik enthält deshalb logischerweise automatisch die Anerkennung als Reservoir für mögliches zukünftiges Verhalten.

10.9.3. ÜBUNG: OPTIONEN FÜR BESSERE GEFÜHLE

In dieser Übung geht es um Deinen Umgang mit möglichen schlechten Gefühlen. Ich meine, es ist einfacher: Dich gar nicht erst darauf einzulassen, Dinge zu tun, die zu einer solchen Einschätzung führen. Wenn Du an Erlebnisse Deiner Vergangenheit denkst, neigst Du dazu - wie so viele Menschen - sie in zwei Schubladen zu stecken. Das eine Erleben war gut, das andere war schlecht. Es könnte sich aber auch ganz anders verhalten haben. Vielleicht hat das Universum jenes Erlebnis ja für Dich geschaffen, damit Du etwas lernst, das wirklich wichtig für Dein Leben ist.

Schritt 1: Erinnern mit Nebeneffekt
Denke an ein Erlebnis, von dem Du meinst, es wäre in der negativen Schublade gelandet. Und ja, beschäftige Dich damit. Erinnere die Einzelheiten und wenn Du kannst, denke an die Zeit zurück. Wer warst Du damals? Wie beschränkt warst Du in Deinen Entscheidungsoptionen? An anderer Stelle habe ich Dir gezeigt, dass Du dieses Erlebnis mit einer einfachen Technik so gestalten kannst, dass es sich für Dein heutiges Erleben positiv darstellt. Heute gehen wir gemeinsam einen anderen Weg.

Schritt 2: Leiden oder Lernen
Forsche nach, welche Art von Lernerfahrung in diesem vermeintlichen Erlebnis verborgen sein könnte. Etwas, das Du aus Deiner heutigen Sicht als wertvolle Erfahrung einschätzen würdest. Bemerkst Du, dass Deine »gut« oder »schlecht« Schubladen sehr eindimensional gestaltet sind? Ich möchte Dir zeigen, daß auch ein in der »schlechten«-Schublade gelandetes Erlebnis zumindest in Teilen in anderen Schubladen landen kann. Dazu braucht es etwas Gedankenschmalz und die Bereitschaft, sich auch einmal mit negativen Erlebnissen konstruktiv zu beschäftigen.

Schritt 3: Lernen wollen...
Wenn Du Gewissenserforschung bei Deinem vermeintlich negativ verlaufenen Erlebnis betreibst, wirst wahrscheinlich darauf stoßen, dass Dir Leid widerfahren ist. Leiden, ja das kannst Du! Hast Du dabei auch an das Grundprinzip

im Leben gedacht: »Leiden heisst: NICHT lernen wollen!« Ja ich weiss, wahrscheinlich hast Du gerade daran nicht gedacht. Also dann jetzt: Frage Dich: »Was zeigt mir das Universum in seiner unerschöpflichen Weisheit, das ich gerade wieder einmal aus Sturheit nicht lernen will?« Du wirst entweder wichtige Dinge lernen, oder musst einfach noch ein bisschen weiter leiden.

Mir hat diese Einstellung viel Einsicht gegeben und oft Leid erspart. Die kleine Übung hat jedoch einen entscheidenden Nachteil: sie relativiert Dein Verhältnis zu sogenannten »schlechten Erlebnissen«, wirft das Ruder herum und funktioniert erst für Dich, wenn Du die vielen Seiten eines Erlebnisses betrachtest. Es kann also sein, dass Dein Leben in Zukunft weniger extrem verläuft. Mancher wünscht sich das, mancher leidet lieber weiter.

10.10. 8. Feedback versus Versagen

Mein Freund Xiang ist Chinese. Für ihn gibt es kein Versagen. Er nutzt jede Möglichkeit, aus einer Situation zu lernen. Wenn ihm sein erlangtes Wissen heute nicht nutzt, dann nutzt es der nächsten Generation. Das ist seine feste Überzeugung. Dazu gibt es die achte Grundannahme:

> **Alle Resultate und alles Verhalten**
> **sind etwas, das Du erreicht hast.**
> **Egal, ob gewünscht oder nicht.«**
>
> **All results and behaviors are achievements,**
> **whether desired, or not.«**

Woran erinnert Dich diese Grundannahme? Ich denke dabei sofort an meine Schulzeit und an unser Schulsystem. Dort lernst Du als erstes, dass es so etwas wie Fehler gibt. Die werden ROT angestrichen, damit sie Dir auch wirklich auffallen. Und dann sollst Du lernen, sie zu vermeiden. Dafür gibt es dann eine gute Note. Nur, wie sollst Du Dich mit dieser Strategie weiter entwickeln? Wie sollst Du Neues mit Spaß und einer positiven Einstellung ausprobieren? Das Sprichwort sagt es Dir ebenfalls deutlich: »Nur der, der nix tut, macht keine Fehler!« Schade eigentlich, dass unsere Gesellschaft so auf Fehlervermeidung fokussiert ist. Ich halte es als Vater und als Lehrer anders. Sowohl meinen Sohn, als auch meine Teilnehmer ermutige ich, im Leben allgemein und während meiner Workshops so viel Neues auszuprobieren wie irgend möglich. Fehler als Teil Deines Lebens zu erkennen, das ist die RICHTIGE Einstellung.

10.10.1. Übung: Lerne, Fehler zu machen

Vielleicht hast Du Dir Dein Leben NOCH nicht so eingerichtet, dass Fehler für Dich aufgehört haben zu existieren. Vielleicht sind noch keine neuen Lernerfahrungen an ihre Stelle getreten. Dukannst Dir eine solche Umgebung sehr einfach und in zwei Schritten aufbauen:

Schritt 1:
Mache Dir klar, dass es keine Fehler gibt,
nur Lernerfahrungen.

Schritt 2:
Gewöhne Dich daran, Dich zu belohnen,
wenn Du etwas Neues ausprobiert hast.

Und es ist wirklich egal welches Ergebnis dabei herauskommt. Höre in Zukunft auf, Dich nur dann zu belohnen, wenn Du alles richtig gemacht hast. Mit dieser kleinen Technik und der Grundannahme im Hinterkopf legst Du den Grundstein für ein spannenderes Leben. Wenn Du auf lustige Art sehen möchtest, was diese Einstellung für Auswirkungen haben kann: Der Film *Der Ja-Sager* ist ein gutes Beispiel dafür.

10.11. 9. Repräsentationssysteme

Im Jahre 1749 veröffentlichte der Philosoph Étienne Bonnot de Condillac ein Buch mit dem Titel: *Traité des Systèmes (Traktat über die Systeme)*. 1746 war bereits sein Essay über den Ursprung der menschlichen Wahrnehmung erschienen. In verschiedenen Gedankenexperimenten beschäftigte er sich mit der Frage, was passieren würde, wenn Menschen nur über einen einzigen Sinneskanal verfügen würden.

Er fand heraus, dass in einem komplexen Prozess die Welt, wie wir sie wahrnehmen, als Erinnerungen abgespeichert werden und Du sie mit Deinen ganz speziellen Worten beschreibst. Diese Worte, Deine Sprache spiegeln ziemlich genau die Präferenzen Deiner Sinneskanäle wieder.

Diesen Ansatz machte sich Alfred Korzybski zunutze, als er in den Dreißigerjahren des 20.Jahrhunderts das Neuro Linguistische Training entwickelte. Von ihm stammt der Begriff der *Repräsentationssysteme* (Representational Systems). Korzybski beobachtete, dass jeder Mensch mit den Äußerungen, die er von sich gibt, auch jene Welt beschreibt, die er wahrnimmt.

Die Welt, die Du wahrnimmst, sie wird durch Deine Neigungen, Deine Erziehung, Deine Glaubenssysteme und andere Präferenzen gefiltert. Struktur bekommen sie über die Hierarchie Deiner Sinnesorgane. Bandler und Grinder kannten die Arbeiten Korzybskis und übernahmen sie in das entstehende Modell von NLP. Sie formulierten daraus die zehnte Grundannahme:

Alle Unterscheidungen für Veränderungen
sind brauchbar durch den visuellen, auditiven,
und kinästhetischen Sinneskanal darstellbar.

**All distinctions for change
can be usefully represented through the visual,
auditory and kinesthetic sense.**

10.11.1. DIE ORGANISATION DEINER SINNESWAHRNEHMUNG

Du hast eine Menge an Sinnesorganen, von denen die Augen, die Ohren, die taktile Wahrnehmung, die Geschmacks- und Geruchsrezeptoren die wichtigsten aber nicht die einzigen sind. Mit diesen Sinnesorganen erfasst Du das Spektrum Deiner Realität sowohl bewusst als auch unbewusst. Die Resultate dieses Prozesses speicherst Du im Gehirn ab und bildest daraus Deine Erinnerungen. Zusätzlich speicherst Du auch vorgestellte, selbst konstruierte Erlebnisse mit ab. Dein Gehirn behandelt diese konstruierten Erlebnisse genauso, wie die tatsächlich erlebten.

Der wahrgenommene ERLEBNISSTROM wird nach den einzelnen Sinneskanälen gegliedert in unbewussten Prozessen im Gehirn abgespeichert. Du kannst deshalb auch jeden einzelnen Sinneskanal wieder erinnern. Im NLP und im Hypnoseprozess nennen wir die einzelnen Eigenschaften dieser Kanäle die SUBMODALITÄTEN (Untereigenschaften).

Durch ihre Experimente fand die *Kresge College Gruppe*[7] mit Bandler und Grinder heraus, dass für alle Prozesse konstruktiver Veränderung eine Reduzierung der verwendeten Sinneskanäle und der dazu gehörenden Repräsentationssysteme ausreicht. Dies sind

VISUELL (V)
AUDITORISCH (A)
KINÄSTHETISCH (K)

Jeder Mensch hat unterschiedliche Präferenzen in der Gewichtung dieser Repräsentationssysteme. Wenn jemand einen Sinneskanal bevorzugt nutzt, spricht man von seinem Leit- oder Präferenzsystem.

10.11.2. REPRÄSENTATIONSSYSTEME FÜR DICH NUTZEN

Im Alltag nutzt Du alle Sinneskanäle, nicht nur einen. Es gibt Menschen in Büchern wie es Jean-Baptiste Grenouille im Buch: *Das Parfüm* von Patrick Süsskind einer ist. Er besteht fast ausschließlich aus seiner Nase. Im richtigen Leben bist Du, je nach Anforderung, in der einen Situation ein VISUELLER und stellst Dir Bilder vor. Das können vielleicht die tollen Urlaubserlebnissen im nächsten Monat sein. In der nächsten Situation magst Du ein AUDITORISCHER sein, wenn Du wieder einmal mit Dir selber sprichst und Dich kritisierst oder lobst. Wieder ein anderes Mal bist Du ein KINÄSTHET, wenn Du Dich freust und Dein Herz schneller schlägt, oder ärgerst und Dein Magen sich verkrampft.

Es gibt eine Menge an Dingen, die Du täglich mit einer bestimmten Sinneskanalpräferenz tust und die Dir anders weit weniger Spaß machen würden. Oder stellst Du Dir im Bett mit Deinem Partner vor, wie Du die Möbel in Deinem Wohnzimmer umstellst? Wenn ja, dann ist Veränderung angesagt. Es ist nämlich intensiver und schöner, bei dieser Gelegenheit IN Deinem Körper zu sein und die angenehmen Gefühle zu fühlen!

Als guter Beobachter hast Du bestimmt herausgefunden, dass sich die lebenslange Bevorzugung eines Sinneskanals im ganzen Menschen widerspiegelt. Wenn Du von einem visuellen Typen sprichst, meinst Du jemanden, der bevorzugt in Bildern denkt. Das ist eine Verallgemeinerung denn es gibt den VISUELLEN TYPEN genauso, wie den Bayern, der gerne Sauerkraut isst und Lederhosen trägt.

10.11.3. DER VISUELLE TYP

Wer gerne mit Bildern jongliert, der benutzt auch die entsprechenden Sätze: »Das sehe ich klar und deutlich vor meinen Augen!« oder »Diese Idee hat keine Perspektive!« oder um mit Franz Beckenbauer zu sprechen: »Schaugn mer mal, dann sehn mer schon!« Der visuelle Typ redet gerne wie ein Wasserfall, ohne Punkt und Komma. Das kann er auch, denn seine Verarbeitungsgeschwindigkeit im visuellen Kanal generiert den schnellsten Output.

Oft ist die Stimmlage visueller Menschen hoch, sie atmen mit kurzen Atemzügen im oberen Bereich der Brust, weil die Pausen für ein tieferes Atemholen einfach zu kurz sind. Vielfach haben visuelle Menschen Nackenschmerzen. Das kommt vom genauen Hinschauen und dem Zusammenkneifen der Augen – um schärfer wahrzunehmen. Ein relativ sicheres Anzeichen für einen visuellen Typen ist das DEUTEN mit dem Zeigefinger. Im Englischen nennt man diese Typen deshalb POINTER.

10.11.4. DER AKUSTISCHE TYP

Mit wohlgesetzten Worten und angenehmer Stimme äußert sich der akustische Typ. Seine Atmung ist ruhig und verläuft im unteren Bereich des Brustkorbs. Er ist ein guter

Unterhalter und launiger Witzeerzähler. Er diskutiert oft mit sich im Kopf und legt sich seine Pläne damit zurecht. Politiker, Trainer und Schauspieler findest Du oft als akustische Typen.

Wer mit sich selbst im Kopf spricht, sagt vielleicht: »Das hört sich doch richtig gut an!« oder »Ihr Vorschlag klingt ganz gut!« Er hört gerne Musik und wenn es ihm einmal nicht so gut geht, legt er sich auf die Couch, setzt den Kopfhörer auf und versinkt in seiner akustischen Welt. Das ist ein gutes Rezept! Probiere es aus, es funktioniert richtig gut! Aber höre bitte kein Death Metal sondern ausnahmsweise einmal ruhige, vielleicht sogar klassische Musik.

10.11.5. DER KINÄSTHETISCHE TYP

Eine lange Pause nach einer Frage, eine tiefe Stimme und eine langsame Sprechweise kennzeichnen den kinästhetischen Typ. Er ist sehr einfühlsam, was die Belange anderer Menschen betrifft, ein typischer Versteher. Oft spielt er eine versteckte Rolle bei Gesprächen, weil die visuellen Schnellredner seine für ihn notwendigen Pausen nutzen, um ihm wieder einmal ins Wort zu fallen. Weil er dann wiederum Zeit braucht, um herauszufinden, wie sich diese Unterbrechungen anfühlen, ist er oft aus dem Takt des üblichen Gesprächs, wirkt eher still und in sich zurückgezogen. Im inneren jedoch tobt das Leben der Gefühle.

Er ist ein wunderbarer Liebhaber und kann sich vollständig in seiner Gefühlswelt und in seinem Partner verlieren. Er hat eine tiefe Stimme und ist seiner Genussfähigkeit wegen oft von korpulentem Körperbau. Seine Atmung geht bis tief in den Bauch. Ein Kinästhet gibt vielleicht folgende Sätze zum Besten: »Oh, wir müssen dieses Projekt erst sicher auf die Schienen nageln!« oder »Das ist ja nicht zu fassen...!« oder »Ich fühle mich nicht wohl, in dieser Umgebung...«

10.11.6. ÜBUNG: WAHRNEHMUNG ÄNDERN

Wie Du Deine Welt wahrnimmst, spiegelt sich in Deiner Sprache. Vielleicht bist Du jetzt sensibilisiert und achtest in den nächsten Stunden darauf, welche Art von Sprache, welche Worte die Menschen in Deiner Umgebung nutzen. Sie geben Dir Hinweise auf ihre momentane Sinneskanalpräferenz. Vielleicht möchtest Du experimentieren. Dann kannst Du Deine Sprache so verändern, dass sie besser zum gerade wahrgenommenen Präferenzkanal Deines Gegenübers passt. Gute Verkäufer nutzen dies automatisch.

Was kannst Du tun, wenn Du zum Beispiel vor einer Gruppe präsentierst, in der die unterschiedlichsten Menschen sitzen? Vielleicht versteht Dich ja ein fühlender Mensch nicht ganz so gut, wenn Du in Deiner Präsentation beständig von leuchtenden Perspektiven sprichst. Du kannst dann mit neutralen Wörtern alle Teilnehmer auf die gleiche Weise ansprechen. Wahrnehmen ist so ein neutrales Wort, das ich in meinen Präsentationen oft in diesem Zusammenhang nutze. Condillac, Korzybski und Bandler sagten: »Du nutzt Deine Sprache, um die Welt zu beschreiben, wie Du sie wahrnimmst.« Ich beschreibe diese Essenz mit folgendem Satz: Verändere Deine Sprache und Du veränderst Deine Welt!

10.12. 10. Tue das, was funktioniert

Dein Erfolg hängt von Deiner Flexibilität ab. Wie Du sicherlich oft am eigenen Leibe erfahren hast, gibt es im Leben viele Wege, ein Dir gesetztes Ziel zu erreichen. Veränderung und ganz speziell Deine, sie beginnt mit Flexibilität. Ohne sie kannst Du im Leben nichts Neues lernen. Manch einer glaubt, es wäre nicht so weit her, mit seiner Flexibilität. Ohne Flexibilität wäre die Menschheit längst auf dem Speiseplan der Säbelzahntiger gelandet und ausgelöscht. Selbst wenn es den Anschein hat, Deine Tage würden oft gleich ablaufen – ohne Deine eingebaute Flexibilität hätte Dich schon längst ein moderner Säbelzahntiger (das Auto) erwischt.

10.12.1. MEHR VON DEMSELBEN

Aus meiner Erfahrung nutzen viele Menschen Strategien, die sie nicht an ein geplantes Ziel führen. Bevor sie etwas Neues lernen, versuchen Sie es mit dem Ansatz des MEHR VOM SELBEN! Diese Strategie funktioniert nach dem Motto: Wenn das, was Du tust NICHT funktioniert, mache mehr davon. Wenn Dein Gegenüber nicht versteht, was Du sagst, sprichst Du eben LAUTER! Oder: Wenn Dein Gegenüber nicht aufhört, Dich zu ärgern, dann wirst Du eben ärgerlicher als er. Diese Strategie führt zu Streit und schlechten Gefühlen bis hin zu Trennungen in Beziehungen.

In solchen Fällen wäre mehr Flexibilität angebracht, wäre Beobachtungsgabe vielleicht gut, hätte ein Funken Abenteuerlust woanders hin geführt. Kurz, es bräuchte einfach etwas mehr NLP Bewusstsein. Vielleicht hilft die zehnte Grundannahme:

Wenn das, was Du tust, NICHT funktioniert, tue etwas anderes.

If what you are doing does not work, do something else.

Das klingt nach einem einfachen Rezept. In Wahrheit jedoch tragen die wenigsten Menschen die Fähigkeit in sich, die geforderte Flexibilität zu leben, diesem Grundsatz konsequent zu folgen. Meistens geht es doch darum, mehr vom Immer-Gleichen zu tun – und DAS ist keine Flexibilität.

Ein erfolgreicher Unternehmer hat mir sein geheimes Erfolgsrezept verraten: Für jede Entscheidung, die er trifft, überlegt er sich VORHER mindestens fünf Alternativen, die ihn ebenfalls ans Ziel führen würden. Er nennt diese Strategie seinen Rangierbahnhof. Er stellt sich bildlich einen großen Bahnhof mit vielen Gleisen und Weichen vor, die er nach Belieben so stellen kann, dass sein Zug am richtigen Bahnsteig ankommt. Vielleicht kannst Du von ihm lernen. Ich halte seine Strategie für eine gute Übung für mehr Flexibilität".

Wie es mit Deiner Flexibilität bestellt ist, kannst Du mit einem kleines Experiment einfach herausfinden: Überlege, wie viele Möglichkeiten Du finden kannst, morgens zu Deiner Arbeitsstätte zu gelangen? Nimm ein Stück Papier zur Hand und schreibe sie allesamt auf. Und wenn Du mehr lernen willst, probiere alle gefundenen Alternativen in der nächsten Zeit der Reihe nach aus. Vielleicht findest Du dadurch die kürzeste, interessanteste, abwechslungsreichste, herausforderndste oder schönste Strecke zu Deiner Arbeit. Sollte dann Dein Wecker in Zukunft wieder einmal zu spät geklingelt haben, bist Du vorbereitet.

10.12.2. VARIIERE DIE AKTIONEN

So gut wie keine gelernte Strategie funktioniert immer und überall so perfekt, wie Du es Dir vorgestellt hast. Wenn Du Dich darauf konzentrierst, beständig alternative Strategien zu generieren, hast Du bei Hindernissen immer eine Weiche parat. Diese Form der generativen Flexibilität kannst Du auf viele Bereiche Deines Lebens übertragen.

10.12.3. ÜBUNG: FINDE DEINEN WERT

Nimm einen Stift und ein Blatt Papier zur Hand. Es geht in der Übung darum, ein bisschen nachzudenken und den »Was wäre wenn…« Rahmen anzuwenden. Ich habe diese Übung den Teilnehmern am TrainerTrack gegeben und wir haben viele Diskussionen darüber geführt. Wenn Du Dich damit beschäftigst, verspreche ich Dir sehr interessante Ergebnisse.

Schritt 1: Überlege einen Augenblick: Was wäre, wenn Deine Mitmenschen Dich für einen wertvollen Menschen halten würden? Wie würden Deine Mitmenschen Dir begegnen, was würdest DU hören, sehen, fühlen…?

Schritt 2: Dein Wert manifestiert sich in Eigenschaften. Finde deshalb 25 Eigenschaften, die Dich auszeichnen und die Deine Person für andere Menschen wertvoll machen. Du magst meinen, das wären VIELE Eigenschaften. Mit etwas Hirnschmalz bist Du mit diesem Teil schnell fertig.

Schritt 3: Jetzt wird es interessant! Bestimmt glaubst Du (noch), Du würdest über manche der im Schritt 2 gefundenen Eigenschaften nicht in genügendem Maße verfügen. Erste Ressource dazu: das Internet. Finde die Artikel über das **Ankern** und über den Transport von **Ressourcen.** Diese Wissensressourcen findest Du, wenn Du die fett geschriebenen Worte bei Google mit dem Wort »kikidan« davor eingibst. Und dann kannst Du nochmals die Grundannahme Nummer drei nachschlagen...

Schritt 4: Aus den gefundenen Informationen kannst Du relativ schnell und einfach eine länger andauernde Übung gestalten. Damit bingst Du die fehlenden Ressourcen in Dein Leben. Ich Dir rate Dir, drei kleine Stolpersteine zu beachten.

▸ Erstens ist das eigentlich keine Übung, sondern Dein Lebensverlauf. Diese Übung kann Dein ganzes Leben andauern.

▸ Zweitens funktioniert diese Übung nur, wenn Du bereit bist, Neues und damit Anderes überhaupt in Dein Leben zu lassen.

▸ Drittens liegt der Fokus der letzten Grundannahme auf dem Wort **TUE** ...etwas Anderes.

10.13 Nutze die Grundannahmen im Alltag

Du willst mehr über Hypnose wissen und hast aus diesem Grunde dieses Buch zur Hand genommen. GUT SO! Das bedeutet bei etwas Nachdenken auch, dass Du früher oder später auch Verantwortung für das Wohlergehen anderer Menschen übernehmen wirst. Ebenfalls: GUT SO! Im letzten Schluss bedeutet es, dass Du MEHR Verantwortung für Dich und für DEIN Vorankommen im Leben übernehmen wirst.

Deshalb möchte ich Dir am Ende dieses Kapitels einen Rat mit auf den Weg geben. Beim Lesen hast Du Dir bestimmt öfters gedacht: »Oh, das ist interessant, das will ich mir merken!« Ja, das ist ein guter Vorsatz. Mein Gedanke fasst die Welt, die ich in diesem Buch aufgespannt habe, viel weiter. Ich meine, Du könntest tatsächlich ein BESSERER MENSCH werden, wenn Du die Informationen aus diesem Kapitel und aus diesem Buch in Dein Alltagsleben übernimmst. Das sollst Du Dir überlegen und danach handeln. Wenn Du Dich unter Deinen Mitmenschen, Geschlechtsgenossen und …innen, Kollegen, Freunden und …innen umsiehst, siehst Du diejenigen, die bereits auf dem Weg sind. Ob richtig oder falsch, das ist in diesem Falle egal. Und Du siehst jene, die bequem auf der Couch liegen, und sich über ihre Umgebung, den Staat und die Welt beklagen. Zu welcher Spezies willst Du gehören?

DAS besagt die letzte Grundannahme und das ist die Entscheidung, die DICH vom Rest der Welt unterscheiden wird, wenn Du den Mut und die Kraft dazu hast.

ANHANG

GLOSSAR

Anhang - Glossar

Ein Glossar ist per Definition eine alphabetische Liste von Fremdwörtern, die sich auf dieses Buch beziehen. Sie sind im Text mit dem Glossarpfeil ↗ markiert und in diesem Kapitel näher erklärt. Die einzelnen Erläuterungen enthalten zusätzliche Informationen. Es lohnt sich also, hier zu blättern und zu stöbern.

A

AKQUISITION
Als Akquisition (von lateinisch *acquirere* = erwerben), werden Maßnahmen bezeichnet, die der Gewinnung von Kunden dienen. Akquisition ist ein Teil der Vertriebssystematik, abhängig von der jeweiligen Vertriebsstrategie.

AKUSTISCH
Die Akustik (von griechisch *akuein* = hören bzw. *akoustikós* = das Gehör betreffend) ist die Lehre vom Schall und seiner Ausbreitung. Im NLP bedeutet es den Wahrnehmungskanal Deiner Ohren und alles, was damit zusammenhängt.

AMNESIE
Amnesie bezeichnet die Unfähigkeit, sich an Ereignisse zu erinnern, die in der Vergangenheit liegen oder nach dem ursächlichen Ereignis für die Amnesie stattgefunden haben.

ANALOGS, ANALOGE ANTEILE DER SPRACHE
ist die Art und Weise, WIE Du mit Dir sprichst. Du kannst den gleichen Satz mit weinerlicher, euphorischer,

aggressiver und jeder anderen Bedeutung sprechen. Der (digitale) Inhalt bleibt derselbe, während sich die Bedeutung verändert. Die analogen Anteile der Sprache bestimmen das damit zusammenhängende Gefühl.

ANKER

Ein Anker ist eine künstlich hergestellte Ursache-und-Wirkungs-Beziehung. Damit kannst Du ein Gefühl mit einem »Auslöser« verknüpfen. Im Leben hast Du Dir bereits viele Anker angeeignet. Ankern funktioniert wie der Pawlowsche Reflex: Es gibt einen Reiz (physikalisch, auditorisch, gustatorisch etc.), und Du hast gelernt, auf diesen Reiz in einer bestimmten Art zu reagieren. Du löst einen akustischen Anker aus, wenn Du erneut die Lieblingsmusik Deiner Jugend hörst. Du löst einen gutstatorischen Anker aus, wenn Du ein Gericht Deiner Kindheit vorgesetzt bekommst. Du löst einen olfaktorischen Anker aus, wenn Du das Parfüm Deiner Mutter wieder riechst.

Du kannst mehrere Anker nacheinander auf den gleichen Ort am Körper ankern. Das nennt man einen **Stapelanker.** Wenn Du mehrere Anker an nacheinanderfolgenden Orten am Körper anlegst, kannst Du die resultierenden Zustände durch Darüberstreichen als (Meta-)Strategie verankern. Das nennt man einen **gleitenden Anker.**

ARMLEVITATION

bezeichnet in der Hypnose einen ersten Test zur Trancetiefe. Der Arm Deines Gegen kommt durch Suggestionen in die Schwebe und bleibt dort. Oder Du hebst ihn in die Schwebe und durch fixierst ihn durch geeingete Suggestionen dort.

ASSOZIIEREN / ASSOZIIERT

Assoziieren bedeutet, in einer Situation voll aufzugehen. Wenn Du Dich an ein Erlebnis erinnerst und Du (erneut) Teil des damaligen Geschehens wirst, es wie durch Deine eigenen Augen wieder erlebst, bist Du assoziiert. Dissoziieren ist das Gegenteil. Es bedeutet, eine Situation von außen zu betrachten, sich von ihr gelöst zu haben. Wenn Du Dich an ein Erlebnis erinnerst und Du siehst das dazu gehörende Bild oder den Film mit Dir als handelnde Person, befindest Du Dich in einem dissoziierten Zustand. Du hast buchstäblich Abstand von der Situation gewonnen.

Wenn Du assoziiert bist, hast Du stärkeren Zugriff auf die zugehörigen Gefühlszustände. Bist Du dissoziiert, werden die Gefühlszustände schwächer. Der bewusste Wechsel zwischen beiden Zuständen ist eine wertvolle Ressource.

ASSOZIIERTER FUTURE PACE

Du stellst Dir eine Situation in der Zukunft vor, in der Du ein Problem gelöst hast oder ein Ziel erreicht hast. Diese Situation betrachtest Du assoziiert und leitest davon ab, was Du sehen wirst, was Du hören wirst und wie Du Dich fühlst. Die entstehenden (starken) Gefühle ankerst Du. Damit legst Du bereits in der Gegenwart neurologische Pfade, die Dir helfen, Dein Problem zu lösen oder Dein Ziel zu erreichen.

AUDITORISCHER KANAL

Dein interner und externer Gehörsinn. Intern bezieht sich auf das, was Du in Deinem Kopf zu Dir sagst oder hörst, das andere zu Dir sagen. Extern ist das, was Du gerade mithilfe Deiner Ohren hörst.

AURA
Nach spirituellem Glauben ist die Aura oder das menschliche Energiefeld eine Erscheinung, die einen menschlichen Körper, ein Tier oder einen Gegenstand umgibt. In einigen esoterischen Positionen wird die Aura als feinstofflicher Körper beschrieben. Manche Menschen behaupten, Größe, Farbe oder Stärke der Aura wahrnehmen zu können.

AUTOHYPNOSE, SELBSTHYPNOSE
ist eine Form der Hypnose, die Du mit Dir und an Dir selbst ausführst.

AVATAR
Avatar (Sanskrit: *avatāra*) ist ein Konzept im Hinduismus, das im Sanskrit wörtlich »Herabkunft« bedeutet. Es beschreibt die materielle Erscheinung oder Inkarnation einer Gottheit auf der Erde. In der Informatik ist ein Avatar eine grafische Darstellung eines Benutzers oder seines Charakters oder seiner Person. Er kann eine zweidimensionale Form als Symbol in Internetforen und anderen Online-Communitys oder eine dreidimensionale Form in Spielen oder virtuellen Welten annehmen.

AXIOM
Ein Axiom (griechisch *axíoma* = Forderung, Wille, Beschluss) ist ein Grundsatz einer Theorie, einer Wissenschaft

oder eines Systems, der innerhalb dieses Systems weder begründet noch deduktiv abgeleitet, sondern als Grundlage willentlich akzeptiert oder gesetzt wird.

B

BANDLER, RICHARD WAYNE (*1950)
ist ein US-amerikanischer Mathematiker, Informatiker und Psychologe. Er ist Mitentwickler von NLP. Richard Bandler hat mehrere Modelle des NLP entscheidend mitgeprägt beziehungsweise eingeführt, unter anderem das Metamodell, das Milton-Modell, das Ankern, das Reframing, den Belief Change, das Konzept der Nested Loops und der Submodalitäten.

BEDÜRFNISPYRAMIDE
siehe: Maslowsche Bedürfnispyramide

BEST-CASE-SZENARIO
Es beschreibt die mögliche Entwicklung eines Vorhabens, Plans oder einer Strategie so, wie sie auf bestmögliche Art und Weise für Dich geschehen kann. Das Best-Case-Szenario ist Bestandteil vieler NLP-Strategien.

BETA-ENDORPHIN
Beta-Endorphin ist ein endogenes opioides Neuropeptid und Peptidhormon. Es wird in bestimmten Neuronen des zentralen Nervensystems und des peripheren Nervensystems produziert. Im weitesten Sinne wird Beta-Endorphin im Körper zum Stressabbau eingesetzt.

BEWEISTAGEBUCH
Ein Tagebuch, in dem Du alle Beweise notierst, die Du für einen bestimmten Glaubenssatz gefunden hast. Beispiel: »Meine Mitmenschen meinen es gut mit mir!«

BEZIEHUNG
Als soziale Beziehung (auch zwischenmenschliche Beziehung) bezeichnet man in der Soziologie eine Beziehung zwischen zwei Personen, bei denen ihr Denken, Handeln oder Fühlen aufeinander bezogen ist. Diese sozialen Beziehungen sind eine elementare Voraussetzung, um gesellschaftlich erfolgreich zu leben. In einer Zweierbeziehung sind beide Teile über einen andauernden Zeitraum hinweg die Verbindlichkeit eingegangen, füreinander da zu sein.

BLAUER DIAMANT
Visueller Ressourcenanker für viele unterschiedliche Formate im NLP.

BLITZHYPNOSE
ist eine Form der Heranführung an den Trance Zustand. Sie hat das Ziel, Dein Gegenüber schnellstmöglich in Trance zu versetzen.

BRADLEY, NELSON
Dr. Bradley Nelson ist der Autor des Buches *The Emotion Code*. Darin beschreibt er eine Methode, Deinen emotionalen Ballast loszulassen und ein glücklicheres und gesünderes Leben zu führen. Das Buch ist Bestandteil einer einfachen und wirkungsvollen Selbsthilfemethode, die als The Body Code bekannt ist.

BREAK STATE

Der Break State ist eine NLP-Intervention, die einen Zustand unterbricht. Ein Break-State-Muster wird verwendet, um Wiederholungen in eine NLP-Intervention einzubauen, bei der Dein Gegenüber Zustände verfestigt, indem er wiederholt in diesen Zustand hinein- und wieder herausgeht. Damit Du den Erfolg einer Intervention oder eines Ankers testen kannst, unterbrichst Du den Zustand Deines Gegenübers durch Aufstehen, Herumlaufen oder Ähnliches. Dann löst Du den installierten Anker erneut aus. Wenn Dein Gegenüber den vorherigen Zustand wieder einnimmt, ist der Anker erfolgreich.

C

CHUNKING

ist das Hoch-, Herunter- und Seitwärts-Bewegen auf Bedeutungsebenen. Es ist ein Begriff aus der Computersprache. Dort bedeutet er »*in Gruppen einteilen*«. Eine Gruppe besteht aus Informationseinheiten (chunks) mit gemeinsamen Merkmalen. Durch Herunterchunken wird die betrachtete Informationsmenge größer, durch hochchunken wird sie kleiner gestaltet. Chunking ist eine wichtige kreative Basistechnik.

CONVERSATIONAL CHANGE

ist eine Methode, NLP-Interventionen, Formate und Techniken nebenbei im Gespräch anzuwenden, ohne dass es Dein Gegenüber bemerkt.

CREATIVITY STRATEGY (WALT DISNEY)
Die Disney-Methode wurde 1994 von Robert Dilts entwickelt. Sie ist eine komplexe Kreativitätsstrategie, bei der eine Gruppe nacheinander vier spezifische Denkstile anwendet. Sie beinhaltet paralleles Denken, um ein Problem zu analysieren, Ideen zu entwickeln, Ideen zu bewerten, einen Aktionsplan zu erstellen und zu kritisieren. Die vier Denkstile sind Außenseiter, Träumer, Realisierer und Kritiker.

CRUISING
bedeutet Herumstromern.

D

DAMOKLESSCHWERT
Bei Erwähnung des Damoklesschwertes beziehst Du Dich auf die Nachricht, dass Reichtum und Macht keinen Schutz vor Gefahren bieten, sondern diese verursachen.

Herkunft: Damokles war ein Höfling, der mit seinem Leben unzufrieden war. Er beneidete Dionysos, seinen Herrscher, um dessen Macht und Reichtum und hob in seinen Schmeicheleien stets dessen Vorzüge hervor. Der Herrscher lud Damokles zu einem Festmahl ein und bot ihm an, an der königlichen Tafel zu sitzen. Zuvor ließ er über Damokles' Platz ein großes Schwert aufhängen, das lediglich von einem Rosshaar gehalten wurde. Als Damokles das Schwert über seinem Kopf bemerkte, war es ihm unmöglich, den dargebotenen Luxus zu genießen. Schließlich bat er, auf die Annehmlichkeiten und die damit verbundene Bedrohung verzichten zu dürfen.

DEPRESSION
ist eine psychische Störung, bei der sich ein Betroffener niedergeschlagen, freudlos und antriebslos fühlt. Dazu kommen häufig Symptome wie ein geringes Selbstwertgefühl, Schuldgefühle, Schlafstörungen und Konzentrationsschwäche.

DESENSIBILISIERUNG
Desensibilisierung ist eine Therapiemethode aus dem Bereich der Verhaltenstherapie. Sie hat die Konfrontation mit den Angst auslösenden Themen zum Gegenstand.

DIALOG, INTERNER
Dein innerer Dialog sind Deine Gedanken. Es ist die kleine Stimme in Deinem Kopf, die beständig Dein Leben kommentiert. Sie kommentiert das, was um Dich herum geschieht, oder das, was Du bewusst oder unbewusst denkst.

DICHTE, SEMANTISCHE
bezeichnet die Art, wie Du einen Satz betonst. Wenn Du das Wort »kurz« auch kurz aussprichst und das Wort »lang« in die Länge ziehst, hast Du Deine Sprache mit semantischer Dichte versehen. Das kannst Du Dir zur Gewohnheit machen, um Deine Sprache viel lebendiger zu gestalten.

DILTS, ROBERT (* 1955)
Robert Brian Dilts ist Autor, Trainer und Berater. Er gehörte zu der Arbeitsgruppe um John Grinder und Richard Bandler, den Entwicklern von NLP, und war an seiner Weiterentwicklung beteiligt. Er lernte bei dem amerikanischen Psychologen und Psychotherapeuten Milton H. Erickson und dem Anthropologen Gregory Bateson. Seine Arbeiten

enthalten grundlegende Ansätze und Denkweisen zu Strategien und Glaubenssätzen.

DISSOZIIEREN / DISSOZIIERT
siehe: assoziieren/assoziiert

DOUBLE BIND
Ein Double Bind ist ein Dilemma in der Kommunikation. Eine Person erhält zwei oder mehr widersprüchliche Botschaften, von denen eine die andere negiert. Beispiele:

- Tu was Du willst, aber enttäusche mich nicht!

- Du kannst ausgehen, so lange Du willst, aber komm nicht zu spät nach Hause!

- Das muss besser werden, aber ohne Veränderung!

- Nur ein paar Stichproben zur Kontrolle, aber ich will auf jeden Fall absolute Sicherheit haben!

DUNANT, HENRY (1828-1910)
Henry Dunant war ein Schweizer Christ, Menschenfreund, Geschäftsmann und sozialer Aktivist. Er war der Visionär, Förderer, Mitbegründer und Vater des Roten Kreuzes. Im Jahr 1901 erhielt er zusammen mit Frédéric Passy den ersten Friedensnobelpreis.

E

EBNER-ESCHENBACH, MARIE FREIFRAU VON (1830–1916)

Freifrau Marie Ebner von Eschenbach war eine mährisch-österreichische Schriftstellerin. Ihre psychologischen Erzählungen gehören zu den bedeutendsten deutschsprachigen Beiträgen des 19. Jahrhunderts in diesem Genre.

EIBL-EIBESFELDT, IRENÄUS (1928–2018)

Irenäus Eibl-Eibesfeldt war ein österreichischer Ethnologe auf dem Gebiet der Humanethologie. In seinem Buch *Die Biologie des menschlichen Verhaltens: Grundriss der Humanethologie* wandte er die Ethologie auf den Menschen an, indem er ihn aus einer Perspektive untersuchte, die sonst nur bei der Untersuchung von Tierverhalten üblich ist.

ELEVATOR PITCH

Ein Elevator Pitch ist eine kurze Beschreibung einer Idee, eines Produkts oder eines Unternehmens, die das Konzept so erklärt, dass jeder Zuhörer es in kurzer Zeit verstehen kann. Diese Beschreibung erklärt in der Regel, für wen die Sache gedacht ist, was sie tut, warum sie gebraucht wird und wie sie umgesetzt wird. Bei der Beschreibung einer einzelnen Person schließlich werden deren Fähigkeiten und Ziele erläutert und warum sie eine produktive und nützliche Person für ein Team, ein Unternehmen oder ein Projekt sein könnte. Ein Elevator Pitch muss nicht alle diese Komponenten enthalten, aber er erklärt zumindest, was die Idee, das Produkt, das Unternehmen oder die Person ist und welchen Wert sie hat.

ELIZITIEREN

ist im NLP der Prozess, durch geeignete Interaktion etwas zu erhalten oder hervorzubringen, insbesondere Informationen oder eine Gefühlsreaktion. Eine Möglichkeit ist das Elizitieren von Gefühlen durch das Erinnern der einzelnen Submodalitäten.

ELMAN, DAVE - ELMAN INDUKTION

Dave Elman war ein US-amerikanischer Hypnotiseur, Komponist, Musiker und Autor. Elman wurde durch seine schnelle und effiziente hypnotische Tranceinduktion bekannt. Die Elman-Induktion gehört zum Standard-Repertoire vieler Hypnotiseure.

EMOTIONSCODE

siehe: Bradley, Nelson

ERFOLGSPHOBIE

ist jedes subbewusst gesteuerte Verhalten, das Dich daran hindert, Deinen Erfolg zu erreichen.

ENTSCHEIDUNGSSTRATEGIE

Eine Entscheidungsstrategie ist ein intern ablaufender Prozess, der zu einer ausführbaren Handlung führt. Genauer: Eine Entscheidungsstrategie ist ein in einzelne Schritte gegliederter, sequenziell ablaufender Prozess, der die Wahlmöglichkeiten für Handlungen in Bezug auf ein gesetztes Ziel eingrenzt. Er führt am Ende zu einer oder mehreren Aktionen, die dazu beitragen, das gesetzte Ziel zu erreichen.

ERICKSON, MILTON H. (1901-1980)

war ein amerikanischer Psychiater, Psychologe und Psychotherapeut, der die moderne Hypnose und Hypnotherapie maßgeblich prägte und ihren Einsatz in der Psychotherapie förderte. Er lieferte die Grundlage für das Milton-Modell im NLP und beeinflusste die Art, wie NLP angewandt wird. Ericksons Ansatz erhebt den Anspruch, die durch starre Denkmuster begrenzte Fähigkeit des Bewusstseins zu erweitern. Gleichzeitig soll es dem Bewusstsein ermöglicht werden, unbewusste Selbstheilungskräfte und kreative Ressourcen zu nutzen.

ESDAILE, JAMES (1806-1859)

wurde 1845 Leiter eines kleinen Krankenhauses in Hooghly in Bengalen (ca. 40 km nördlich von Kalkutta). Er hatte nie die Anwendung des Mesmerismus gelernt. Mit dem, was er gelesen hatte, setzte er Hypnose als Anästhetikum ein und hatte damit großen Erfolg. Er publizierte seine Erkenntnisse in seinem Buch von 1846 *Mesmerism in India and its practical application in surgery and medicine.*

EXTRINSISCH

Extrinsisch bedeutet von außen her (angeregt), nicht aus eigenem Antrieb erfolgend. Das Wort extrinsisch stammt von dem lateinischen *extrinsecus* und wird allgemein verwendet, um äußere Faktoren oder Motivationen zu beschreiben.

siehe auch: intrinsisch

EXTROVERTIERT

Das Adjektiv extrovertiert (auch extravertiert) bedeutet

»kontaktfreudig«, »aufgeschlossen« und »nach außen gerichtet«. Es beschreibt das Wesen von Personen. Extrovertierte Personen fühlen sich in sozialen Situationen wohl und empfinden den aktiven Austausch mit Mitmenschen als anregend.
siehe auch: introvertiert

F

FAST PHOBIA CURE
Die Fast Phobia Cure (FPC) ist ein NLP-Format zum schnellen Auflösen von Phobien.

FEED-FORWARD-SCHLEIFEN
sind positive Anmerkungen über z. B. den Fortgang einer Zusammenarbeit, über die Qualitäten Deines Gegenübers oder ganz allgemein über den positiven Verlauf eines Gesprächs oder positive Anmerkungen zum Leben ganz allgemein.

FEHLERBEHAFTETES LERNEN
siehe: Trial and Error

FERRISS, TIMOTHY
Timothy Ferriss ist ein amerikanischer Unternehmer, Investor, Autor und Lifestyle-Guru. Er schrieb unter anderem folgende Bücher: *The 4-Hour Workweek* (2007), *The 4-Hour Body* (2010), *The 4-Hour Chef* (2012).

FLEXIBILITÄT

Flexibilität (von lateinisch *flectere* = biegen) bedeutet die Anpassungsfähigkeit an wechselnde Umstände.

FLOW
ist ein 1975 von dem Psychologen Mihály Csíkszentmihályi entwickeltes Konzept. Flow ist ein geistiger Zustand, in dem eine Person eine Tätigkeit ausführt und vollständig in ein Gefühl der energiegeladenen Konzentration, des vollen Engagements und der Freude am Prozess der Tätigkeit eingetaucht ist. Flow ist durch die vollständige Absorption und eine Veränderung des Zeitgefühls gekennzeichnet.

FOKUS
siehe: Konzentration

FORMATE (IM NLP)
Formate sind strukturierte schrittweise Anweisungen, mit denen spezifische Ergebnisse im NLP erreicht werden.

FOSSEY, DIAN (1932–1985)
war eine US-amerikanische Zoologin und Verhaltensforscherin, die sich der Erforschung des Verhaltens sowie dem Schutz der Berggorillas widmete. Einem breiten Publikum wurde sie bekannt, als im Jahre 1988 Motive aus ihrem Leben unter dem Titel *Gorillas im Nebel* verfilmt wurden.

FRAMEN
ist die Veränderung der Darstellung eines Entscheidungsproblems, ohne dessen Inhalt zu verändern. Alternativen, Ergebnisse oder Umweltzustände werden in veränderter Weise dargestellt, de facto aber nicht verändert. Eine bestimmte Form der Darstellung eines

Entscheidungsproblems nennt man einen Frame.

FREUD, SIGMUND

FUTURE PACE
ist das mentale Erleben zukünftiger Situationen mit den gewünschten Ressourcen und Ergebnissen einer NLP-Intervention. Future Pacing soll sicherstellen, dass die angestrebten Verhaltensweisen und Reaktionen in der relevanten Umgebung eintreten werden.

G

GATEWAY EXPERIENCE
ist eine Serie von Audio-Aufnahmen. Sie entstand aus dem Seminar »Gateway Voyage« zum Erreichen von Out of Body Experiences. Die Serie des Monroe Institutes widmet sich der Erschließung, Erforschung und Anwendung erweiterter Bewusstseinszustände.

GEANKERT
siehe: Ankern

GEFÜHLSSKALA
siehe: Hawkins, David

GEGENBEISPIELSORTIERER
ist ein Persönlichkeitsytpus der NLP-Metaprogramm. Ein Gegenbeispielsortierer will Dich durch Beispiele vom Gegenteil dessen überzeugen, was Du sagst. Du sagst: »Dieses Haus wurde aus Ziegeln gebaut!« und er erwiedert:

»NEIN, es wurde aus Poroton gebaut!« (Poroton ist ein Markenname für Ziegel …)

GENERALISIERUNG

ist die Verallgemeinerung, der Übergang von Einzelfällen zum Allgemeinbegriff oder zum allgemeinen Gesetz. Beispiel: Das erste Gespräch am Morgen läuft schlecht. Das zweite auch. Beim dritten sagst Du: »Was für ein Sch…tag!« Woher weißt Du das? Dein Gehirn hat generalisiert. Hemd zuknöpfen, Schuhe zubinden, Autofahren – alles Ergebnisse eines vorher stattgefundenen Generalisierungsprozesses.

GLADWELL, T. MALCOLM (* 1963)

Malcolm Timothy Gladwell ist ein in England geborener kanadischer Journalist, Autor und Redner. Er hat folgende Bücher veröffentlicht: The Tipping Point: How Little Things Can Make a Big Difference (2000), Blink: The Power of Thinking without Thinking (2005), Outliers: The Story of Success (2008).

GENERATIVE STRATEGIE

Generative Strategien verlangen von den Ausführenden, dass sie neue Informationen gezielt auswählen, reorganisieren und diese neu erworbenen Informationen mit bereits Bekanntem zu einem besseren Ganzen verknüpfen.

GLAUBENSSATZ

Ein Glaubenssatz entsteht aus den persönlichen Erfahrungen, die sich durch Wiederholungen zu persönlichen Regeln entwickeln. Das können zum Beispiel auch die Interpretationen von Verhaltensmustern oder

Verallgemeinerungen sein.

Hier habe ich einige meiner Glaubenssätze und sonstige Sätze, die ich als wichtig erachte, für Dich zusammengefasst. Die NLP-Grundannahmen und diese (Glaubens-)Sätze bieten somit einen Rahmen, mit dem Du einiges erreichen kannst – wenn Du das denn möchtest ...

- NLP macht die Welt einfacher.
- Es gibt eine Kraft im Universum, die Dir zu Deiner Entwicklung zur Verfügung steht.
- Was Du siehst, hängt davon ab, wo Du hinschaust.
- Du bist für Deine guten Gefühle selbst verantwortlich.
- Das Universum will, dass ich mich bestmöglich entwickle, und es tut alles, mir dies zu ermöglichen.
- Wenn es hilft, war es gut, wenn nicht, war es nicht vergebens.
- Geld ist für ein glückliches und erfülltes Leben nicht notwendig.
- Gute Entscheidungen triffst Du nur mit guten Gefühlen.
- Wer anzünden will, muss brennen!

GLÜCKSHORMONE

Als Glückshormone werden Botenstoffe (Hormone, Neurotransmitter) bezeichnet, die Wohlbefinden oder Glücksgefühle hervorrufen. Das erreichen sie durch eine stimulierende, entspannende oder schmerzlindernd-betäubende Wirkung. Beispiele für Glückshormone sind: Dopamin, Serotonin, Noradrenalin, Endorphine, Oxytocin, Phenethylamin (PEA). Wegen der vergleichbaren Wirkung von Psychotropika werden Glückshormone auch als »körpereigene Drogen« bezeichnet.

GOLDBERG, IVAN KENNETH (1934–2013)

war ein amerikanischer Psychologe. Er entwickelte den Depressionstest nach Goldberg, ein Untersuchungsinstrument aus 18 Fragen, das eine mögliche Neigung zu depressivem Verhalten erkennt.

GORDISCHER KNOTEN

Der Ausdruck »Gordischer Knoten« bezeichnet kunstvoll verknotete Seile, die einer griechischen Sage nach am Streitwagen des phrygischen Königs Gordios befestigt waren. Sie verbanden die Deichsel des Wagens mit dem Zugjoch. Bekannt wurde der Knoten, weil Alexander der Große ihn mit seinem Schwert durchschlagen haben soll.

Heute bedeutet die Redewendung »den gordischen Knoten durchschlagen« oder »den gordischen Knoten lösen« die Überwindung eines schwierigen Problems mit energischen beziehungsweise unkonventionellen Mitteln.

GRINDER, JOHN (* 1940)

ist ein amerikanischer Linguist, Autor, Trainer und Redner. Grinder gilt als Miterfinder des neurolinguistischen Programmierens zusammen mit Richard Bandler. Er ist Co-Direktor von Quantum Leap Inc., einer Unternehmensberatungsfirma, die 1987 von seiner Partnerin Carmen Bostic St. Clair gegründet wurde.

GRUNDANNAHMEN

sind Annahmen, die einer Lehre zugrunde liegen und die nicht widerlegt oder bewiesen werden können. Dem strengen wissenschaftlichen Anspruch, der an Axiome gestellt wird, können die meisten NLP-Grundannahmen nicht standhalten. Viele sind abhängig voneinander. Die Grundannahmen im NLP sind vielmehr Glaubenssätze, Überzeugungen und Handlungsmaximen, die der Arbeit mit NLP zugrunde liegen.

GUNDERT, WILHELM (1880–1971)
war ein deutscher Ostasienwissenschaftler. Er widmete sich vor allem der buddhistischen Literatur Chinas und Japans.

H

HARD-WIRED, FEST VERDRAHTET

Tief sitzende, subbewusste und automatisch ablaufende Programmierungen in der Medulla oblongata, dem ältesten Teil des Gehirns.

HALLUZINATION
HANDSHAKE INTERRUPT

HAVEGOTS
ist eine Sammelbezeichnung für Menschen, die viele ihrer Ziele im Leben bereits erreicht haben. Ihre Sprache ist oft in die Vergangenheit gerichtet. Sie sind stabil im Hier und Jetzt verankert, die Zukunft ist eher nebulös. Das Leben verläuft in festen Bahnen. Havegots sind das Gegenteil der Wannabes.

HAWKINS, DAVID RAMON (1927–2012)

war ein US-amerikanischer Mystiker, Psychiater, spiritueller Lehrer und Autor. Er entwickelte aus kinesiologischen Tests heraus eine »Skala des Bewusstseins«. Auf ihr ordnete er Emotionen Zahlenwerte zwischen 1 und 1000 zu. Die Skala wird nach unten begrenzt von 0 (Tod/kein Bewusstsein) und nach oben durch 1000, nach seiner Aussage die höchste von Menschen erreichbare Bewusstseinsebene.

Messwert	Ebene	Emotion
700–1000	Erleuchtung	unbeschreibbar
600	Frieden	Seligkeit
540	Freude	Heiterkeit
500	Liebe	Verehrung
400	Verstand	Verständnis
350	Akzeptanz	Vergebung
310	Bereitwilligkeit	Optimismus
250	Neutralität	Vertrauen
200	Mut	Bejahung
175	Stolz	Verachtung
150	Wut	Hass
125	Begehrlichkeit	Verlangen
100	Angst	Ängstlichkeit
75	Kummer	Reue
50	Apathie	Hoffnungslosigkeit
30	Schuldbewusst	Schuldzuweisung
20	Scham	Erniedrigung

HYPNOTISCHE SUGGESTIONEN

siehe: Suggestionen

I, J

INTERNER DIALOG
Der interne Dialog ist das, was Du im Kopf zu Dir sagst.

INTERVENTION
Eine Handlung mit dem Ziel, unerwünschte Emotionen oder Erinnerungen aufzulösen.

INTRINSISCH
von innen her, aus eigenem Antrieb; durch in der Sache liegende Anreize bedingt. Eine »intrinsische Motivation« kommt aus Dir selbst.

INTROVERTIERT
»Introversion« ist der Gegenpol zu Extraversion. Introvertierte Charaktere wenden ihre Aufmerksamkeit und Energie stärker auf ihr Innenleben. In Gruppen neigen sie eher zum passiven Beobachten als zum Handeln und werden häufig als still, zurückhaltend und ruhig beschrieben.

IMPERATIV

INFLECTION DOWNWARDS

INSTANZ KRITISCHE

K

KALIBRIEREN

Kalibrieren bezeichnet den »Prozess, mit dem Du Dich auf die nonverbalen Signale einstimmst, die beim Gegenüber einen bestimmten Zustand anzeigen«. Kalibrieren ist die Wahrnehmung subtiler nonverbaler Signale, die mit inneren Zuständen und Gedanken eines anderen Menschen einhergehen. Wird das Muster wiedererkannt, kannst Du auf den inneren Zustand der Person schließen.

KLEYNMANS-NÉMETH, ULRIKE

ist eine deutsche Psychologin, Autorin und Trainerin. Ihr Buch *Hingabe und Auflösung – Orgasmus als Reset im Gehirn* beschreibt die Modelltheorie des Sexualpsychologen Lázló Németh. Das Buch geht der Frage nach, warum ein »richtiger Orgasmus« wichtig für Dein Gehirn ist.

Nach Némeths Erkenntnissen ist der Orgasmus weit mehr als der Höhepunkt des Sexualaktes oder ein Anreiz zur Fortpflanzung. Ein guter Orgasmus chaotisiert die Hirnaktivitäten und sorgt damit für einen gesunden Reset des Gehirns. Er ist das lebensnotwendige Regulativ für Deine Hirntätigkeit.

KORZYBSKI, ALFRED HABDANK (1879–1950)

war ein polnisch-amerikanischer Ingenieur und Autor. Er schrieb in der ersten Hälfte des 20. Jahrhunderts die »Allgemeine Semantik«. Sein Buch *Science and Sanity: An Introduction to Non-Aristotelian Systems and General Semantics* von 1933 liefert wichtige Grundideen zur Entwicklung von NLP.

KRESGE COLLEGE GRUPPE

KREUZRECHERCHE
vergleicht Empfehlungen unterschiedlicher Richtungen und erhöht damit den Grad der Wahrscheinlichkeit der Richtigkeit von Daten.

L

LEADING
siehe: Rapport

LEONARDO DA VINCI (1452-1519)
war ein italienischer Maler, Bildhauer, Architekt, Anatom, Mechaniker, Ingenieur und Naturphilosoph. Er gilt als einer der berühmtesten Universalgelehrten der westlichen Hemisphäre im Zeitalter der Renaissance.

LIMITIERENDER GLAUBENSSATZ
sind ein wichtiger Grund, warum Du nicht so erfolgreich, glücklich oder gesund bist, wie Du es sein könntest. Er hindert Dich daran, das zu erreichen, was Dein wahres Potenzial ist (z. B. Ich glaube, ich habe zu wenig Selbstbewusstsein.)
siehe auch: Glaubenssatz

LORENZ, KONRAD ZACHARIAS (1903-1989)
war ein österreichischer Zoologe, Medizin-Nobelpreisträger und einer der Hauptvertreter der klassischen vergleichenden Verhaltensforschung (Ethologie). Er selbst

nannte dieses Forschungsgebiet bis 1949 »Tierpsychologie«. Lorenz wird im deutschsprachigen Raum als deren Gründervater angesehen.

LOWNDES, LEIL (*1940)
schrieb das Buch *How to Talk to Anyone*. Es ist ein Leitfaden für eine leichtere Kommunikation mit jedem Menschen. Die in dem Buch vorgestellten Strategien sollen dafür sorgen, dass Deine Unterhaltungen flüssig verlaufen. Es sind gute Rezepte für Small Talk auf Partys, wenn es Dir schwerfällt, mit anderen Menschen in Kontakt zu kommen.

M

MASLOW, ABRAHAM HAROLD (1908–1970)
war ein amerikanischer Psychologe, der vor allem für die Aufstellung der Maslow'schen Bedürfnishierarchie (auch: Bedürfnispyramide) bekannt ist. Es ist eine Theorie der psychischen Gesundheit, die auf der vorrangigen Erfüllung angeborener menschlicher Bedürfnisse beruht und in der Selbstverwirklichung gipfelt.

MARKIERUNG ANALOGE

MELATONIN
Melatonin ist ein Hormon, das vor allem nachts von der Zirbeldrüse ausgeschüttet wird. Es wird mit der Steuerung des Schlaf-Wach-Zyklus in Verbindung gebracht. Als Nahrungsergänzungsmittel wird es häufig zur kurzfristigen

Behandlung von Schlaflosigkeit eingesetzt, z. B. bei Jetlag oder Schichtarbeit.

METAMODELL DER SPRACHE

ist die Beschreibung der Vorgänge und die Fragen, die Du stellen kannst, um Präzision in Deine Sprache zu bringen. Es besteht aus einem Satz an Fragen, den sogenannten Metamodellfragen. Die Antworten daraus geben Dir Hinweise zur Sprache anderer Leute und vor allem, wie Du Deine eigene Sprache präzise gestaltest.

Damit Du gut kommunizieren kannst, vereinfachst Du unbewusst Deine Sprache. Manchmal ist es aber wichtig, genau zu verstehen, was Dir Dein Gegenüber gerade sagen will. Dann brauchst Du Kenntnis darüber, was genau in diesem Prozess der »Vereinfachung« passiert ist. Du brauchst die richtige Technik, diese Vereinfachungen gegebenenfalls zu hinterfragen. Damit stellst Du sicher, dass Deine Kommunikation präzise wird.

METAPROGRAMME

sind mentale Prozesse, die andere mentale Prozesse steuern, leiten und lenken. Es handelt sich um Prozesse, die sich auf einer höheren Ebene abspielen als die mentalen Prozesse, die sie beeinflussen.

In den Anfängen von NLP entdeckte man, dass Menschen Strategien verwenden, um Entscheidungen zu treffen oder sich von etwas zu überzeugen. Dabei handelt es sich um Abfolgen innerer Repräsentationen, die sich aus visuellen, auditiven, kinästhetischen, gustatorischen und olfaktorischen Sinneskomponenten zusammensetzen. Mit den MetaProgrammen hast Du ein Hilfsmittel an der

Hand, mit dem Du hinter die Kulissen des Verhaltens anderer Menschen blicken kannst.

MILLINER, CHARLOTTE BRETTO
schrieb das Buch *Framework for Excellence: A Resource Manual for NLP* (1990). Es war eine der ersten Sammlung von NLP-Formaten und -Strategien.

MILTON-MODELL
siehe: Sprachmodelle

MODALOPERATOREN

DER NOTWENDIGKEIT
sind Worte wie kann, darf, muss, will, soll, möchte usw. Es sind Worte, die die Intensität der Notwendigkeit in einem Satz bestimmen. Es macht einen Unterschied, ob Du »musst« oder »kannst«, ob Du »sollst« oder »darfst«.

MODELLING
ist der Prozess der Nachbildung von Spitzenleistungen. Du kannst jedes menschliche Verhalten modellieren, indem Du die Überzeugungen, die Physiologie und die Strategien analysierst, die der Fähigkeit oder dem Verhalten zugrundeliegen.

MOMENT OF EXCELLENCE
Der Moment of Excellence ist eine Situation in Deinem Leben, in der Du in einer hervorragenden Verfassung, im Vollbesitz Deiner Kräfte und in jeder Hinsicht gut drauf bist.

Das NLP-Format mit gleichem Namen erzeugt einen

starken Anker, mit dem Du diesen Zustand jederzeit erzeugen kannst. Sportler nutzen den Moment of Excellence als mentale Technik, um in ihren Disziplinen Höchstleistungen zu erreichen.

MONROE, ROBERT ALLEN (1915–1995)
war ein US-amerikanischer Geschäftsmann, Autor und Programmdirektor beim Rundfunk und der Gründer des parapsychologischen Monroe-Instituts. 1958 hatte er ein Erlebnis, das er als außerkörperliche Erfahrung einstufte. In seinen drei Büchern schildert er außerkörperliche Erlebnisse. Er entwickelte die Hemi-Sync-Methode, die eine zielgerichtete Erzeugung verschiedener Bewusstseinszustände ermöglichen soll und außerkörperliche Erfahrungen begünstigt.
siehe auch: Gateway Experience

MOVING TIMEFRAME
Das Wortgebilde stammt aus dem Modell von NLP. Es heißt wörtlich übersetzt: beweglicher Zeitrahmen. Das ist auch die Definition. Einen moving Timeframe nutzt Du, wenn Du Dir mit einem »weichen Zeitbegriff« ein Ziel vornimmst und den Zeitrahmen ohne endliche Begrenzung mitnimmst. Beispiel: »Nächste Woche schreibe ich meine Semesterarbeit fertig.« Diesen Satz kannst Du an jedem Tag aussprechen, ohne dass die Zeitspanne jemals kürzer wird.

MUSTERUNTERBRECHUNG
siehe: Pattern Interrupt

N

NLP
Das Neuro-Linguistische Programmieren (NLP) ist eine Sammlung von Kommunikationstechniken und Methoden zur Veränderung psychischer Abläufe im Menschen. Die Bezeichnung soll ausdrücken, dass Vorgänge im Gehirn (Neuro-) mithilfe der Sprache (englisch *linguistic* = sprachlich) auf Basis systematischer Handlungsanweisungen änderbar sind (Programmieren).

NLP wurde von Richard Bandler und John Grinder in den 1970er-Jahren innerhalb des Human Potential Movements entwickelt. Sie definierten NLP als »das Studium der Struktur subjektiver Erfahrung«. Ziel der NLP-Entwickler war es, die Wirkfaktoren erfolgreicher Therapeuten herauszufinden und an andere zu vermitteln.

NLP-PRACTITIONER – KIKIDAN
ist die 10-Tage Grundausbildung im Modell von NLP. Sie gibt Dir einen Überblick über die Wirksamkeit des Modells. Du arbeitest mit anderen Teilnehmern, um Deine und ihre Denk- und Verhaltensmuster, Deinen emotionalen Zustand und Deine Ziele und Wünsche zu verstehen und positiv zu verändern.

NON-VERBALE KOMMUNIKATION
beschreibt alle Formen der Kommunikation, die sich nicht auf eine sprachliche Informationsübermittlung stützen. Informationen können über alle Sinne kommuniziert werden z. B. durch Musik, Bilder, Geruch, Geschmack sowie

Gesten und Körperhaltung. Nach esoterischer Ansicht wird Information auch über die Energie des Aurafeldes übertragen.

O

ÖKOLOGIE-CHECK
siehe: Zielökologie, Zieldefinition

OUT OF BODY EXPERIENCE (OBE)
ist ein Phänomen, bei dem eine Person die Welt von einem Ort außerhalb ihres physischen Körpers aus wahrnimmt. Der Begriff der »außerkörperlichen Erfahrung« wurde 1943 von G. N. M. Tyrrell in seinem Buch *Erscheinungen* eingeführt und von Robert Allen Monroe übernommen. OBEs können unter anderem durch traumatische Hirnverletzungen, sensorische Deprivation, hypnotische Strategien, Nahtoderfahrungen, dissoziative und psychedelische Drogen, Dehydrierung, Schlafstörungen, Träume und elektrische Stimulation des Gehirns ausgelöst werden.

OXYTOCIN
ist ein im Gehirn produziertes Hormon, das eine wichtige Bedeutung unter anderem beim Geburtsprozess einnimmt. Es beeinflusst das Verhalten zwischen Mutter und Kind sowie zwischen Geschlechtspartnern und ganz allgemein soziale Interaktionen.

P

PACING
siehe: Rapport

PARETO-PRINZIP
benannt nach Vilfredo Pareto (1848–1923). Es besagt, dass 80 Prozent der Ergebnisse mit 20 Prozent des Gesamtaufwandes erreicht werden. Die verbleibenden 20 Prozent der Ergebnisse erfordern mit 80 Prozent des Gesamtaufwands die quantitativ meiste Arbeit.

PARTNERSCHAFT
siehe: Beziehung

PATTERN INTERRUPT, MUSTERUNTERBRECHUNG
ist eine Möglichkeit, den Zustand oder die Strategie einer Person zu ändern. Es ist auch eine Möglichkeit, Trance zu induzieren. Milton H. Erikson verwendete die Handschlaginduktion als formale Musterunterbrechung. Ein Muster kann durch jede unerwartete oder plötzliche Bewegung oder Reaktion unterbrochen werden.

PAWLOW, IWAN PETROWITSCH – PAWLOWSCHER REFLEX
Iwan Petrowitsch Pawlow (1849–1936) war ein russischer Mediziner und Physiologe. Er erhielt 1904 den Nobelpreis für Medizin. Er legte den Grundstein für die behavioristischen Lerntheorien. Bekanntester Träger seines Namens ist der Pawlowsche Hund, an dem er die Konditionierung nachwies.

PRECURSIVE ACTIVITIES, VORLAUFAKTIVITÄTEN
sind Fähigkeiten und Aktivitäten, die vorhanden sein müssen, damit Du ein bestimmtes Verhalten generieren kannst. Für Selbstdisziplin brauchst Du zum Beispiel Entscheidungsfähigkeit, Motivationsstrategien, Planung, Verbindlichkeit der Zusage und Selbstverpflichtung.

PROAKTIV

PROKRASTINATION, AUFSCHIEBERITIS
ist ein Kunstwort aus der lateinischen Sprache. *Pro* bedeutet »für« und *crastinum* ist »morgen« – »für morgen«. Es ist eine Strategie, ein Vorhaben Tag für Tag zu verschieben. Häufig wird dazu der moving Timeframe verwendet.

PROZESS, HYPNOTISCHER
ist der Ablauf einer Trance-Sitzung. Ich gliedere eine Hypnosesitzung in vier Teile: Das Setting ist die Grundlage für eine erfolgreiche Sitzung. Die Trance-Induktion öffnet Dir das Tor zum Unbewussten. Die Utilisierung liefert Dir die richtigen Werkzeuge für unbewusste Prozesse. Und in der posthypnotischen Phase schließlich arbeitest Du mit lange anhaltenden Suggestionen und dem Aufwecken.

PROZESSUGGESTIONEN

R

RADETZKY-MARSCH OP. 228

ist ein von Johann Strauss sen. komponierter Marsch, der Feldmarschall Joseph Radetzky von Radetz gewidmet ist.

RAPPORT – PACING UND LEADING

bezeichnet im NLP eine vertrauensvolle, von wechselseitiger empathischer Aufmerksamkeit getragene Beziehung, mit gutem Kontakt zwischen zwei Menschen. Rapport kannst Du mit Pacing und Leading herstellen.

Der *pace* (engl.) bezeichnet im Alltag jemanden, der die »gleiche Geschwindigkeit« hat. Ich übersetze den Begriff für die Verwendung im Modell von NLP im Deutschen mit »Gleichschreiten«. Pacing bedeutet, dass Du jemand anderen nachmachst. Du achtest darauf, was er gerade an Körperspannung, an Körpersprache, an Mikrobewegungen usw. von sich gibt, und spiegelst diese Bewegungen. Du kannst auch die Satzstruktur, bevorzugte Wörter oder die linguistische Ausprägung der bevorzugten Repräsentationsebene pacen. Damit erreichst Du einen guten Kontakt zu Deinem Gegenüber.

Im Leading gehst Du einen Schritt weiter: Du führst. Wenn Du alles richtig gemacht hast, folgt Dir Dein Gegenüber in Deinen Vorschlägen unbewusst.

REFRAMING

Etwas zu »reframen«, es anders zu formulieren, bedeutet, seine Bedeutung zu verändern, indem man es in einen anderen Rahmen, Kontext oder eine andere Umgebung stellt.

Reframing (auch: Six-Step-Reframing) ist eine nützliche NLP-Technik. In sechs Schritten werden Verhaltensgewohnheiten beleuchtet und verändert. Wichtige aktive

Elemente in diesem Format sind die Trennung von Absicht und Verhalten.

REPRÄSENTATIONSEBENE
siehe: Submodalität, Veränderung der

REPTILIENGEHIRN, MEDULLA OBLONGATA
ist ein Teil des Gehirns. Dort finden sich die wichtigsten Überlebensprogramme aus der Frühzeit der Entwicklung des Homo sapiens. Alles, was dort verarbeitet wird, ist »fest verdrahtet«. Es findet überwiegend auf der reflexiven und damit subbewussten Ebene statt. Dort laufen Programme ab, die Du bewusst nicht beeinflussen kannst. Der Fortpflanzungstrieb zum Beispiel hat dort seinen Ursprung.

REPRÄSENTATIONSSYSTEM

RESSOURCE
ist ein Hilfsmittel, das Dir in einer Situation helfen kann. Darunter fallen Deine Beziehungen, Deine Fähigkeiten oder Deine Haltung. Im NLP sind sie das maßgebliche Mittel, um von Deinem gegenwärtigen Zustand in einen künftigen erwünschten Zustand zu gelangen. Es gibt zwei Arten: innere und äußere Ressourcen. Zu den inneren Ressourcen zählen Deine persönlichen Eigenschaften, Kompetenzen und Stärken, Neigungen, positive Erlebnisse und auch Deine Erinnerungen.

Äußere Ressourcen können materielle Dinge wie Geld und Zeit, kulturelle Rahmenbedingungen und selbst ein nachmittäglicher Spaziergang zur Erholung sein.

RESSOURCENANKER

ist ein Anker, der nötige Ressourcen, die Du in einer Situation brauchst, ankert und damit transportabel macht. Dann kannst Du ihn in unterschiedliche Szenarien und Formate im NLP integrieren.
siehe auch: Ressourcentransfer

RESSOURCENTRANSFER

»Ich möchte zu mehr Selbstbewusstsein im Umgang mit Frauen (Männern) gelangen!« Wenn Du an der Kletterwand mit Deinen Kumpels übst, verfügst Du hingegen über jede Menge Selbstbewusstsein. Gut so! Dieses Selbstbewusstsein ist eine Ressource, die Du mit der NLP-Technik des Ankerns in unterschiedliche Situationen übertragen kannst, in denen Du mehr Selbstbewusstsein brauchst.

RINPOCHE

ist ein tibetischer Ehrentitel, der zumeist für einen Lama oder anderen Würdenträger des Vajrayana (eine Traditionsströmung des Buddhismus) verwendet wird. Das Wort bedeutet wörtlich *Kostbarer*. Der Titel ist hauptsächlich für Trülkus (Wiedergeburt eines früheren Meisters) gebräuchlich. In Nepal und Tibet kann dieser Titel auch Äbten und Lehrern verliehen werden, die in diesem Leben besondere Weisheit erlangt haben.

S

SAISONAL ABHÄNGIGE DEPRESSION
Davon wird gesprochen, wenn sich Symptome einer depressiven Episode ausschließlich und wiederholt zu einer bestimmten Jahreszeit, typischerweise im Herbst und Winter, zeigen. Lichtmangel und ein Defizit an Vitamin D sind oft die Ursache.

SATIR, VIRGINIA (1916–1988)
war eine einflussreiche amerikanische Autorin und Psychotherapeutin. Sie ist für ihren Ansatz der Familientherapie bekannt. Ihre Pionierarbeit auf dem Gebiet der Familienrekonstruktionstherapie brachte ihr den Titel »Mutter der Familientherapie« ein. Von ihr stammt die Aussage: »Verändert ein Element eines Beziehungsgeflechtes sein Verhalten, müssen alle anderen Elemente darauf reagieren und ihr Verhalten anpassen.«

SAMADHI
ist im Buddhismus ein Zustand des meditativen Bewusstseins. In den ältesten buddhistischen Sutren, auf die sich zeitgenössische westliche Lehren stützen, bezieht sich der Zustand des Samadhi auf die Entwicklung eines leuchtenden Geistes, der gleichmütig und achtsam ist.

SCHULZ VON THUN, FRIEDEMANN (*1944)
ist ein deutscher Psychologe und Experte für zwischenmenschliche Kommunikation. Er war als Professor für Psychologie an der Universität Hamburg tätig. Er schrieb die dreiteilige Buchreihe mit dem Titel *Miteinander Reden*.

SÉANCE
ist ein Treffen, bei dem Menschen versuchen, durch die Vermittlung eines Mediums mit den Toten Kontakt aufzunehmen.

SECONDARY GAIN STRATEGIES
findest Du hinter der Aussage: »Ich habe doch schon alles Mögliche getan, aber …!« Es sind Handlungen, die ein sinnfälliges Ergebnis (Deinen Erfolg) aus anderen, unbewusst positiv wahrgenommenen Gründen verhindern.

SEDONA-METHODE
Mit der Sedona-Methode gelingt es Dir, unangenehme und belastende Gefühle loszulassen. Der Erfinder der Sedona-Methode ist der amerikanische Physiker und Unternehmer Lester Levenson. Die Wirksamkeit der Sedona-Methode wurde wissenschaftlich untersucht und die Wirksamkeit mit Studien und klinischen Tests belegt.

SELBSTKALIBRIERENDER RESSOURCENANKER
siehe: Ressourcenanker

SENSORY ACUITY (SINNESAUFMERKSAMKEIT)
bezeichnet das Ausmaß, in dem Du in der Lage bist, Reize von minimaler Ausprägung, Intensität oder Dauer bei anderen Menschen zu erkennen.

SEROTONIN
ist das Schlüsselhormon, das Deine Stimmung, Dein Wohlbefinden und Dein Glück stabilisiert. Dieses Hormon wirkt

sich auf den gesamten Körper aus. Es ermöglicht den Gehirnzellen und anderen Zellen des Nervensystems, miteinander zu kommunizieren. Serotonin hilft beim Schlafen, Essen und bei der Verdauung.

SETTING
ist eine Technik, durch die Auswahl des Ortes und der einleitend beschreibenden Sätze eine bestimmte Ausrichtung und Einstellung zu erreichen. Ziel ist, Deinem Gegenüber etwas effektiv zu vermitteln.

SADHU, MOUNI (1897–1971)
war ein Autor spiritueller und esoterischer Themen. Der Name »Mouni Sadhu« bedeutet auf Sanskrit Stiller (Mouni) Heiliger Mann (Sadhu) oder Mönch. Er schrieb verschiedene Bücher, unter anderem: *Concentration – A Guide to Mental Mastery* (1959).

SHELDRAKE RUPPERT

SHWEZIGON-PAGODE
Die Shwezigon-Pagode ist ein buddhistischer Tempel in Bagan, Myanmar. Er besteht aus einer runden Stupa, der von kleineren Tempeln und Schreinen umgeben ist. Der Bau der Shwezigon-Pagode wurde 1060 begonnen und 1102 abgeschlossen. Die Pagode ist eine wichtige buddhistische Kultstätte. Im Inneren der Pagode sind ein Schlüsselbein, ein Zahn und der Stirnknochen, also das dritte Auge, von Siddhartha Gautama eingemauert.

SOZIALE KONTROLLE
Soziale Kontrolle ist ein vom amerikanischen Soziologen

Edward Alsworth Ross eingeführter Begriff. Er betrifft die gewollte Lenkung des Individuums durch die Gruppe.

SINNESKANÄLE
siehe: Submodalitäten

SPRACHMODELLE
siehe: Metamodell und Milton-Modell

SPRINGTECHNIK
bedeutet in Gedanken von einer Geschichte oder von einem guten Erlebnis zum nächsten zu springen.

STAPELANKER
Mehrere Ressourcen oder Gefühle werden auf denselben Ort geankert. Einen Stapelanker kannst Du in allen Repräsentationsebenen anlegen.

STATE CONTROL
Ein State ist der besondere Zustand, in dem Du Dich zu einem bestimmten Zeitpunkt befindest. Diese Zustände steuern in vielerlei Hinsicht Dein Handeln. In einem negativen oder »ressourcenlosen« State sind Deine Optionen begrenzt und oft auf Handlungen beschränkt, die Dir nicht helfen oder sogar schaden. Im Gegensatz dazu steht der energetische Zustand des Flow als State mit vielen Optionen und guten Gefühlen.

STRATEGISCHE KOMPONENTEN
sind langfristig wirkende Komponenten.

SUBMODALITÄTEN

bedeutet im NLP eine qualitative Untergliederung der fünf Sinnessysteme (der sogenannten Sinnesmodalitäten) nach quantifizierbaren Größen (Distanz, Größe, Farbigkeit usw.). Diese Modalitäten (Eigenschaften) kannst Du verändern. Die Veränderung der Submodalitäten ist Bestandteil vieler NLP-Formate und -Strategien.

SUGGESTION

ist ein gesprochene Satz oder ein Begriffe der einen hypnotischen Prozess in Gang setzt. Mit Suggestionen beeinflusst eine Person die Gedanken, Gefühle oder das Verhalten einer anderen Person.

SUGGESTION POSTHYPNOTISCHE

SWISH PATTERN

Das Swish Pattern ist eine klassische NLP-Technik, die oft eingesetzt wird, um Menschen zu helfen, automatische Gewohnheiten zu überwinden, die sie nur schwer loslassen können. Das Swish-Muster fällt in die Kategorie der Submodalitätenveränderungen. Sie bezieht sich auf die Qualitäten Deiner inneren Bilder, Klänge und Gefühle.

SYNTHESE

ist die Verknüpfung von zwei oder mehr Elementen zu einer neuen Einheit.

T

TAKTISCHE KOMPONENTEN

sind kurzfristig wirkende Komponenten.

TIMELINE-THERAPIE
ist ein NLP-Konzept, das von der Annahme ausgeht, dass Du Deine Erinnerungen auf lineare Weise in Deinem Gedächtnis speicherst. Es wurde von Wyatt Woodsmall und Tad James in den 1980er-Jahren entwickelt.

TONALITÄT
von lat. *intonare* = anstimmen, ist die Gesamtheit der Silben, Wörter und Phrasen, die nicht an einen Einzellaut gebunden sind. Tonalität entsteht mit dem Akzent durch erhöhten Druck auf einer Silbe, mit demTonhöhenverlauf und mit der Pausengliederung. In der Umgangssprache wird Tonalität auch als Satzmelodie bezeichnet.

TRAINING AUTOGENES

TRAINERTRACK - KIKIDAN
Der TrainerTrack ist eine 15-monatige Ausbildung zur Persönlichkeitsentwicklung, die während vieler Reisen in ferne Länder stattfindet. Sie intensiviert Dein Kommunikationsverhalten, stimuliert die Entwicklung Deiner Persönlichkeit und initiiert eine starke Veränderung hin zu einem positiven und selbstbestimmten Leben. Sie vermittelt Dir nebenher Erlebnisse und Abenteuer, von denen andere Menschen ihr Leben lang träumen. Der Trainer-Track ist wegen seiner Wirksamkeit seit vielen Jahren eine Institution. Das riesige und weit verzweigte Netzwerk der Alttrainer steht Dir im Hintergrund zur Verfügung. Im Verlaufe der Ausbildung arbeitest Du gemeinsam mit

anderen Teilnehmern an der Lösung Deiner Herausforderungen und an der Verwirklichung Deiner Träume, Pläne und Ziele.

TRANCE-INTEGRATION
Teil des hypnotischen Prozesses

TRAUMA

TRIAL AND ERROR, FEHLERBEHAFTETES LERNEN
ist ein Weg, ein Ziel zu erreichen oder ein Problem zu lösen, indem Du verschiedene Methoden ausprobierst und aus den gemachten Fehlern lernst.

U

UTILISATION
Teil des hypnotischen Prozesses

V

VERFAHRENSANWEISUNGEN IM NLP
siehe: Formate

VISUALISIERUNG
Alles, was Du Dir in Gedankenbildern vorstellst. Bei der Verarbeitung von Bildern unterscheidet das Gehirn nicht zwischen Realität und Einbildung. Das kannst Du nutzen und Dir gewünschte Ergebnisse vorstellen. Male Dir den

beginnenden Tag oder Deinen nächsten Urlaub optimal aus. Nutze die Technik, um Deine Ziele, Wünsche und Träume zu verwirklichen!

VISION PERIPHERE

VISUELLER ANKER
Einen Anker kannst Du in allen Sinnesebenen anlegen. Ein visueller Anker wird durch einen visuellen Reiz ausgelöst. Du kannst Dir dazu ein visuelles Objekt vorstellen oder es beim Ankern ansehen. Der blaue Diamant ist ein visueller Anker, der oft in diesem Buch vorkommt.

W

WALT-DISNEY-METHODE
siehe: Creativity Strategy

WANNABES
sind junge Menschen, die ihr Leben und ihre Ziele noch vor sich haben. Sie arbeiten optimistisch an der Verwirklichung ihres Lebensplans. Im schlimmsten Falle geben sie jetzt die Millionen aus, die sie noch nicht verdient haben. Ihre Sprache ist in die Zukunft gerichtet, es gibt ja so viel zu tun.

»WAS WÄRE, WENN ...«-RAHMEN
siehe: Framen

WEINSTOCK, DAVID (*1994)

Autor des Buches *Schluss mit Ungenügend!* (2015).

WEICHE HYPNOTISCHE

WORST-CASE-SZENARIO
Ein Worst-Case-Szenario ist ein Konzept im Risikomanagement, bei dem der Planer bei der Planung potenzieller Katastrophen das schwerwiegendste mögliche Ergebnis in Betracht zieht, das in einer bestimmten Situation erwartet werden kann. Die Betrachtung von Worst-Case-Szenarien ist eine gängige Form der strategischen Planung, insbesondere der Szenarioplanung, um Unvorhergesehenes vorzubereiten und zu minimieren, das zu Unfällen, Qualitätsproblemen oder anderen Problemen führen könnte.

Z

ZEITSTRAHLPROGRAMMIERUNG
siehe: TimeLine-Therapie

ZIELÖKOLOGIE, ZIELDEFINITION
Im NLP geht es oft um Ziele. Damit ein Ziel überhaupt erreichbar ist, soll es ein »wohlgeformtes« Ziel sein und folgende Kriterien erfüllen: positiv formuliert, spezifiziert (kontextualisiert und sinnesspezifisch), selbst erreichbar, ökologisch und motivierend.

ANHANG

NOTIZEN UND TAGEBUCH

NOTIZEN

NOTIZEN

NOTIZEN

NOTIZEN

NOTIZEN

NOTIZEN

NOTIZEN

NOTIZEN

NOTIZEN

NOTIZEN

NOTIZEN

NOTIZEN

NOTIZEN

NOTIZEN

NOTIZEN

NOTIZEN

NOTIZEN

NOTIZEN

NOTIZEN

NOTIZEN

NOTIZEN

NOTIZEN

NOTIZEN

NOTIZEN

NOTIZEN

NOTIZEN

NOTIZEN

NOTIZEN

NOTIZEN

NOTIZEN

NOTIZEN

NOTIZEN

NOTIZEN

NOTIZEN

NOTIZEN

NOTIZEN

NOTIZEN

NOTIZEN

NOTIZEN

NOTIZEN

NOTIZEN

Impressum

Text Chris Mulzer, Berlin
Satz Akademischer Verlagsservice Gunnar Musan, Neumünster
Druck und Bindung LD Medienhaus GmbH & Co. KG, Ahaus
Printed in Germany

Die Inhalte dieses Buches wurden mit
größter Sorgfalt erstellt. Für die Richtigkeit,
Vollständigkeit und Aktualität der Inhalte kann
jedoch keine Gewähr übernommen werden.
Auch für Links zu externen Webseiten und deren
Inhalt kann keine Gewähr übernommen werden.

1. Auflage
© 2022 Chris Mulzer, Berlin
Alle Rechte vorbehalten

Herausgeber
kikidan GmbH, Nollendorfstr. 27, 10777 Berlin
www.kikidan.com